全彩插图　寓教于乐

跟着课本看世界

——写给孩子的世界地理

亚　洲

邹一杭　主编

北京工艺美术出版社

图书在版编目（CIP）数据

跟着课本看世界 ：写给孩子的世界地理. 亚洲 / 邹一杭主编. -- 北京 ：北京工艺美术出版社，2023.10
ISBN 978-7-5140-2622-1

Ⅰ. ①跟… Ⅱ. ①邹… Ⅲ. ①地理－世界－少儿读物②亚洲－概况－少儿读物 Ⅳ. ①K91-49②K93-49

中国国家版本馆CIP数据核字(2023)第062951号

出 版 人：陈高潮　　策 划 人：杨玲艳　　责任编辑：周　晖
装帧设计：弘源设计　　责任印制：王　卓

法律顾问：北京恒理律师事务所　丁　玲　张馨瑜

跟着课本看世界——写给孩子的世界地理　亚洲
GENZHE KEBEN KAN SHIJIE——XIE GEI HAIZI DE SHIJIE DILI YAZHOU
邹一杭　主编

出　　版　北京工艺美术出版社
发　　行　北京美联京工图书有限公司
地　　址　北京市西城区北三环中路6号　京版大厦B座702室
邮　　编　100120
电　　话　(010) 58572763（总编室）
　　　　　(010) 58572878（编辑部）
　　　　　(010) 64280045（发　行）
传　　真　(010) 64280045/58572763
网　　址　www.gmcbs.cn
经　　销　全国新华书店
印　　刷　天津海德伟业印务有限公司
开　　本　700毫米×1000毫米　1/16
印　　张　8
字　　数　73千字
版　　次　2023年10月第1版
印　　次　2023年10月第1次印刷
印　　数　1～20000
定　　价　239.00元（全六册）

我们都是地球的一员，在我们美丽的地球上，分布着陡峭险峻的山峰、连绵不绝的山脉、宽广美丽的平原、波澜壮阔的海洋……你是不是对这些景物充满了好奇？其实，这些景物中都涉及数不清的地理知识。地理这门学科具有很强的实用性，孩子学习地理能增长知识，成为博学多闻的人。地理知识能激发孩子的好奇心，潜移默化地打开孩子的眼界，帮助孩子多角度洞察世界。

为了让孩子足不出户就能了解世界地理，观赏世界各地的地形地貌，领略世界各国的风土人情，我们结合课本精心编写了这套《跟着课本看世界——写给孩子的世界地理》丛书。本套丛书共有 6 个分册，包括亚洲、欧洲、非洲、南美洲、北美洲、大洋洲 6 个大洲，描述

了多个国家的地理环境、自然资源、社会经济、文化习俗等知识，内容丰富，蔚为大观。本书语言精练、知识丰富，并配以精美的插图，尽显世界地理的魅力，让孩子在获得知识的同时，也能享受一场视觉“盛宴”。

接下来，让我们打开这本书，开启精彩纷呈的环球之旅吧！相信你会在“旅行”中更多地认识世界，探索世界。

亚洲绝大部分地区位于北半球和东半球。亚洲占据了亚欧大陆的大部，北、东、南三面环绕着北冰洋、太平洋和印度洋。亚洲是世界上面积最大的大洲，也是世界上跨纬度最广，东西距离最长的大洲。

中　国

泪水模糊了眼睛，我看不见同学和张先生的反应，只知道全班忽然异样地沉寂。张先生轻抚着我的头，叫我坐下。离开这里的日子越来越近了。同学们纷纷在我的纪念册上留言，叮嘱我不要忘记中国，不要忘记中文。

（统编版——六年级语文下册）

日　本

我自 1980 年到日本访问回来后，即因腿伤闭门不出，“行万里路”做不到了，“读万卷书”便是我唯一的消遣。

（统编版——五年级语文上册）

印 度

泰戈尔（1861—1941），享誉世界的印度诗人、哲学家，曾获 1913 年诺贝尔文学奖。他有《飞鸟集》《园丁集》等五十多部诗集出版。

（统编版——三年级语文上册）

朝 鲜

1952 年 10 月，上甘岭战役打响了。这是朝鲜战场上最激烈的一次阵地战。

黄继光所在的营已经持续战斗了四天四夜，第五天夜晚接到上级的命令，要在黎明之前夺下被敌人占领的 597.9 高地。

（统编版——四年级语文下册）

课本上关于亚洲的内容只是冰山一角，为了增长孩子的见识、开阔孩子的视野，我们分别从地理环境、区域划分、经济文化等方面逐一展开介绍，接下来让我们一起走进亚洲，了解更多的亚洲知识吧！

目录 CONTENTS

走进亚洲
写给孩子的世界地理

地理环境

亚洲全称亚细亚洲，简称亚洲，位于东半球的东北部，纬度约为北纬 81° 至南纬 11° ，经度约为东经 26° 至西经 170° ，东濒太平洋，南临印度洋，北濒北冰洋，西部与欧洲相邻。亚洲包括亚欧大陆的大部分及其周边岛屿，总面积约 4 400 万平方千米，约占世界陆地总面积的 30%，是世界上面积最大的大洲。

亚洲幅员辽阔，海岸线绵长曲折，全长约 69 900 千米。大陆轮廓完整，主体部位大致呈梯形。半岛与岛屿众多，其中，半岛面积 1 000 多万平方千米，是世界上半岛面积最大的一个洲。

亚洲地形复杂多样，地势起伏较大，中间高，四周低。

中部以青藏高原和帕米尔高原的地势最为高峻，在高原外侧，分布着西西伯利亚平原、华北平原、长江中下游平原、恒河平原、美索不达米亚平原等。亚洲平均海拔约 950 米，仅次于南极洲。

区域划分

亚洲地域辽阔，为了更好地认识亚洲，按照地理方位，人们把亚洲分为东亚、东南亚、南亚、西亚、中亚和北亚 6 个地区。

东亚：指亚洲东部地区。包括中国、朝鲜、韩国、蒙古国和日本。

东南亚：指亚洲东南部地区。包括越南、老挝、柬埔寨、缅甸、泰国、马来西亚、新加坡、印度尼西亚、菲律宾、文莱和东帝汶。

南亚：指亚洲南部地区。包括斯里兰卡、马尔代夫、巴基斯坦、印度、孟加拉国、尼泊尔和不丹。

一起看世界

亚洲有很多世界之最。青藏高原是世界最高的高原，素有“世界屋脊”之称，平均海拔4 000米以上；珠穆朗玛峰是世界第一高峰，海拔8 848.86米；里海是世界最大的湖泊，面积37.1万平方千米；死海是世界最低的洼地，水面低于地中海海面430.5米。

西亚：也叫西南亚，指亚洲西部地区。包括伊朗、土耳其、叙利亚、黎巴嫩、巴勒斯坦、以色列、约旦、伊拉克、科威特、沙特阿拉伯、也门、阿曼、阿联酋、卡塔尔、巴林、格鲁吉亚、阿富汗、亚美尼亚和阿塞拜疆。

中亚：指亚洲中部地区。包括土库曼斯坦、乌兹别克斯坦、吉尔吉斯斯坦、塔吉克斯坦和哈萨克斯坦。

北亚：指俄罗斯的亚洲部分。

气候类型

亚洲气候类型多样，各地的气候差异很大。最北部的北冰洋沿岸地带是寒带气候；东亚则是温带季风气候和亚热带季风气候；赤道附近的马来群岛是热带雨林气候；西亚地中海沿岸是地中海气候；西亚西南部的阿拉伯半岛属于热带沙漠气候；亚洲中部的青藏高原和一些高山地区，广泛分布着高原山地气

候以及各种过渡性气候，自然景观呈明显的垂直变化特点。

亚洲内陆地区深居大陆内部，远离海洋，受海洋影响小，属于温带大陆性气候，冬季寒冷干燥，夏季温暖、降水较多，气温日较差和年较差大。

亚洲东部和南部地区是世界上最典型的季风气候。亚洲东部地区冬季刮东南风，夏季刮西北风。亚洲南部地区夏季刮西南风，冬季刮西北风。季风气候雨热同期，有利于农业生产，但是降水很不稳定，因此旱涝灾害频繁。

水系概况

亚洲地域辽阔，河湖众多，受地形的影响，亚洲的许多大河都发源于中部高山地带，呈放射状流向四边的海洋。注入北冰洋的河流主要有鄂毕河、叶尼塞河、勒拿河等；注入太平洋的河流主要有黑龙江、黄河、长江、珠江、湄公河等；注入印度洋的河流主要有印度河、恒河、萨尔温江等。

亚洲内陆流域面积广阔，内流河主要分布在中亚、西亚的山地、高原、盆地等地区，代表河流有锡尔河、阿姆河、伊犁河、塔里木河、约旦河等。亚洲湖泊在数量上仅次于欧洲和北美洲，拥有许多闻名世界的湖泊，如里海、贝加尔湖、死海、巴尔喀什湖等。

自然资源

◎矿产资源

亚洲矿物种类多、储量大，主要有石油、煤、铁、锡、钨、锑、铜、铅、锌、锰、镍、钼、镁、铬、金、银、岩盐、硫黄、宝石等。其中，石油、镁、铁、锡等储量均居各洲首位。

◎森林和草原

亚洲森林总面积约占世界森林总面积的 13%。俄罗斯的亚洲部分、中国的东北、朝鲜的北部，均是世界上针叶林分布最广阔的地区之一，蓄积量丰富，珍贵树种也很多。

在中国的华南、西南地区，日本山地的南坡，喜马拉雅山脉的南坡，植物特别丰富，除普通阔叶树种外，还有棕榈、蒲葵、水杉等。

人口民族

亚洲地广人多，总人口已经超过40亿，占世界人口的59%。世界上人口超过1亿的国家有14个，亚洲就有7个，主要在东亚、东南亚和南亚。

亚洲的种族、民族构成较为复杂。黄种人是亚洲最大的一个种族，约占全亚洲人口的60%。其次是白种人，黑种人最少。

经济文化

亚洲各国工业的发展水平、部门、地域结构差异显著。绝大多数国家工业基础薄弱，采矿、农产品加工及轻纺工业占主要地位。中国工业发展迅速，工业体系完整；日本工业高度发达，属于发达国家，科技水平高；蒙古国工业以畜产品加工为主；新加坡、泰国、马来西亚是新兴的工业化国家；印度尼西亚和文莱以生产原油为主；印度工业较发达；西亚波斯湾沿岸国家因大量出口石油而变得非常富有。

亚洲的农业在世界经济中占有重要地位。马来西亚是全球最大的天然橡胶生产国，其次是印度尼西亚。亚洲水稻种植历史悠久，中国是全球最大的水稻生产国，其次是印度。黄麻的主要产地在中国、印度和孟加拉国。椰干主要产于菲律宾、

印度尼西亚、马来西亚和斯里兰卡等国。茶叶的主要产地在中国、印度和斯里兰卡。其他农作物还有棉花、花生、芝麻、烟草等，其产量在世界上也占有一定的地位。

由于亚洲地域广大、民族众多，因此文化的多样性很强，差异很大，几乎没有统一的“亚洲文化”。中国文化、阿拉伯文化、印度文化等亚洲各民族的文化都对世界文化有着巨大影响。

亚洲文明

亚洲是最早迎接文明曙光的大陆，黄河流域、两河流域（底格里斯河与幼发拉底河）、恒河流域都诞生了古老而灿烂的文明。世界有四大文明发源地，亚洲就占了三个，分别是中国、古巴比伦、古印度。亚洲也是佛教、伊斯兰教和基督教的发源地。

中国
写给孩子的世界地理

地理环境

国家名片

全　　称：中华人民共和国
首　　都：北京
位　　置：亚洲东部
语　　言：官方语言为汉语
民　　族：共有 56 个民族，其中汉族人口最多
行政区划：全国划分为 23 个省、5 个自治区、4 个直辖市、2 个特别行政区

中国位于亚洲东部、太平洋西岸，东南面伸向海洋，西北伸向内陆，是一个海陆兼备的国家。陆地面积约 960 万平方千米，海域面积约 470 万平方千米，是世界上面积最大的国家之一。陆界长达 2 万多千米，陆地上共与 14 个国家接壤，分别是朝鲜、俄罗斯、蒙古、哈萨克斯坦、吉尔吉斯斯坦、塔吉克斯坦、阿富汗、巴基斯坦、印度、尼泊尔、不丹、缅甸、老挝和越南。大陆海岸线长约 1.8 万千米，东、南两面靠海，分别是渤海（内海）、黄海、东海和南海。

中国地势西高东低，地形多种多样。山地面积约占全国总面积的 33%，山脉多呈东西和东北—西南走向，主要有阿尔泰山、天山、阿尔金山、昆仑山、喀喇昆仑山、喜马拉雅山、阴山、秦岭、南岭、大兴安岭、长白山、太行山、武夷山、台湾山脉和横断山脉等。地势自西向东呈下降趋势，形成三大阶梯。第

一级阶梯是青藏高原，海拔 4 000 多米，被誉为“世界屋脊”。第二级阶梯主要为高原和盆地，海拔 1 000 ~ 2 000 米。第三级阶梯主要为平原与丘陵，海拔大多低于 500 米。

气候类型

中国的气候类型多样，有亚热带季风气候、温带季风气候、温带大陆性气候等多种气候类型。东部属季风气候，西北部属温带大陆性气候，青藏高原属高原山地气候。中国从南到北跨热带、亚热带、暖温带、中温带和寒温带。

中国冬季气温偏低，夏季气温偏高，气温年较差较大。中国降水的时间分布也不均匀，全国大多数地区夏秋多雨，冬春少雨。中国降水的季节分配特征是：南方雨季集中在 5 月至 10 月，雨季长，开始早，结束晚；北方雨季集中在 7 月至 8 月，雨季短，开始晚，结束早。

自然资源

◎矿产资源

中国地质条件多样，矿产资源丰富，其中钨、锑、稀土、钼、钒和钛等的探明储量居世界首位，煤、铁、铅、锌、铜、银、汞、锡、镍、磷灰石、石棉等的储量均居世界前列。

◎土地资源

中国幅员辽阔，土地资源总量丰富，土地类型齐全，为农、林、牧、副、渔业多种经营和全面发展提供了有利条件。中国耕地和林地主要分布在东部湿润、半湿润区，土地利用程度很高。南方耕地以水田为主，北方耕地以旱地为主。林地则主要分布在山区。草地主要分布在西部干旱、半干旱区，主要用于畜牧业。沙漠、戈壁等通常难以利用的土地主要分布在西部内陆地区。

◎生物资源

中国是世界上动植物资源最丰富的国家之一。植物种类丰富，起源古老，如水杉、银杏等，这些植物都是中国的“活化石”。中国还兼有寒、温、热三带的植物，世界上主要植被类型在中国几乎都有分布。动物资源也十分丰富，有些野生动物不仅是中国的特产，还是世界上著名的珍稀动物，如兽类中的大熊猫、白鳍豚，鸟类中的黄腹角雉、褐马鸡、黑颈鹤，两栖爬行类中的扬子鳄等。

◎海洋资源

中国是重要的海洋大国，拥有漫长的海岸线和辽阔的海域，有着丰富的海洋资源。近海大陆架埋藏着丰富的石油、天然气、煤等矿产资源，渤海、东海、黄海存在油气田，南海广泛分布着锰结核、石油、天然气和可燃冰。海洋的开发和利用日益受到人们的重视。

水系概况

中国是世界上河流众多的国家之一，有许多源远流长的大江巨川。中国境内河流密布，其中流域面积大于 1 000 平方千米的河流达 1 600 条以上。这些河流大部分顺地势向东、向南流入海洋，构成了广大的外流区域，约占全国总面积的 66%，其余为内流区域。

在中国外流区域中，太平洋流域面积占总面积的一半以上，这一流域的主要河流有黑龙江、海河、黄河、淮河、长江、珠江等；印度洋流域面积次之，这一流域的河流主要有怒江、雅鲁藏布江等；北冰洋流域面积仅占 0.5% 左右。

社会经济

改革开放以来，中国在农业方面的发展突飞猛进，农业在中国经济中占有重要地位。市场上的农产品丰富多样，其中粮食、糖料、油料、棉花、茶叶等农产品的产量很高，已位居世界前列。除少数山区、边远地区外，广大农村已基本脱贫，正在由温饱向小康过渡，经济发达的农村已拥有较高的生活水平。

中国工业门类齐全，基础雄厚，规模庞大。主要工业部门有钢铁、汽车、化肥、水泥、煤炭等。中国既是世界制造业大国，又是世界最大的货物出口国，在世界各地，几乎都能看到中国生产的商品。中国某些工业部门已达国际领先水平，如核工业、航天工业等高新技术产业，它们在全球处于领先地位。

文化习俗

◎语言文字

中国是一个多语言、多方言、多文字的国家。普通话和规范汉字是国家通用语言文字。汉语是汉族的语言，也是中国使用人数最多的语言。不仅是汉族使用汉语，回族、满族等也基本使用汉语，其他民族都有自己的语言。中国还有七大方言，即北方方言、吴方言、湘方言、赣方言、客家方言、闽方言、粤方言。

汉字是记录汉语的文字，也是全国通用文字。除汉族使用汉字以外，中国还有相当多的少数民族也使用汉字。但也有一些少数民族使用自己的文字，如蒙古族、藏族、维吾尔族等。

◎饮食

俗语说："民以食为天。"中国很多地区自然环境差异大，文化底蕴各不相同，菜肴在烹饪的过程中也形成不同菜系，最具代表性的有粤、川、闽、湘等菜系。各个民族喜爱的食物也不尽相同。汉族偏爱米、

面食，但也有地域差异，北方人喜欢吃面食，南方人则更喜欢吃米饭；蒙古族主要吃牛肉、羊肉以及奶食品，他们特别钟爱奶茶；藏族爱喝青稞酒和酥油茶；朝鲜族喜欢吃冷面、泡菜、打糕。

◎传统节日

中国重要的传统节日有春节、元宵节、清明节、端午节、中秋节等。此外，各少数民族也都保留着自己的传统节日，如傣族的泼水节、蒙古族的那达慕大会、彝族的火把节、瑶族的达努节、白族的三月街、壮族的歌圩、藏族的藏历年和望果节、苗族的跳花节等。

著名城市

◎北京

北京是中国的首都，也是全国的政治、文化、国际交往、科技创新的中心。北京位于华北平原的北部边缘，西面为西山，属太行山脉，北面和东北面为军都山，属燕山山脉。由于历史悠久，北京的旅游资源颇为丰富，著名的景点有故宫、颐和园、圆明园、天坛、北海、长城，天安门广场以及恭王府等。北京的教育在全国也是首屈一指的，有著名的清华大学、北京大学等，北京也成为无数学子向往的城市。

◎上海

上海是中国国家中心城市之一，也是国际经济、金融、贸易、航运、科技创新的中心。上海位于太平洋西岸、长江和黄浦江入海汇合处，北邻长江，东濒东海，南临杭州湾，西接江苏和浙江两省。上海地理位置优越，腹地宽广，在海陆交通、航空运输和长江航运方面都具有重要位置。上海是综合性的工业城市，纺织工业和其他轻工业比重较大，机械、电子、钢铁、石油化工等工业也发展迅速。上海的旅游业也十分发达，中西结合的建筑群、美丽的黄浦江夜景，特别是造型奇特的东方明珠广播电视塔，为上海吸引了源源不断的游客。

多民族国家

中国是一个统一的多民族国家，由汉、壮、蒙古、回、藏、维吾尔等56个民族组成，其中汉族人口最多。除汉族以外的其他55个民族人口较少，统称为少数民族，其中壮族人口最多。中国56个民族亲如一家。

韩 国
写 给 孩 子 的 世 界 地 理

地理环境

国家名片

全　　称：大韩民国
首　　都：首尔
位　　置：亚洲东部
语　　言：官方语言为韩语
民　　族：朝鲜族
行政区划：全国划分为1个特别市、2个特别自治市、8个道和6个广域市

韩国位于朝鲜半岛的南半部，三面环海，东濒日本海，西隔黄海与中国相望，南隔朝鲜海峡与日本相望，北隔军事分界线与朝鲜相接。近海岛屿为数众多，其中可供人居住的有济州岛、巨济岛、闲山岛等。

地形以丘陵和平原为主，地势东高西低，北高南低。最高峰为海拔1 950米的汉拿山。平原主要分布于西部和南部的河川流域、海岸地带。

气候类型

韩国北部属于温带季风气候，因三面环海，受海洋暖流北上的影响，所以具有从大陆性向海洋性过渡的特征；韩国南部属于亚热带气候，有显著的海洋性特征。韩国四个季节的特征十分明显，冬、夏两季较长，冬季温度较低，十分寒冷；夏季温度高，十分炎热且潮湿。韩国年降水量为 1 000 ~ 1 500 毫米，年平均气温保持在 12℃以上。

自然资源

◎矿产资源

韩国矿产资源较少，有开采利用价值的矿物有铁、无烟煤、铅、锌、钨等，但储量不大。由于矿产资源匮乏，主要工业原料依赖进口。

◎旅游资源

韩国旅游资源十分丰富。主要景点有济州岛、五台山等。

水系概况

韩国主要河流为洛东江和汉江，它们也是韩国最长的两条河流。洛东江长约 525 千米，汉江长约 514 千米，两条河流分别注入东海与黄海。除了这两条河流，韩国还有锦江、临津江、蟾津江等河流。在韩国，湖泊很少见，其中位于济州岛汉拿山顶火山口的白鹿潭是全国最大的自然湖，全国最大的人工湖是昭阳湖，此外也有插桥湖、木津湖等，但面积都很小。

社会经济

韩国原为落后的农业国，种植业占据绝对优势，主要生产水稻等农作物。韩国一度经济落后，长期依赖其他国家的支援。但从 20 世纪 60 年代开始，韩国经济得到了快速发展。韩国大力发展电子、汽车、纺织、钢铁和造船工业，现已成为世界十大电子工业国之一，其电子工业以高新技术密集型为主，电子产品很大一部分用于出口。近几年，韩国的互联网技术水平也得到了空前发展，其产值在世界上名列前茅。现在，韩国农业也逐渐向商品农业方向转变，稻米的商品率已超过一半。

文化习俗

◎体育项目

跆拳道在韩国十分兴盛，至今已有2000多年的历史。“跆拳道”的名字是1955年由韩国的一名将军创造的，跆拳道也被韩国视为国技。1980年，国际奥委会正式批准位于首尔的世界跆拳道联盟为跆拳道运动的主管机构。1988年，在汉城奥运会上，跆拳道只是作为一个表演项目出现在大众视野，但在1992年，跆拳道已经成为奥运会的正式比赛项目。韩国运动员在该项运动中取得了优异的成绩。

◎饮食

韩国泡菜可谓闻名世界。它在韩国饮食文化中占据着重要地位。到过韩国的人都知道，在韩国饭馆用餐，除“正菜”外，桌上还会放置各种各样的泡菜，有时泡菜甚至达到20种。韩国的家庭主妇对泡菜也情有独钟，她们个个是做泡菜的好手，普通的食材经过她们的巧手调制，便可成为美味的泡菜。

著名城市

◎首尔

首尔是韩国的首都，也是韩国政治、经济、文化和教育的中心，位于朝鲜半岛汉江下游右岸。首尔地势险要，不仅是军事要塞、物资集散地、陆运交通枢纽和国际航空站，还集中了韩国的政府机关及重要企业、教育机构、宣传机构等。首尔拥有首尔大学、汉阳大学、成均馆大学等数十所大学，是名副其实的大学之城。首尔历史久远，古迹众多，有景福宫、德寿宫、昌德宫等名胜古迹。这些古老的宫殿与具有现代化特色的高楼大厦交相辉映，形成了独特的魅力。

济州岛

如果你到韩国旅游，最不能错过的便是济州岛，它有着奇特的自然景观，是韩国最大的岛屿，又叫作“浪漫之岛”“蜜月之岛”。它的地理位置非常重要，在朝鲜半岛的西南部，隔济州海峡与朝鲜半岛相望，是重要的海峡门户。济州岛包含多个属岛，有卧岛、牛岛、蚊岛、兄弟岛、遮归岛等。

日本
写给孩子的世界地理

地理环境

国家名片

全　　称：日本国
首　　都：东京
位　　置：亚洲东部
语　　言：官方语言为日语
民　　族：主要为大和民族
行政区划：全国划分为1都、1道、2府和43县（省）

日本是太平洋西北部的岛国，西隔东海、黄海、朝鲜海峡、日本海与中国、朝鲜、韩国、俄罗斯相望。全境由北海道、本州、四国、九州四大岛及其附近的一些小岛组成。日本国土南北狭长，海岸线漫长曲折，总长约3万千米，沿岸多岛屿、半岛、海湾和良港。山地、丘陵广布，沿海平原狭小。

气候类型

日本北部属于温带季风气候，南部属于亚热带季风气候。由于日本地形狭长、复杂，南北地区的纬度差异较大，所以

南北地区在气温上相差较大。日本绝大部分地区年降水量为 1 000 ~ 2 000 毫米，降水量充沛。

自然资源

◎水力资源

日本气候适宜，降水丰沛，再加上山地众多，岛上河流落差大，河流密布，地势起伏，因此水力资源十分丰富。

◎森林资源

日本的森林覆盖率约为 67%，是世界上森林覆盖率最高的国家之一。但大部分木材依赖进口，是世界上进口木材最多的国家之一。

◎生物资源

日本虽然国土面积小，动植物种类却很多。鸟类和昆虫种类很多，野生植物种类更是达到 30 000 多种。此外，日本渔业资源十分丰富，产量大。其中沙丁鱼、金枪鱼、大马哈鱼等的产量都十分巨大。淡水鱼产量最大的要数香鱼了，它被称为日本“淡水鱼之王”。

水系概况

日本河流众多，流域面积小，水量充足，一年中径流量与季节变化大。日本的湖泊较多，其中主要是构造湖、火山口湖。最大的湖泊为琵琶湖，面积约 670.5 平方千米。日本多优良港湾，海上运输便利，这是日本经济发展的有利条件之一。

社会经济

日本是仅次于美国、中国的世界第三大经济体，也是世界渔业大国，捕鱼量居世界前列。农业在日本是高补助与保护产业，主要农作物有水稻、小麦、大豆等。

日本工业高度发达，是国民经济的重要支柱，主要部门有

电子、家用电器、汽车、精密机械、造船、钢铁、化工和医药等。

日本的服务业发达，尤其是银行业、金融业、航运业、保险业以及商务服务业占GDP的比重最大，且处于世界领先地位。旅游业也获得了长足的发展，主要景点有富士山、东京铁塔、金阁寺等。

文化习俗

◎樱花

每到樱花盛开的季节，各国游客都会赶往日本观赏樱花。樱花不仅是日本的国花，还是日本人精神的象征。樱树在日本被视为“神树”，在日本大面积种植，几乎随处可见。樱花盛开的季节是春季，花呈绯红或纯白，花期通常比较短，在开放最灿烂的时候凋谢，届时漫天的“樱花雨”美不胜收，让人仿佛置身于童话世界中。

◎和服

日本的民族服饰叫和服，它起源于中国的唐装，经过1000多年的演变，形成了现在日本的民族服饰。和服有着明艳的色彩，上面一般绣有精致的图案。和服比较费布料，腰带宽大，上面一般有多种装饰物。和服作为一种民族服装，讲究穿着时的每一个细节与步骤，这就要求穿着者必须具有丰富的穿着经验。此外，穿和服时还要配上相应的发型、布袜、木屐等。

著名城市

◎东京

东京是日本的首都，位于本州岛关东平原南端，集政治、经济、文化的中枢机能于一身，是世界上人口最多的城市之一，也是规模最大的现代化国家都市之一。东京的工厂数量居全国首位，工业产值居全国首位。同时，东京又是日本最大的交通枢纽，是全国高速铁路干线的汇合点，还有飞机和轮船通向世界各地。

◎名古屋

名古屋地处日本爱知县西部，是爱知县首府，也是日本三大都市圈之一。作为重要的港口城市，名古屋也是日本的五大国际贸易港之一。名古屋的商业发达，是全国三大批发中心之一。

富士山

日本著名的山峰富士山，想必大家都听说过。富士山海拔3 776米，是日本最高的山峰，风景优美。富士山在日本东京西南方大约80千米的位置，跨越静冈、山梨两县，山体呈圆锥状，山顶常年覆盖着积雪。

越南
写给孩子的世界地理

地理环境

国家名片

全　　称：越南社会主义共和国
首　　都：河内
位　　置：亚洲东南部
语　　言：官方语言为越南语
民　　族：主要为京族
行政区划：全国划分为58个省和5个直辖市

越南是东南亚国家，面积约32.96万平方千米，与中国广西、云南接壤，西南濒临泰国湾，是连接太平洋与印度洋的海上交通要道，占据着重要的地理位置。

越南多山地、丘陵和高原，这些约占全国土地面积的75%。平原面积小，只占全国面积的25%左右，有红河三角洲和湄公河三角洲两大平原。越南北部和西北部多高山、高原，中部有长山山脉贯通南北。番西邦峰是越南的最高峰，也是中南半岛的最高点，海拔为3 142米。

气候类型

越南地处北回归线以南，绝大多数地区属于热带季风气候，气温偏高，降水充沛，年平均气温为24℃～33℃。年降水量大。越南的气候随南北地理位置不同而变化。南方雨、旱两季分明，多数地区5月至10月是雨季，11月至次年4月是旱季。7月至11月中部地区多台风，会伴随大量降雨。北方则四季分明。在全国大部分地区，丰富的水热条件满足了水稻和热带作物的生长需要。

自然资源

◎矿产资源

越南有着丰富的矿产资源，其中主要有煤、铁、铝、近海油气、锰、锡等，其中前三者储量较大。

◎森林资源

越南森林覆盖率高，约为45.4%，森林面积约10万平方千米。贵重木材有格木、铁杉、玉桂木、樟木、柚木等。

◎渔业资源

越南渔业资源丰富，沿海有1 000多种鱼类，其中淡水鱼就有上百种，还有数千种无脊椎动物等。

水系概况

越南多河流，大部分源自长山山脉，流域面积小。越南最大的两条河流是湄公河和红河，由于其入海时携带较多泥沙，因此形成了湄公河三角洲和红河三角洲。

社会经济

越南是传统农业国，农业人口约占总人口的75%。粮食作物主要有稻米、玉米、马铃薯、番薯和木薯等，经济作物主要有咖啡、腰果、橡胶、胡椒、茶叶、花生、甘蔗等。

越南的主要工业部门有电力、煤炭、冶金、机械制造等，主要工业产品包括煤炭、原油、天然气、液化气、水产品等。

越南国际贸易发达，主要合作国家和组织有欧盟、东盟、美国、中国及日本。越南的进口商品主要有燃料、原料、成品油、机械零件等，出口商品主要有大米、原油、橡胶、电子产品等。

文化习俗

◎美食

越南人口味清淡，烹调时讲究原味、清爽，只放很少的香料，佐料主要有香花菜、青柠檬和鱼露等。一些油炸或烧烤菜品，多会搭配小黄瓜、薄荷菜、新鲜生菜等一起食用。越南人喜欢酸辣口味的菜，他们觉得吃起来开胃可口。

◎越南武术

越南武术是在中国及东南亚各国拳术的影响下逐渐发展而成。但是，在吸收其他国家武术精华的同时，越南武术也极大保留了自身的优点。其中越南武术中的越武道闻名东亚。越南武术的武服大部分与跆拳道、柔道式样的武服类似，其中腰带的颜色标志着习武者的技术水平。

著名城市

◎河内

河内为越南首都，是全国政治、经济、文化、交通的枢纽。它地处红河三角洲西北部，是越南最大的城市之一。河内有着上千年的悠久历史，这座古城里生长着各种各样郁郁葱葱的植物。在城市建筑物的四周、街道两旁生长着参天的椰子树、棕榈树、铁树。街心花园繁花似锦，市区内有风光旖旎的西湖，还有七亩湖、还剑湖、百草公园、列宁公园等著名的旅游胜地，河内也被人们誉为“万花春城”。

鱼米之乡

越南多山水，上游河水水流湍急，穿越丘陵和山地，裹挟的大量泥沙在下游聚积，进而形成了广袤的平原。优越的地理条件使得越南的农作物生长旺盛，水产资源丰富。越南人主要种植的农作物是水稻，抬眼望去，稻田无边无际，微风拂过，碧波万顷。越南的河流众多，鱼、虾多且种类丰富。

泰 国
写 给 孩 子 的 世 界 地 理

地理环境

国家名片

全　　称：泰王国
首　　都：曼谷
位　　置：亚洲东南部
语　　言：官方语言为泰语
民　　族：泰族、老挝族、华族等
行政区划：全国划分为 5 个地区，共 77 个府

泰国位于中南半岛中部，与柬埔寨、老挝、缅甸、马来西亚接壤，东南临泰国湾，西南濒安达曼海。

地势北部高，由西北向东南逐步倾斜。西部、北部是内陆山地，地势为全国最高。南部半岛部分地形可分为东海岸、西海岸，差异巨大。东部海岸线平直，少海湾；西部海岸线曲折破碎，多港湾。海岸平原狭小，少海滩。东部是呵叻盆地，盆地内部平均海拔 100 ~ 200 米，呵叻盆地面积约 15.5 万平方千米。

气候类型

泰国属于热带季风气候，年平均气温为23℃～32℃。年降水量为1 000～2 000毫米，山地地区可超过5 000毫米。

全国多数地区有雨季、旱季之分。雨季为每年的6月至10月，旱季为11月至次年5月。每年2月至3月，南方的暖气团会与北方的冷气团相遇，进而形成气旋雨。3月、4月在泰国湾沿岸还会发生风暴，带来少量雨水，这时的降水对农作物的生长十分关键。

自然资源

◎矿产资源

泰国矿产资源丰富，主要有钾盐、锡、褐煤、油页岩、天然气，还有锌、铅、钨、铁、锑、铬、重晶石、宝石和石油等，其中锡储量最多。

◎生物资源

泰国渔业资源丰富，泰国湾和安达曼海都是得天独厚的天然海洋渔场，淡水养殖场也很发达，是世界主要鱼类产品供应国之一。泰国还是世界上产象最多的国家，白象为泰国的国兽。植物全为热带植物，如茶树和热带水果等。

水系概况

泰国河流众多。最主要的河流为昭披耶河，华人俗称湄南河，它跨越泰国南北，全长达1 352千米，昭披耶河上游有旺河、宾河、难河、永河等支流。另外，蒙河是横贯泰国东北部最长的河流。

社会经济

泰国实行自由经济政策，属于外向型经济。泰国工业化进程的一大特征是充分利用其丰富的农产品资源发展食品加工及

相关的制造业，主要门类有采矿、纺织、电子、塑料、食品加工等。

农业在泰国国民经济中占有重要地位，农产品是外汇收入的主要来源之一，主要农作物有稻米、玉米、木薯、橡胶、甘蔗、榴梿等，是世界最大的天然橡胶出口国。

旅游业保持稳定的发展势头，是外汇收入的重要来源之一。主要旅游景点有芭堤雅、普吉岛、苏梅岛、大王宫等。

泰国对外贸易发达，重要贸易伙伴有中国、日本、东盟、欧盟、美国等。主要出口产品有玉米、大米、木薯、汽车及零配件、橡胶、锡、电子产品、纺织品、加工食品等，进口产品主要有燃料、消费品和工业品等。近年来，泰国经济快速发展，出口产品也由过去的大米、橡胶等初级产品向多样化转变，工业品出口额稳增不减。

文化习俗

◎礼仪

泰国有“礼仪之邦”之称，泰国国民在生活中非常重视礼仪。他们有“相见礼仪”“服饰礼仪”“餐饮礼仪”等。在相见礼仪中，人们在见面时，经常双手合十表示问候。和不同地位的人说话，其称谓和自称也不相同。

◎佛教

大多数泰国人信仰佛教，泰国境内佛寺和佛塔众多，因此有“千佛之国”的美称。玉佛寺是泰国人心中最神圣的寺庙，

它位于泰国皇城外墙以内，与旧皇宫相对而立。玉佛寺是泰国王族供奉玉佛像和举行隆重庆典仪式的场所。在 20 世纪 20 年代，泰国正式宣布佛教为国教。

著名城市

◎曼谷

曼谷是泰国的首都，是政治、经济、文化的中心。如今曼谷集中了全国 50% 以上的工业企业，成为泰国的工业中心。曼谷位于昭披耶河下游两岸，南距曼谷湾约 20 千米，城内水道纵横如同蛛网，故被誉为“东方威尼斯”。

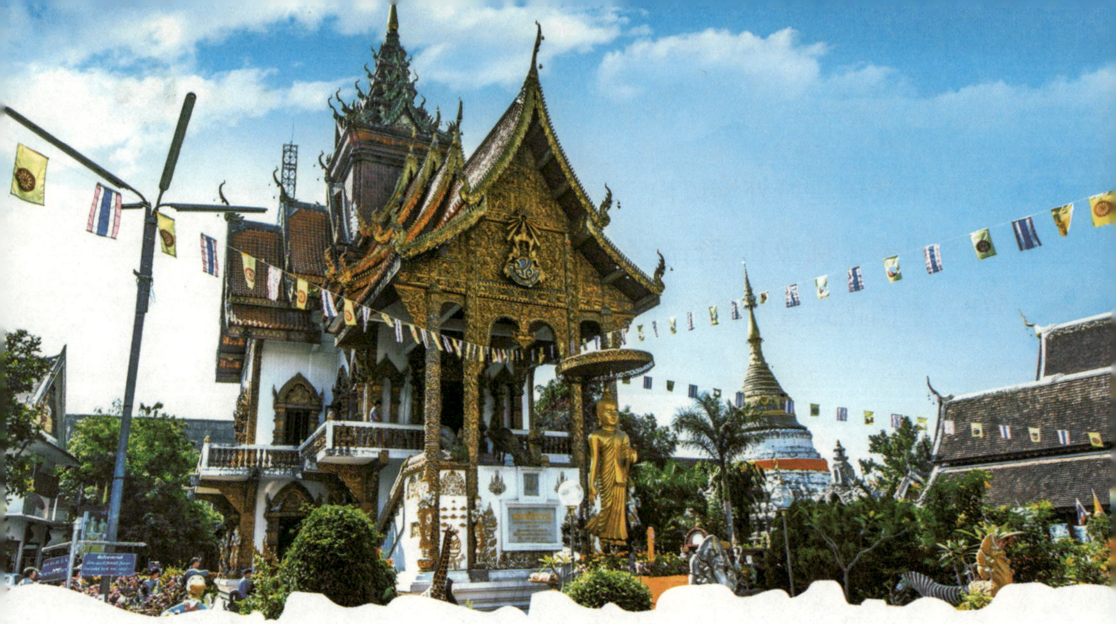

◎清迈

清迈是泰国北部大城市，也是一座历史古都，曾经长期作为泰王国的首都，位于北部山地滨河上游西岸。城内有众多寺庙，是泰国的佛教圣地之一。清迈环境优美，气候宜人，以玫瑰花著称。清澈的滨河流经市区，给这座城市增添了别样的韵致。

水果王国

泰国盛产水果，故被誉为“水果王国”，我们熟悉的金枕榴梿就产于泰国。金枕榴梿又香又臭、味道独特，有“水果之王”之称。除了榴梿，泰国还盛产红毛丹、杧果、菠萝、波罗蜜、金蕉、西瓜、葡萄、山竹等水果。

马来西亚
写 给 孩 子 的 世 界 地 理

地理环境

国家名片

全　　称：马来西亚
首　　都：吉隆坡
位　　置：亚洲东南部
语　　言：官方语言是马来语，通用语言是英语、华语
民　　族：以马来人、华人和印度人为主
行政区划：全国划分为13个州和3个联邦直辖区

马来西亚位于太平洋和印度洋之间，被中国南海分为东、西两部分，即东马和西马。西马来西亚地处马来半岛南部，东临中国南海，南与新加坡隔柔佛海峡相望，西濒马六甲海峡，北与泰国接壤。东马来西亚位于加里曼丹岛北部，与印度尼西亚、菲律宾、文莱相邻。

全境地形以平原为主，地面平坦，无明显起伏。基纳巴卢山是马来西亚的最高峰。

气候类型

马来西亚地处赤道附近，属于热带雨林气候和热带季风气候，全年高温多雨，年平均温度为26℃～30℃，四季界限不

明显，年降水量为 2 000 ~ 2 500 毫米，降水充沛。雨季为每年 10 月至次年 3 月，旱季为 4 月至 9 月。

自然资源

◎矿产资源

马来西亚矿产资源丰富。锡矿产量很高，曾为世界产锡大国，近年来有下滑趋势。另有铁、金、钨、煤、铝土、锰等矿产，石油储量也很丰富。

◎生物资源

在马来西亚的原始森林中，生活着许多濒于绝迹的异兽珍禽，比如狐猴、巨猿、白犀牛和猩猩等，还有众多鸟类、蛇类、昆虫等。

水系概况

马来西亚河流众多，有充足的水源。西马来西亚的河流以吉保山脉为界，西侧以霹雳河为最长，注入马六甲海峡；东侧主要有丁加奴河、彭亨河与吉兰丹河，注入南海。东马来西亚的河网稠密，航运便利，全国第一大河拉让河也在其中。

社会经济

20 世纪 70 年代以前，马来西亚的经济以农业为主，主要出口初级产品。20 世纪 70 年代以后，马来西亚政府不断调整产业结构，大力推进出口导向型经济，促进了电子业、制造业、建筑业和服务业的发展。

马来西亚政府鼓励以本国原料为主的加工工业，重点发展电子、汽车、钢铁、石油化工和纺织品等产业。

在农业方面，农产品以经济作物为主，主要有油棕、橡胶、热带水果等。渔业以近海捕捞为主。近年来，深海捕捞和养殖业有所发展。

马来西亚外贸发达。出口产品主要有石油、棕油、橡胶、纺织品、电子产品、木材、胡椒、可可和锡锭等，进口产品主要有食品、运输设备、机械、矿物和燃料等。外贸合作伙伴主要是日本、美国、欧盟、中国和新加坡等。

马来西亚凭借其地理位置的优势，大力发展旅游业，旅游业已经成为马来西亚的第三大经济支柱。马来西亚的旅游胜地有很多，其中包括云顶、吉隆坡、马六甲、槟城、兰卡威、邦咯岛、热浪岛、刁曼岛等。

文化习俗

◎饮食

除了优美的风景，马来西亚的美食也让人津津乐道。马来西亚的食物以辣为主，菜肴多用胡椒和咖喱调味。其中较著名的有椰浆饭、马来糕点、咖喱牛肉、咖喱鸡、竹筒饭等。

◎朱槿和犀鸟

朱槿，又称扶桑，是马来西亚的国花。因为朱槿花的颜色多为红色，所以人们称它为“大红花”。犀鸟是马来西亚的国鸟，其模样与巨嘴鸟相似，嘴巴又长又大，眼睛很大，睫毛粗长，头上有一个发达的盔突，如同犀牛的角一样，它也因此而得名。

著名城市

◎吉隆坡

吉隆坡是马来西亚的首都，也是全国政治、经济、文化和商业的中心。市内高楼林立，交通四通八达，贸易鼎盛，给这座城市增添了无限活力。世界著名的摩天大楼——吉隆坡石油双塔、兼有通信和旅游功能的吉隆坡塔、东南亚具有代表性的大型展览会场——太子世界贸易中心、规模浩大的多媒体超级走廊，这些闻名世界的建筑令马来西亚人深感自豪，也令马来西亚受到了世界的瞩目。

◎马六甲

马六甲是马六甲州的首府，是马来西亚历史最悠久的古城。16 世纪后，马六甲相继被葡萄牙、荷兰、英国占领。几百年来，有数不清的华人、阿拉伯人、暹罗人、爪哇人、印度人相继来到马六甲，其中我国的航海家郑和七下西洋，就有五次驻节马六甲。不同民族的语言、风俗习惯、宗教逐渐形成了马六甲独特的文化风貌。马六甲城内的古街道至今保存完好。屋舍各种

各样，有中国式的，有荷兰式的，还有葡萄牙式的。很多房屋的墙壁上镶着瓷砖，上面的图案精美传神，木门上装有瑞狮门扣，窗上镶嵌有龙凤，古色古香，到处都呈现出马六甲这座古都的历史韵味。

浮脚楼

浮脚楼是马来西亚的传统民居。浮脚楼是一种单层的建筑，屋顶上覆盖着树叶，墙和地板则是由木质材料做成的。地板距离地面有数尺高，既能防潮，又能防蛇、鼠的侵害。这些房屋的门前都有一个梯子，来访者必须脱下鞋，才能拾级而上。

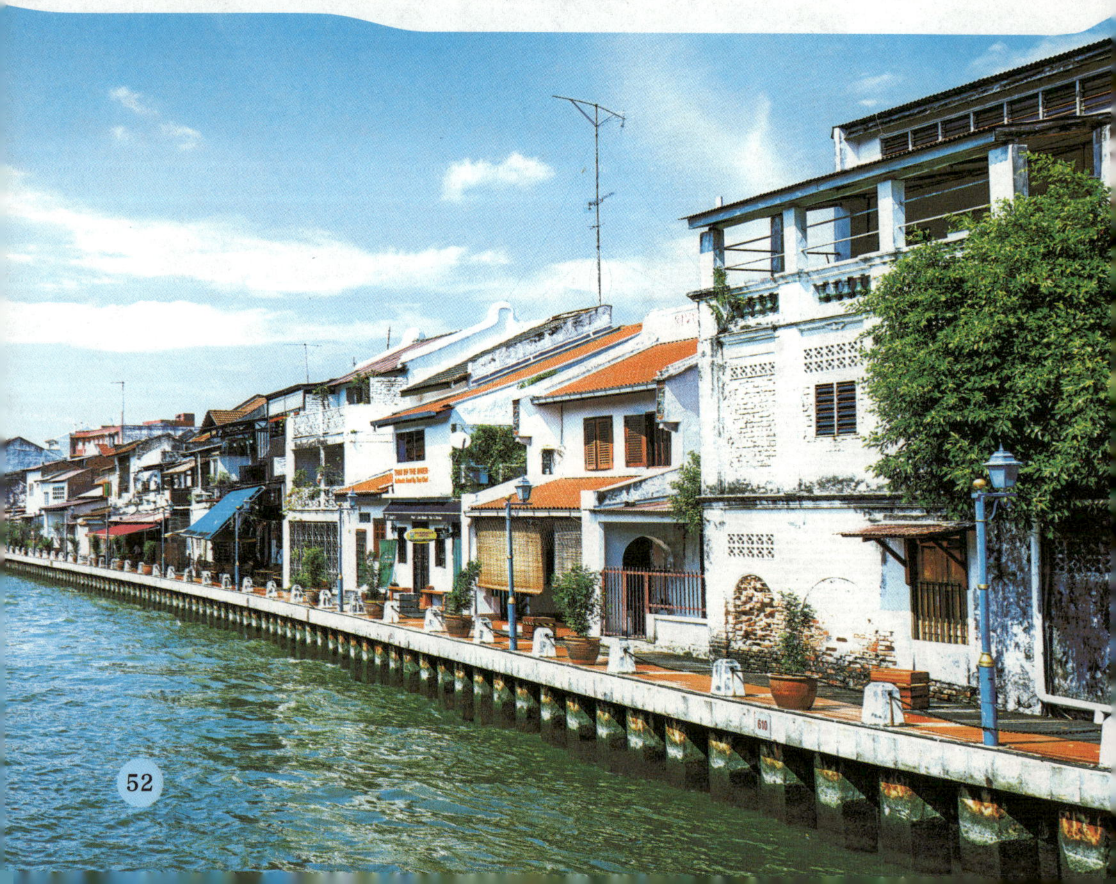

新加坡
写给孩子的世界地理

地理环境

国家名片

全　　称：新加坡共和国
首　　都：新加坡
位　　置：亚洲东南部
语　　言：马来语是国语，官方语言是英语、华语、马来语、泰米尔语，行政用语是英语
民　　族：主要为华人和马来人
行政区划：全国划分为五个社区

新加坡位于马来半岛南端、马六甲海峡出口，北隔柔佛海峡与马来西亚相望，南隔新加坡海峡与印度尼西亚相望，被称为“远东十字路口”，是国际海运交通中心之一。整个国家由新加坡岛及附近的小岛组成，新加坡岛为新加坡领土的最主要部分。

新加坡地势平缓，东部及沿海地区是平原，西部及中部地区是丘陵，武吉知马山是新加坡的最高点。

气候类型

新加坡属于热带海洋性气候，长年受赤道低压带控制，各月平均气温变化不大，降水充足，全年高温多雨。

自然资源

新加坡境内已经发现 2 000 多种植物，具有极其丰富的植物资源。新加坡的主要经济作物有椰子、橡胶等。此外，胡姬花（兰花）的栽培也十分广泛。

水系概况

新加坡河流受地形限制，都十分短小，最长的河流为加冷河。

社会经济

新加坡属于外贸驱动型经济，以电子、石油化工、金融、航运、服务业为主。对外贸易为国民经济的重要支柱。

工业主要包括制造业和建筑业。制造业产品主要包括电子产品、化学与化工产品、生物医药、机械设备、交通设备、石油产品等。新加坡是世界第三大炼油中心。

新加坡的农业产值不到国民经济的0.1%，农业用地面积仅占国土总面积的1%左右，粮食无法自给，需要从马来西亚、

印度尼西亚、中国、澳大利亚等国进口。

新加坡的旅游资源十分丰富，圣淘沙岛、滨海湾、植物园、环球影城、海洋馆、夜间动物园是其主要旅游景点，每年都有来自中国、日本、印度、澳大利亚等国家的许多游客来此观光休闲。

对外贸易是新加坡经济发展的重要推动力，美国、中国、欧盟、马来西亚是其主要贸易伙伴，主要出口机电、电子、石油、石化等产品，进口产品有粮食、工业原料、原油、机械设备、集成电路等。

文化习俗

◎人口和宗教

新加坡是一个移民国家，主要由华人、马来人和印度人组成，其中华人的数量最多，还有少数阿拉伯人、巴基斯坦人、苏格兰人、菲律宾人以及欧亚混血种人。新加坡实行宗教自由政策，因此新加坡是一个多宗教国家，新加坡人信仰的宗教包括佛教、道教、伊斯兰教、印度教、基督教等。

◎百鸟争鸣节

新加坡经济发达、生活安宁、气候适宜，国民非常喜欢饲养禽鸟，因而逐渐形成了新加坡的传统节日——百鸟争鸣节。百鸟争鸣节在每年 7 月举行，以各种鸟类的斗歌为主要活动，根据外形美观、有活力、音色好、气量大的标准，设置了优胜奖、幸运奖、安慰奖等奖项。不仅鸟儿备受宠爱，鸟笼也非常受青睐，精巧的鸟笼上面还有精美的图案和各种饰物。

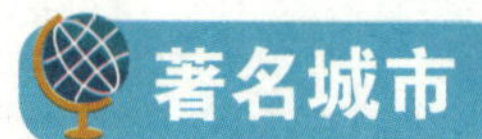

◎新加坡市

新加坡市是全国政治、经济、文化的中心，也是世界上最大的港口之一和重要的国际金融中心。新加坡市布局合理，市政建设优良，高楼大厦鳞次栉比。新加坡市最高的建筑物是华联银行大厦，它也是东南亚最高大的建筑物之一。许多英国建筑风格的大楼坐落在新加坡河沿岸，为新加坡市增添了浓厚的国际气息。新加坡市十分整洁，街道整齐，建筑优雅，终年鲜花不断，给人以幽静、安详、心旷神怡之感，是一座世界闻名、瑰丽无比的花园城市。

“狮城”新加坡

新加坡岛的外形很像一头雄狮，而且“新加坡”在马来语中的意思正是“狮子城”。虽然新加坡国土面积较小，但是经济发达、产业繁荣、环境清洁、国民素质高，其富庶程度不仅在东南亚名列前茅，在全世界也是数一数二的。

印度尼西亚
写给孩子的世界地理

地理环境

国家名片

全　　称：印度尼西亚共和国
首　　都：雅加达
位　　置：亚洲东南部
语　　言：官方语言为印尼语
民　　族：有数百个民族，以爪哇族和巽他族居多
行政区划：全国划分为 3 个地方特区和 31 个省

印度尼西亚简称印尼，位于亚洲东南部，地跨赤道，是横卧于两大洲（亚洲、大洋洲）、两大洋（太平洋、印度洋）之间的“千岛之国”。印度尼西亚由 17 500 多个岛屿组成，是东南亚面积最大的国家，也是世界上面积最大的岛国。印度尼西亚岛屿主要包括马鲁古、大巽他、小巽他、苏门答腊等群岛，岛屿之间还有许多海峡和内海，马六甲海峡是太平洋和印度洋之间的交通枢纽。

印度尼西亚地处亚欧板块和太平洋板块的接触地带，境内多火山、地震。全国地形主要为山地和高原，仅沿海有平原。

气候类型

印度尼西亚地跨赤道，属于热带雨林气候，全年气温较高，没有四季之分。印度尼西亚降水充沛，多数地区全年降水量在 2 000 ～ 3 000 毫米。

自然资源

◎矿产资源

印度尼西亚盛产石油、天然气、煤、锡、铝矾土、镍、铜、金、银等矿产资源。其中石油和锡在世界上占有重要地位。

◎生物资源

印度尼西亚分布着大片的热带雨林，包括藤本植物、藤蔓植物在内的多种植物在这里旺盛地生长着，如椰树、香蕉树、

芭蕉树、胡椒树、猴面包树、橡胶树等。印度尼西亚的海洋生物资源也十分丰富。

水系概况

印度尼西亚河流密布，水量丰沛。主要河流有梭罗河、巴里托河、马哈坎河、卡普阿斯河等。著名的湖泊有多巴湖。

社会经济

印度尼西亚是东盟第一大经济体，农业、工业、服务业均在国民经济中占有重要地位。印度尼西亚是农业大国，盛产棕榈油、橡胶、咖啡、可可等经济作物。渔业资源也十分丰富。工业发展方向是强化外向型制造业，工业部门以采矿、纺织、木材加工、钢铁、机械为主。

旅游业是印度尼西亚非油气行业中第二大创汇行业，仅次于电子产品出口。主要名胜地有巴厘岛、印尼缩影公园、婆罗浮屠佛塔、日惹王宫、科莫多国家公园、多巴湖等。

文化习俗

◎人口和宗教

印度尼西亚是世界第四人口大国，其中爪哇岛人口最多。印度尼西亚有 100 多个民族，其中爪哇人占总人口的 45%，巽他人占 14%，马来人占 7.5%，马都拉人占 7.5%，其他人口占 26%。印度尼西亚大多数居民信奉伊斯兰教，其他居民则信奉基督教、天主教、印度教、佛教等。

◎婚姻习俗

印度尼西亚多拉查族的婚姻中离不开水牛。男子求婚时，需要赠送女方一头水牛。如果女方接受了水牛，即表示同意这门亲事。订婚之后，男方还需要赠送女方 100 种礼物，大多是生活必需品，其中也包含水牛。在成婚的筵席上，水牛肉也是不可缺少的菜肴。

著名城市

◎雅加达

雅加达是印度尼西亚的首都，是政治、经济、文化的中心，也是东南亚最大的城市。雅加达位于爪哇岛西部北岸，濒临雅加达湾。市内博物馆众多，其中就有全国规模最大、收藏最丰富的中央博物馆。此外，该市还拥有多处名胜景区，如大型娱乐场寻梦园、印尼缩影公园、雅加达独立清真寺和拉古南动物园等。

◎万隆

万隆是印尼西爪哇省的首府，这里群山环抱、草木繁盛、空气清新、景色优美，是一座名副其实的山城。万隆的旅游资源很丰富，主要景点有达哥瀑布、伦邦湖、覆舟山等。万隆市区有几十所高等学府，还有规模较大的地质博物馆，印度尼西亚最大的天文台也坐落在这里。此外，万隆还是一座历史名城，1955 年亚非会议（又叫万隆会议）就是在这里举行的。

巴厘岛

巴厘岛是印度尼西亚巴厘省管辖的一个岛屿。这里属于热带雨林气候，全年温和多雨，一年四季都能见到繁盛的树木、美艳的鲜花和碧绿的小草，是世界闻名的旅游胜地。正是因为风景秀丽，巴厘岛才享有“神明之岛”“绮丽之岛”“罗曼斯岛”“魔幻之岛”“天堂之岛”等诸多美称。

印 度
写给孩子的世界地理

地理环境

国家名片

全　　称：印度共和国
首　　都：新德里
位　　置：亚洲南部
语　　言：官方语言为英语和印地语
民　　族：有 100 多个民族，人口最多的是印度斯坦族
行政区划：全国划分为 29 个邦和 7 个中央直辖区

印度位于南亚次大陆，与巴基斯坦、中国、尼泊尔、不丹、缅甸和孟加拉国为邻，东临孟加拉湾，西濒阿拉伯海，面积约 298 万平方千米。

根据地貌的不同，印度全境可大致分为 5 个部分。北部是喜马拉雅高山区，平均海拔在 4 000 米以上；中部是印度河－恒河平原区；南部是德干高原区，平均海拔约 600 米；东、西高止山脉分列两侧。

气候类型

印度属于典型的热带季风气候，全年可以划分为雨季和旱季。每年 6 月至 9 月是雨季，气候主要受西南季风的影响。西南季风把印度洋的水汽带到了内陆地区，降水充沛。每年 10 月至次年 5 月是旱季，气候主要受东北季风的影响。东北季风由内陆吹向印度洋，气流干燥，降水极少。

但是西南季风的情况不稳定，有的年份风力强劲，有的年份风力较弱；有的年份持续时间较长，有的年份持续时间较短。因此，印度的降水分布在时间上很不平衡，水旱灾害频发。

自然资源

◎矿产资源

印度矿产资源丰富。云母产量居世界首位，煤和重晶石产量居世界前列。主要资源有煤、铁矿石、铬铁矿、铝土、锰矿石、锌、铅、铜、石灰石、磷酸盐、黄金、石油、天然气。此外，印度还有石膏、钻石、钛、钍、铀等矿产资源。

◎土地资源

印度国土面积约 298 万平方千米，居世界第七位。印度有一半以上的土地为耕地，是亚洲耕地最多的国家，是世界上最大的粮食生产国之一。印度森林广布，森林覆盖率约为 21%。

◎生物资源

印度是一个生物资源十分丰富的国家，植物资源约 3 万种，动物资源约 7 万种，素有“动物王国”之称。

水系概况

印度境内河流众多，按水源和地势可分为三大水系，即喜马拉雅山水系、半岛高原地区水系、沿海岸地区水系。主要河流有恒河、布拉马普特拉河、戈达瓦里河等。

社会经济

印度的经济发展速度较快，是世界上最有发展前景的国家之一。

印度的农业比较发达，是世界上粮食产量最大的国家之一。主要粮食作物有小麦、水稻等，其中水稻的种植面积约占世界水稻种植面积的33%，产量为世界第二，仅次于中国。主要经济作物有甘蔗、棉花、油料、咖啡、黄麻等，其中甘蔗的种植面积与产量都处于世界前列。此外，印度还是畜牧业大国。

印度的工业主要包括纺织、食品、化工、钢铁、水泥、制药、采矿等部门。纺织业是印度的传统工业，印度还拥有世界上规模最大的黄麻纺织业。近年来，汽车、电子产品制造、航空等新兴工业也得到了迅速发展。

印度的第三产业也取得了惊人的成绩。从20世纪末期开始，印度的软件制造业和服务业就以年均50%的增幅快速发展。

印度的旅游业也很发达，著名景点有泰姬陵、阿旃陀石窟、埃洛拉石窟群等，旅游效益十分显著。

文化习俗

◎饮食

手抓饭是印度传统的就餐习俗。吃饭前他们会将手清洗干净，然后准备就餐。他们将饭菜装在一个大盘中，用右手把食物和米饭混合在一起，然后抓起饭菜直接送到嘴里。值得一提的是，他们吃饭的时候，都是用右手的，因为他们认为左手是不洁净的，只有右手才可以做这样的事情。

◎舞蹈

印度舞蹈起源于古代先民对神灵的崇拜，具有悠久的历史。印度舞蹈的一个显著特点是身体语言十分丰富，据说仅仅是手部便有100多种姿势，要是再加上头、颈、臂、腰、腿、脚等部位，舞蹈姿势就无法计算了。

◎宗教

宗教在印度文化中占据着重要地位。印度自古就深受宗教的影响，各种宗教、宗教社团及信奉宗教的民众构成了印度传

统文化的主要载体。从宗教的角度来看，印度文化可以大致分为印度教文化、伊斯兰教文化、佛教文化、锡克教文化、基督教文化和部落文化等。

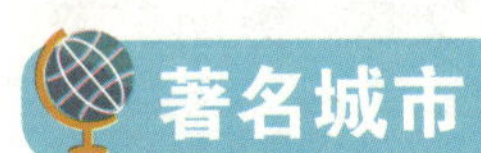

著名城市

◎新德里

新德里位于亚穆纳河西岸，是印度的首都，也是全国政治、经济、文化的中心。全市以姆拉斯广场为中心，城市街道呈辐射状，密如蛛网地伸向各个方向。城市设计十分巧妙，建筑物参差有致，街心花园与林荫大道交相辉映，宛如一座美丽的宫殿。新德里交通发达，有公路、铁路和航空班机通向全国各地和世界各大城市。

◎孟买

孟买是印度第一大港口和工商业城市，也是马哈拉施特拉邦的首府。孟买景色优美，临海背山，因其重要的地理位置而被称为“印度的门户”。作为一座国际化大都市，孟买的建筑呈现出多种风格，既有现代化的高楼大厦，又有欧洲古典风格的建筑，还有一些东西合璧式建筑，呈现出印度教、伊斯兰教、基督教相互融合的风格。

独特的文明古国

印度孕育了独特的古印度文明，是世界四大文明古国之一，为人类文明的发展做出了重要贡献。印度古代史诗《罗摩衍那》、印度教圣典《吠陀》都在全世界享有盛名。印度国土广袤无垠，文化辉煌灿烂，山水名胜数不胜数，令人赞叹不已。

巴基斯坦
写 给 孩 子 的 世 界 地 理

地理环境

巴基斯坦位于南亚次大陆西北部，东与印度相接，东北与中国毗邻，西北与阿富汗交界，西与伊朗相邻，南濒阿拉伯海。

地形主要是山地、丘陵，西北高，东南低。北部是喜马拉雅山脉，西北部是兴都库什山脉，西部和西南部是俾路支高原，东南部是塔尔沙漠，东部和中部是印度河中下游冲积平原。

气候类型

巴基斯坦大部分地区属于热带季风气候，其余地区属于亚热带气候，气温普遍较高，降水比较稀少。夏季酷热，7 月平均气温在 32℃以上。冬季温和，1 月平均气温为 7℃以上。全

境降水稀少，北部高山区以冬春雨为主，东南部平原区以夏雨为主。

国家名片

全　　称：巴基斯坦伊斯兰共和国
首　　都：伊斯兰堡
位　　置：南亚次大陆西北部
语　　言：乌尔都语、英语
民　　族：主要为旁遮普族、信德族
行政区划：全国划分为4个省和伊斯兰堡首都特区

自然资源

◎矿产资源

巴基斯坦主要矿藏有天然气、石油、铁、煤、铝土，还有大量的铬矿、大理石和宝石。

◎森林资源

巴基斯坦森林覆盖率约为4.8%。森林是纸张、木材、柴火的主要来源，也是野生动物和生态旅游的保护区，对巴基斯坦来说十分重要。

水系概况

巴基斯坦境内河流属印度河水系，印度河为巴基斯坦最大的河流，在巴基斯坦东北部流域形成肥沃平原，最后注入阿拉伯海。

社会经济

巴基斯坦经济以农业为主，主要农产品有小麦、大米、棉花、甘蔗等。经济作物以棉花为主，为世界主要的棉花生产国和出口国之一。

巴基斯坦的工业基础比较薄弱。最大的工业部门是棉纺织业，其他的还有毛纺织、制糖、造纸、烟草、制革、机器制造、化肥、水泥、电力、天然气、石油等。

巴基斯坦的旅游业发展较慢，主要景点有卡拉奇、拉合尔、白沙瓦、费萨尔清真寺等。

文化习俗

◎国花

素馨花是巴基斯坦的国花。素馨花深受巴基斯坦人的喜爱，不仅生长在野外，而且每个家庭的花园里也有种植。素馨花有一股淡淡的清香，能散发出令人愉快的香气。根据伊斯兰教教

义，人们出现在公共场所或者其他人面前的时候，必须散发出令人愉快的香味，而素馨花正具备这种香味。所以素馨花被巴基斯坦人奉为信仰的象征，将它融入日常的生活中。

◎宗教

巴基斯坦的文化也深受宗教的影响。根据宪法的规定，巴基斯坦的国教是伊斯兰教，因此，绝大部分国民信奉伊斯兰教，少数巴基斯坦民众则信奉印度教、基督教等其他宗教。

著名城市

◎伊斯兰堡

巴基斯坦的首都是伊斯兰堡。它位于内陆地区，周围有着连绵的群山和清澈的湖水，是一座山清水秀的城市。伊斯兰堡

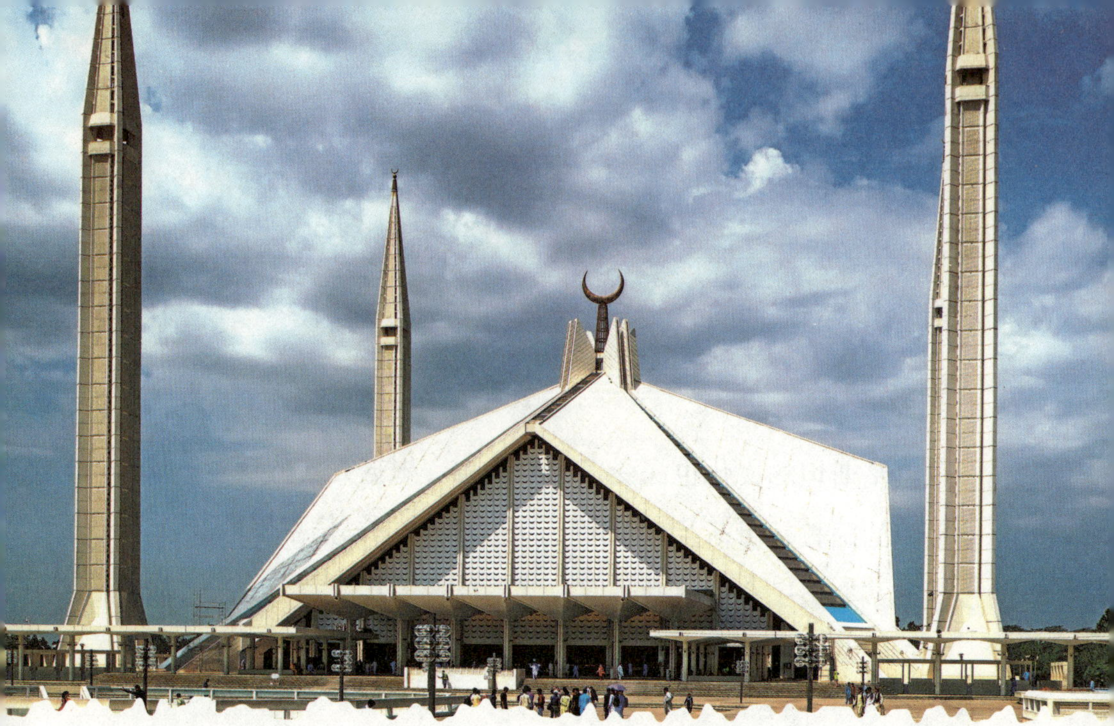

的北面是巍峨高耸的喜马拉雅山脉，南面是宽阔平坦的印度河大平原，东面是风景秀丽的拉瓦尔湖，西面是开阔的河谷地带。这里还有四通八达的交通线通往全国各地。伊斯兰堡不仅景色优美，而且富有现代化气息。1992 年 10 月，北京与伊斯兰堡正式结为友好城市。

“清真之国”

伊斯兰教在巴基斯坦十分盛行，绝大多数国民不仅信仰伊斯兰教，而且遵循严格的穆斯林传统，国内也修建了大量清真寺，因此巴基斯坦又被称为“清真之国”。

斯里兰卡
写给孩子的世界地理

地理环境

斯里兰卡是一个热带岛国，位于印度洋北部，在南亚次大陆南端，西北隔保克海峡与印度相望。主岛呈梨形，面积约6.56万平方千米。

国家名片

全　　称：斯里兰卡民主社会主义共和国
首　　都：科伦坡
位　　置：亚洲南部
语　　言：官方语言和全国语言均为僧伽罗语、泰米尔语
民　　族：主要为僧伽罗族
行政区划：全国划分为9个省和25个区

全国地势中部高、四周低，中南部为高原、山地，北部和沿海地区为平原。

气候类型

斯里兰卡北部属于热带草原气候，南部属于热带季风气候，终年如夏，年平均气温约为28℃。全年无明显的四季之分。

斯里兰卡西南部位于西南季风的迎风坡，受地形抬升作用的影响，降水多，年降水量 2 500 毫米以上；东北部位于西南季风的背风坡，降水稀少，年降水量 1 000 毫米左右。

自然资源

◎矿产资源

斯里兰卡主要矿藏有：石墨、宝石、钛、锆石、云母等。已开采的有石墨、宝石、云母等，其中宝石种类较多。

◎水资源

斯里兰卡河流众多，这些河流大多发源于中部山区，流域面积狭小且水势湍急，流量非常大。

◎森林资源

斯里兰卡的森林资源十分丰富，森林覆盖率约为 29%。主要出产红木、黑檀、柚木和铁木等珍贵木材，还有大量的橡胶木和椰子木。

水系概况

斯里兰卡境内河流众多，主要有马哈韦利河、阿鲁维河等。这里还有星罗棋布的湖泊，其中以巴提卡洛湖为最大。

社会经济

斯里兰卡的经济以农业为主，全国可耕种面积已利用一半，主要经济作物为斯里兰卡的“三宝”——茶叶、橡胶和椰子，其中茶叶、橡胶的产量均居世界前列。

斯里兰卡的工业主要有纺织、服装、皮革、造纸、烟草、化工、石油加工、塑料、橡胶等。旅游业是其经济的重要组成部分，游客主要来自欧洲、印度、东南亚等国家和地区。

文化习俗

◎民族和宗教

斯里兰卡国内有许多民族，其中人口最多的民族是僧伽罗族，约占全国总人口的74.9%；其次是泰米尔族，约占

15.4%。斯里兰卡也是一个多宗教国家，国民主要信仰佛教、印度教、伊斯兰教和基督教。约有 70.2% 的国民信仰佛教，约 12.6% 的国民信仰印度教，少数信仰伊斯兰教和基督教。

◎国花

斯里兰卡人十分喜爱睡莲，尊睡莲为国花，并把它看作友好的象征。人们还常用睡莲扎成一个花环敬献给客人，然后再送上一份酱叶，以表示欢迎。

◎崇拜狮子

斯里兰卡人非常崇拜狮子，因为狮子象征着勇敢、威严和强大，因此旗帜上普遍用狮子作为装饰。

著名城市

◎康提古城

康提古城是斯里兰卡的旧都，也是著名的佛教圣地，地处斯里兰卡岛中部山区。康提古城历史悠久，古时候是斯里兰卡的行政中心和宗教中心，这里保留着众多古老而精美的建筑，其中包括蜚声佛教界的佛牙寺。

美丽的斯里兰卡

斯里兰卡景色优美，享有“宝石岛”“亚洲花园”“印度洋明珠”等多个雅称。斯里兰卡是一个热带岛国，盛产香料，拥有秀丽的海滨、雄伟的名胜古迹、丰富的动植物资源、古老的宗教文化和原始的异域风情，古城、寺庙、神殿在这里巍然挺立，大象成群嬉戏，鸟儿和蝴蝶翩翩飞舞。马可·波罗曾赞誉斯里兰卡是“世界上最美丽的岛屿”。

伊 朗
写给孩子的世界地理

地理环境

伊朗位于亚洲西南部，属中东地区国家。西北与亚美尼亚、阿塞拜疆相邻，东北与土库曼斯坦相接，北靠里海，西与伊拉克、土耳其接壤，东与巴基斯坦和阿富汗交界，南濒波斯湾和阿曼湾。

国家名片

全　　称：伊朗伊斯兰共和国
首　　都：德黑兰
位　　置：亚洲西南部
语　　言：官方语言为波斯语
民　　族：主要有波斯人、阿塞拜疆人、库尔德人等。
行政区划：全国划分为 31 个省

伊朗全境多高原和山地，平均海拔也比较高。从地形图上看，伊朗的中部高原十分辽阔，占全国面积的 50% 左右。伊朗海拔最高点位于厄尔布尔士山脉的达马万德山，此山峰海拔高达 5 671 米，是伊朗最高峰。伊朗西北部属于亚美尼亚高原的一部分，西南部则有扎格罗斯山脉，它是伊朗面积最大的山脉。伊朗东部是盆地与沙漠，北部与南部则有大片平原及低地，西南部边缘地区为美索不达米亚平原的一部分。

气候类型

伊朗绝大部分地区属于温带大陆性气候，冬季严寒，夏季酷热，大多数地区干燥少雨，平均年降水量一般不足200毫米。

自然资源

◎矿产资源

石油、天然气和煤炭资源丰富，其中石油和天然气储量均居世界前列。铜、铀、锑、铁等矿产资源也十分丰富，可开采量巨大。

◎生物资源

伊朗生物资源丰富，动物有波斯猎豹、沼泽鳄、波斯瞪羚、印度羚、红色狍子、猞猁、豪猪、獾、野驴、美索不达米亚小鹿、里海虎、鹰、红鹳、枭、天鹅、鹈鹕、鹧鸪等，植物主要有阔叶树、棕榈树、橡树林以及灌木丛等。

水系概况

伊朗复杂的地形使得伊朗水系看上去有些混乱。一般而言，河流可根据是否流入海洋进行划分，流入海洋的河流被称为外流河，一般呈离心状；不流入海洋的河流为内流河，一般呈向心状。伊朗的卡伦河便是外流河，流向波斯湾，同时卡伦河也是一条具有重要经济价值的河流，大部分河道可通航。伊朗还有一些河流注入里海。伊朗的内流河面积普遍较小，大多具有季节性。

社会经济

伊朗盛产石油，石油产业是国家经济支柱和外汇收入的主要来源之一，石油收入占外汇总收入的一半以上。

工业以石油开采业为主，还有炼油、钢铁、电力、纺织、汽车制造、机械制造、食品加工等，但工业基础较为薄弱，大多数工业原材料和零配件依赖进口。

农业在国民经济中占有重要地位。经济作物以棉花为主，粮食作物以小麦为主。畜牧业和渔业发展良好。

伊朗的农产品产量及出口量较大。以藏红花为例，伊朗的藏红花生产量居世界之首，且以出口为主。对中东地区及海湾地区而言，伊朗还是重要的水果产地。除此之外，伊朗的枣出口量也居世界前列。

文化习俗

◎头巾和黑袍

在伊朗，正式场合，一般妇女要身披黑袍、头戴头巾，既庄重又大方。男子不能穿短衣、短裤。外国妇女访问伊朗，也要戴上头巾，表示尊重其信仰。

◎节日

和中国一样，伊朗也有新年，不过伊朗的新年日期相当于中国的“春分”时节，也就是 3 月 21 日左右。新年到来时，伊朗人民会喜气扬扬地进行庆祝，全国还会放一两周假。除了新年，伊朗还有国庆日与开斋节等重要节日。

著名城市

◎德黑兰

德黑兰是伊朗的首都，也是全国政治、经济的中心和交通枢纽，地处伊朗高原北缘、厄尔布尔士山南麓。作为一座现代化城市，德黑兰拥有林立的高楼大厦、高耸的纪念塔、宏伟的自由广场和川流不息的车辆。德黑兰也是全国最大的文化教育中心，市内设有许多博物馆、科研中心与高等院校。

◎伊斯法罕

伊斯法罕是伊斯法罕省首府，是伊朗第三大城市。作为伊朗的文化名城，伊斯法罕受到伊朗人的无限赞美。这座城市不仅拥有千年以上的历史，而且是“风水宝地”，远远望去山清水秀，众多古迹静立于地面之上，其中以伊玛姆广场为核心的建筑群是世界级文化遗产。这座城市不仅是旅游的好去处，而且工商业十分发达，市内的现代化工业设施对整个伊朗的钢铁业及纺织业有重要影响。出于对这座城市的喜爱，伊朗人民总是骄傲地说：“伊斯法罕半天下。”

伊朗国名的由来

伊朗就是历史上的波斯国，也就是中国历史上提到过的安息国。波斯的名字据说与古代的帕尔斯地区有关，指马群繁殖的地方。波斯人有时候会称自己是伊兰人。后来波斯的国名改为伊朗。伊朗的意思是光明。

沙特阿拉伯
写 给 孩 子 的 世 界 地 理

地理环境

国家名片

全　　称：沙特阿拉伯王国
首　　都：利雅得
位　　置：亚洲西部
语　　言：官方语言为阿拉伯语
民　　族：主要为阿拉伯人
行政区划：全国划分为 13 个省

沙特阿拉伯位于阿拉伯半岛，东濒波斯湾，西临红海，与约旦、伊拉克、科威特、卡塔尔、阿联酋、阿曼、也门等国接壤。

沙特阿拉伯大部分领土位于阿拉伯高原上，地势西高东低。西部以阿拉伯高原为主，红海沿岸为红海低地。东部为平原，地势低平。沙漠约占全国土地面积的一半，东南部的鲁卜哈利沙漠为全国第一大沙漠，面积达 65 万平方千米，故有阿拉伯半岛的“沙漠王国”之称。

气候类型

沙特阿拉伯绝大部分地区属于热带沙漠气候。夏季炎热干燥，最高气温可达 50℃以上；冬季气候温和。全境降水稀少，平均年降水量不超过 200 毫米。

自然资源

提到沙特阿拉伯，自然不能不提到它的石油资源。由于石油资源太丰富，这个国家甚至被称为“石油王国”。除了石油，沙特阿拉伯的天然气资源也十分丰富，储量居世界前列。此外，金、铜、铁、锡、铝、锌等矿藏也十分丰富。

社会经济

石油和石化工业是沙特阿拉伯的经济命脉，在国民经济中占有主导地位。近年来，政府充分利用本国丰富的石油、天然气资源，积极引进国外的先进技术设备，大力发展钢铁、炼铝、水泥、海水淡化、电力工业、农业和服务业等非石油产业，依赖石油的单一经济结构有所改观。

沙特阿拉伯非常重视农业，主要有小麦、水稻、玉米、椰枣、柑橘等农产品。谷物自给率较低，依靠大量进口来满足国内需求。畜牧业方面，主要饲养绵羊、山羊、骆驼等。

在出口方面，毫无疑问，沙特阿拉伯的出口商品主要为石油制品，但也出口一些化学制品。沙特阿拉伯的进口商品集中于机械、食品等方面，但也会进口一些基础金属。从贸易角度

而言，沙特阿拉伯与中国、美国、日本等国联系紧密。

文化习俗

◎宗教

作为一个伊斯兰国家，沙特阿拉伯的文化与伊斯兰教关系密切。每年，数以百万计的穆斯林（伊斯兰教信仰者的统称）从世界各地涌向麦地那和麦加进行朝圣。前往麦加朝圣是每个穆斯林的愿望。

◎节日

沙特阿拉伯有两个与伊斯兰教有关的重要节日，即开斋节与宰牲节，在这两个节日到来时，沙特阿拉伯全国会放一周至两周的假期。

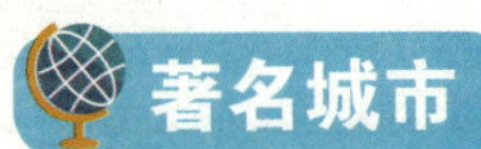

著名城市

◎利雅得

利雅得是沙特阿拉伯的首都和最大城市，也是全国政治、经济、文化的中心，位于沙特阿拉伯的中部。利雅得四周环绕绿洲，有广阔的椰枣林和清泉，故此得名（“利雅得”在阿拉伯语中是“庭院”的意思）。利雅得的著名建筑有精美的王宫、庄严的大清真寺、造型多样的供水塔等。

◎麦加

麦加是伊斯兰教第一圣城，沙特阿拉伯西部省省会。它坐落在沙特阿拉伯西部赛拉特山区的一条峡谷中，四周环山，气候炎热。主要圣地是位于城中心的圣寺克尔白，郊区圣地有阿赖法特山、索尔山与希拉山等。麦加被称为“宗教之都”，是全世界穆斯林的精神中心，“麦加朝圣”是每年伊斯兰教最盛大的宗教活动。

一起看世界

麦加大清真寺

麦加大清真寺是世界闻名的清真寺，它不仅宏伟美观，而且被伊斯兰教徒视为圣寺。古往今来，很多穆斯林不远千里来到这座清真寺做礼拜。这里的礼拜是对每天进行的一种宗教活动的称呼。

阿联酋
写给孩子的世界地理

地理环境

国家名片

全　　称：阿拉伯联合酋长国
首　　都：阿布扎比
位　　置：亚洲西部
语　　言：官方语言为阿拉伯语，通用语言为英语
民　　族：主要为外籍人
行政区划：全国划分为7个酋长国

阿联酋位于阿拉伯半岛东部，北濒波斯湾，西北与卡塔尔为邻，西面和南面与沙特阿拉伯交界，东面和东北面与阿曼毗连。阿联酋是由7个酋长国组成的，这也是它名字的由来。这7个酋长国是阿布扎比、迪拜、阿治曼、沙迦、乌姆盖万、哈伊马角和富查伊拉。

阿联酋的国土普遍海拔较低，境内广泛分布着沙漠与洼地，也有一些山地和绿洲。阿联酋的地理位置具有重要的经济及军事价值，不仅能够影响到由波斯湾进入印度洋的航线，还与重要的贸易通道霍尔木兹海峡为邻。

气候类型

阿联酋属于热带沙漠气候，全年分两季，5 月至 10 月为夏季，炎热干燥，气温为 40℃ ~ 50℃；11 月至次年 4 月为冬季，气温为 7℃ ~ 20℃。年平均降水量约 75 毫米。

自然资源

◎矿产资源

阿联酋的石油和天然气相当丰富。石油探明储量居世界前列。

◎水产资源

阿联酋水产资源丰富，盛产珍珠和鱼类。波斯湾水温较高，长年在 20℃左右，适宜珊瑚生长。

社会经济

阿联酋的经济以石油生产和石油化工工业为主，它还是石油输出国组织（OPEC）成员国，对全球的石油产业有重要影响。同时，阿联酋也大力发展水泥、炼铝、塑料制品、建筑材料、服装、食品加工等工业。

阿联酋的农业不发达。主要种植椰枣、玉米、蔬菜、柠檬等农产品。目前，阿联酋的粮食主要靠进口；渔产品和椰枣可自给自足；畜牧业规模很小，主要的肉类产品靠进口。阿联酋的公路网发达，陆上交通便捷，酋长国之间均建有高速公路相连。除了公路网络，阿联酋的航空设施也比较完善，共建有 6 座国际机场。迪拜是西亚最繁忙的航空港之一。

文化习俗

◎饮食

阿联酋人喜欢喝茶和咖啡。街道上，到处都是卖咖啡的小贩，一杯咖啡加上几块点心，就是一顿廉价的午餐。咖啡摊还是人们社交的场所。阿联酋名贵的菜肴有油炸鸽子、烘鱼、烤全羊等。

◎节日

阿联酋的节日主要有开斋节、宰牲节等。每年，伊斯兰教开斋节非常隆重。宰牲节是伊斯兰教的传统节日，节日第一天清晨要宰羊，并举行各种娱乐活动。

著名城市

◎迪拜

迪拜酋长国是阿联酋的第二大酋长国。迪拜是阿联酋人口最多的城市，也是迪拜酋长国的首府。迪拜是中东地区的经济和金融中心，也是国际金融中心之一，位于阿拉伯半岛中部、

阿拉伯湾南岸，是海湾地区的中心。迪拜拥有世界上第一家七星级酒店、全球最大的购物中心、世界第一大室内滑雪场，以及重要的贸易港口，这不仅为迪拜带来了巨大的财富，还为其吸引了全世界的目光。

◎阿布扎比

阿布扎比是阿联酋的首都，也是阿布扎比酋长国（阿联酋最大的酋长国）的首府，还是全国公路和空运枢纽。阿布扎比位于海湾南岸，由世界各国优秀的设计师和优秀的工程队建设而成。整座城市兼具欧美式的现代化风格以及自己的民族、宗教建筑的特点，是值得一去的旅游胜地。

石油输出国组织

石油输出国组织简称“欧佩克”，是发展中国家一些石油生产国建立的国际性组织。1960年9月，伊拉克、沙特阿拉伯、伊朗、科威特和委内瑞拉在巴格达举行会议时，决定成立该组织，旨在协调成员国石油政策、反对西方石油垄断资本的剥削和控制。总部设在维也纳。

土耳其
写给孩子的世界地理

地理环境

国家名片

全　　称：土耳其共和国
首　　都：安卡拉
位　　置：亚洲西部
语　　言：官方语言为土耳其语
民　　族：主要为土耳其族
行政区划：全国划分为 81 个省

土耳其位于亚洲最西部，地跨亚、欧两大洲，与格鲁吉亚、亚美尼亚、阿塞拜疆、伊朗、伊拉克、叙利亚、希腊和保加利亚相邻，濒临地中海、爱琴海、马尔马拉海和黑海。

土耳其地势东高西低，境内多是高原和山地。土耳其中部为安纳托利亚高原，边缘环绕托罗斯山脉、庞廷山脉等，全国最高峰为大阿勒山。沿海有狭窄平原。

气候类型

土耳其位于北温带，受沿海山脉的影响，各地气候差异较大。地中海、爱琴海沿岸属于地中海气候，年降水量为600 ~ 1 000毫米；安纳托利亚高原腹地属于温带大陆性气候。一般来说，土耳其的夏季较长，特点是高温干燥；冬季寒冷，寒流带来了降雪和冷雨。

自然资源

◎矿产资源

土耳其的天然气资源，无论是在储量还是质量上，都居世界之首，大理石资源的种类、数量、储量也居世界前列。除此之外，土耳其的煤炭资源与铬资源也十分丰富。

◎水资源

土耳其的水资源十分丰富，河流和湖泊众多，著名的底格里斯河和幼发拉底河均发源于该国境内。

◎森林资源

土耳其的森林资源也很丰富，森林覆盖率居中东国家之首。

水系概况

土耳其的主要河流有底格里斯河、幼发拉底河等。东部的凡湖是土耳其境内最大的湖泊。中部还有图兹湖。

社会经济

土耳其的工业基础优良，主要产业有食品加工、纺织、汽车、采矿、钢铁、石油、建筑、木材和造纸等。

土耳其的农业基础也较好，主要农产品有烟草、棉花、稻谷、橄榄、甜菜、柑橘、牲畜等。粮棉、果蔬、肉等主要农副产品基本能满足国内需求。近年来，农业机械化程度提高，机耕面积不断扩大。此外，木材加工业也较为发达。

旅游业是土耳其外汇收入的重要来源之一。主要旅游景点有博斯普鲁斯海峡、如梅利堡垒、阿亚索菲亚博物馆、佩拉博物馆、卡帕多西亚地区、摩索拉斯国王陵墓等。

文化习俗

◎语言和民族

土耳其是多民族国家，土耳其族占全国总人口的80%左右，而库尔德族、希腊族等少数民族人口较少。由于历史上受到伊斯兰教的广泛影响，土耳其国内的建筑、服饰、节日文化都呈现出鲜明的伊斯兰风格。虽然土耳其的官方语言是土耳其语，但英语在土耳其也是通用语言，除此之外，库尔德语、希腊语等也在一些地区被使用。

◎国花

郁金香的原产地就在土耳其，郁金香在当地种植十分广泛。郁金香花像包着头巾的伊斯兰少女一样美丽，深受土耳其人的喜爱。郁金香成为土耳其国花的时间比荷兰还早，郁金香为热爱它的人们带来了丰富多彩的幸福生活。

著名城市

◎伊斯坦布尔

伊斯坦布尔地处土耳其西北部，是土耳其的最大城市、港口以及海军基地，是世界上唯一横跨亚、欧两大洲的城市。市内有多所高等院校，如伊斯坦布尔大学、土耳其海峡大学等。此外，还有众多著名景观，如多尔马巴赫切宫、阿亚索菲亚博物馆、苏莱曼清真寺、地下宫殿、考古博物馆、蓝色清真寺等。

卡帕多西亚地区

卡帕多西亚是历史上的地区名，大致位于古代小亚细亚（土耳其）东南部，以遍布童话般的斑点岩层而闻名，这里有奇特的岩石构造、岩洞和半隐居人群的历史遗迹，被美国《国家地理》杂志社评选为十大地球美景之一。卡帕多西亚地区独特的喀斯特地貌与月球表面类似，被称为“地球上最像月球的地方”。

哈萨克斯坦
写给孩子的世界地理

地理环境

哈萨克斯坦地处亚洲中部，是世界上最大的内陆国。北邻俄罗斯，南与乌兹别克斯坦、土库曼斯坦和吉尔吉斯斯坦接壤，西临里海，东与中国毗邻。

国家名片

全　　称：哈萨克斯坦共和国
首　　都：阿斯塔纳
位　　置：亚洲中部
语　　言：国语为哈萨克语，官方语言为哈萨克语和俄语
民　　族：主要为哈萨克族和俄罗斯族
行政区划：全国划分为 14 个州和 3 个直辖市

哈萨克斯坦境内地形复杂，主要为平原和低地，地势东南高、西北低。最高峰为海拔 6 995 米的汗腾格里峰。

气候类型

哈萨克斯坦属于温带大陆性气候，夏季与冬季有明显差异，夏季热而干燥，冬季冷而少雪。总体而言，哈萨克斯坦的降水规律为北高南低，总降水量不算丰富。

自然资源

◎矿产资源

哈萨克斯坦的矿产资源相当丰富。石油和天然气的储量十分可观，铁、煤、铜、铅、锌等的产量也很大。

◎水资源

哈萨克斯坦河流众多，境内湖泊星罗棋布，冰川、地下水分布较广，与其他中亚国家相比，可以说水资源充足。

水系概况

哈萨克斯坦的主要河流有锡尔河、乌拉尔河、额尔齐斯河等，主要湖泊有巴尔喀什湖、斋桑泊等。

社会经济

哈萨克斯坦的农业发展得较好，尤以棉花种植业著名。全国耕地面积的 33% 用来种植棉花，生产的棉花除了自给自足，还销往世界各地，不管是从棉花生产量还是从出口量而言，均居世界前列。除了棉花，哈萨克斯坦的农产品还有甜菜、向日葵等。

哈萨克斯坦的工业也颇具规模，冶金及化工产业是其主要的工业部门。

文化习俗

◎ 民族和宗教

由于历史因素，哈萨克斯坦的文化多样而复杂。哈萨克斯坦境内的民族主要有哈萨克族、乌克兰族、俄罗斯族等。人们信仰不同的宗教，其中伊斯兰教在哈萨克斯坦的发展规模最大，而天主教、佛教等也有一定规模。

◎ 风俗

哈萨克斯坦人对马可谓是“情有独钟”，他们的一生中有很多时间是在马背上度过的。在生活中，很多风俗习惯都与马息息相关，如民间赛马、“姑娘追”等。“姑娘追”是一项民间赛马盛会，青年男子骑着马，以高超的骑术，策马飞奔，紧追前面马上的少女，向其表达自己的心意，在赛马会中彼此订下终身。在人际关系中，马鞭成为相互馈赠的一种礼物，以表示深厚的情谊。

◎阿斯塔纳

阿斯塔纳是哈萨克斯坦的首都，是世界上最年轻的首都之一，也是中亚最发达、现代化程度最高、人民生活幸福指数最高的城市。阿斯塔纳位于哈萨克斯坦中心略偏北的位置，四季气候适宜，环境优美，有众多奇特且唯美的建筑群，包括巴伊捷列克塔、可汗沙特尔、总统府、努尔阿斯塔纳清真寺等。其中，巴伊捷列克塔是阿斯塔纳最知名的地标，可汗沙特尔是世界最大的帐篷。

中哈石油管道

随着中国与哈萨克斯坦贸易联系的加强，中哈石油管道问世了。这条管道由中国新疆连接哈萨克斯坦西部，被誉为“丝绸之路第一管道”。这条输油管道使中国与哈萨克斯坦之间可以直接进行能源运输，无须从他国借道。这对两国的经济发展都有积极影响。

乌兹别克斯坦
写给孩子的世界地理

地理环境

国家名片

全　　称：乌兹别克斯坦共和国
首　　都：塔什干
位　　置：亚洲中部
语　　言：官方语言为乌兹别克语，通用语言为俄语
民　　族：主要为乌兹别克族
行政区划：全国划分为1个共和国、12个州和1个直辖市

乌兹别克斯坦处在欧亚大陆的十字路口，它不但是古代东西方贸易往来的交通枢纽，还是亚洲南北相互沟通的桥梁。它与阿富汗、哈萨克斯坦、塔吉克斯坦、土库曼斯坦等国接壤，在历史上受到多种文明的影响，而且是古代丝绸之路上的重要国家，和中国保持着悠久的友好关系。

全境地势东高西低。东部和南部属天山山系和吉萨尔—阿

赖山系的西缘，其中有著名的费尔干纳盆地和泽拉夫尚盆地等。中部和西部是图兰低地，沙漠广布。

气候类型

乌兹别克斯坦属于温带大陆性气候，冬季寒冷且短暂，夏季炎热且漫长。降雨集中在秋、春两季。

自然资源

乌兹别克斯坦的矿产资源十分丰富，黄金和铀的储量均居世界前列。此外，天然气、褐煤、铜、钨等矿藏也较为丰富。

水系概况

主要河流有阿姆河、锡尔河和泽拉夫尚河。

社会经济

乌兹别克斯坦的经济在中亚五国中算是比较发达的。国民经济支柱产业是“四金”：黄金、“白金”（棉花）、“乌金”（石油）、“蓝金”（天然气）。主要工业部门为天然气、机械制造、有色金属、轻纺、食品等。农业主要有棉花种植业、畜牧业、桑蚕业、蔬菜瓜果种植业等。

为了发展经济，乌兹别克斯坦政府有意识地引进外资，努力实现国内经济体系的现代化，扶持企业发展，积极研发技术，推动本国产品的出口，并将大量国有企业转为私有企业。目前，乌兹别克斯坦的经济形势较为稳定，金融业逐渐发展起来。

文化习俗

◎宗教

乌兹别克斯坦盛行伊斯兰教，全国共有上千座清真寺和经学院。但也有一部分人信仰东正教。乌兹别克斯坦的伊斯兰教属于逊尼派。

◎节日

开斋节是乌兹别克斯坦的传统宗教节日，也是伊斯兰教三大节日之一。节日当天的早晨，穆斯林会在沐浴之后穿着盛装去清真寺做礼拜，

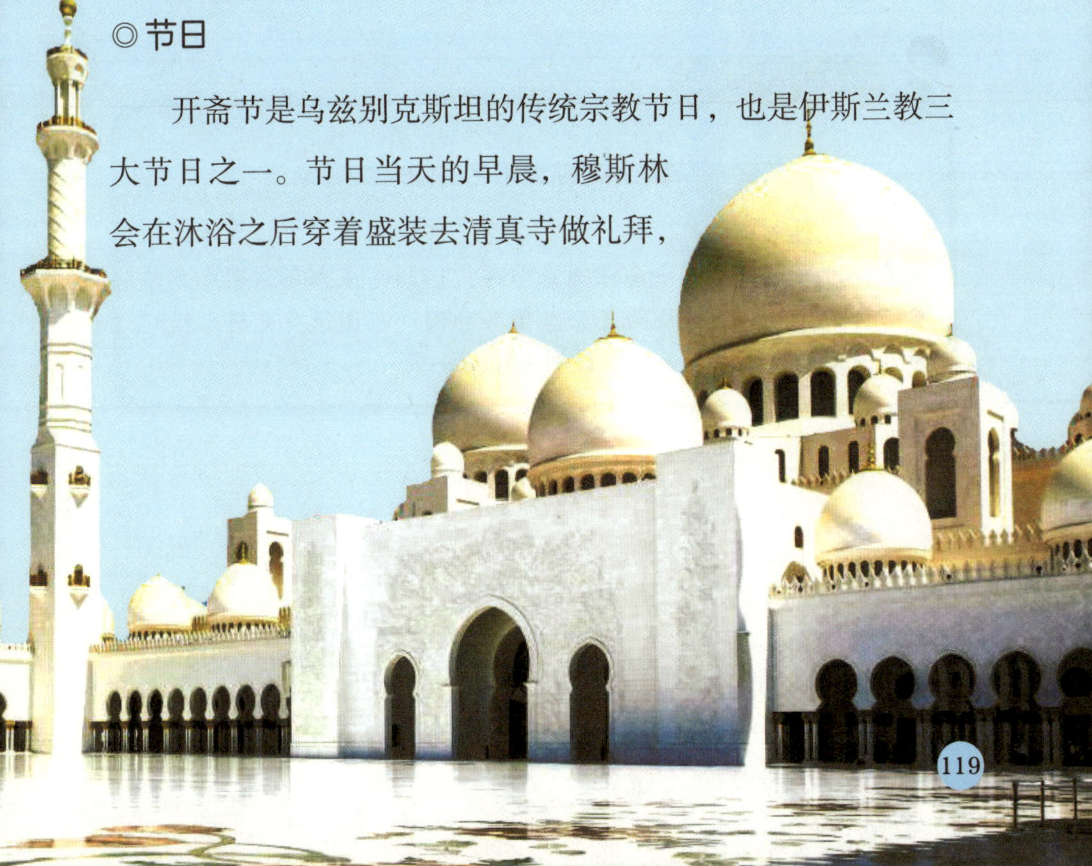

人们互相庆贺，同时还举行一些娱乐活动。除了开斋节，乌兹别克斯坦还有棉花节和开春节等节日。

著名城市

◎塔什干

塔什干是乌兹别克斯坦的首都。塔什干在乌兹别克语中是“石头城”的意思，因处在山脉附近的冲积扇一带，有巨大卵石而得名。塔什干的地理位置十分特殊，从整个亚洲来看，塔什干位于中亚地区的中心和交通要冲，这种地理位置使它在古代就成为商贸要地，我们所熟知的丝绸之路便经过这里。

一起看世界

乌兹别克斯坦国名的由来

乌兹别克斯坦的国名，与乌兹别克斯坦人在国内居主体地位有关。11—12世纪形成乌兹别克部族，1924年成立乌兹别克苏维埃社会主义共和国，成为苏联加盟共和国。我国很多史料上提到的古国大宛，就在今天的乌兹别克斯坦一带。

全彩插图 寓教于乐

跟着课本看世界

——写给孩子的世界地理

欧洲

邹一杭 主编

北京工艺美术出版社

图书在版编目（CIP）数据

跟着课本看世界 ：写给孩子的世界地理. 欧洲 / 邹一杭主编. -- 北京 ：北京工艺美术出版社，2023.10
ISBN 978-7-5140-2622-1

Ⅰ. ①跟… Ⅱ. ①邹… Ⅲ. ①地理－世界－少儿读物②欧洲－概况－少儿读物 Ⅳ. ①K91-49②K95-49

中国国家版本馆CIP数据核字(2023)第062946号

出 版 人：陈高潮　　策 划 人：杨玲艳　　责任编辑：周　晖
装帧设计：弘源设计　　责任印制：王　卓

法律顾问：北京恒理律师事务所　丁　玲　张馨瑜

跟着课本看世界——写给孩子的世界地理　欧洲
GENZHE KEBEN KAN SHIJIE——XIE GEI HAIZI DE SHIJIE DILI OUZHOU
邹一杭　主编

出　版　北京工艺美术出版社
发　行　北京美联京工图书有限公司
地　址　北京市西城区北三环中路 6 号　京版大厦 B 座 702 室
邮　编　100120
电　话　(010) 58572763（总编室）
(010) 58572878（编辑部）
(010) 64280045（发　行）
传　真　(010) 64280045/58572763
网　址　www.gmcbs.cn
经　销　全国新华书店
印　刷　天津海德伟业印务有限公司
开　本　700 毫米 ×1000 毫米　1/16
印　张　8
字　数　73 千字
版　次　2023 年 10 月第 1 版
印　次　2023 年 10 月第 1 次印刷
印　数　1 ~ 20000
定　价　239.00 元（全六册）

前言
PREFACE

我们都是地球的一员，在我们美丽的地球上，分布着陡峭险峻的山峰、连绵不绝的山脉、宽广美丽的平原、波澜壮阔的海洋……你是不是对这些景物充满了好奇？其实，这些景物中都涉及数不清的地理知识。地理这门学科具有很强的实用性，孩子学习地理能增长知识，成为博学多闻的人。地理知识能激发孩子的好奇心，潜移默化地打开孩子的眼界，帮助孩子多角度洞察世界。

为了让孩子足不出户就能了解世界地理，观赏世界各地的地形地貌，领略世界各国的风土人情，我们结合课本精心编写了这套《跟着课本看世界——写给孩子的世界地理》丛书。本套丛书共有6个分册，包括亚洲、欧洲、非洲、南美洲、北美洲、大洋洲6个大洲，描述

了多个国家的地理环境、自然资源、社会经济、文化习俗等知识，内容丰富，蔚为大观。本书语言精练、知识丰富，并配以精美的插图，尽显世界地理的魅力，让孩子在获得知识的同时，也能享受一场视觉“盛宴”。

接下来，让我们打开这本书，开启精彩纷呈的环球之旅吧！相信你会在“旅行”中更多地认识世界，探索世界。

欧洲北、西、南三面被海洋环抱，就像亚欧大陆向西伸出的一个大半岛。欧洲是世界上海岸线最曲折的大洲，大陆边缘有许多边缘海、内海、海峡、半岛、岛屿和海湾，优良的港湾为海洋运输提供了良好的条件。

英 国

“星期五”很快成了他的好帮手，他们愉快地生活在岛上，扩大了粮食种植面积，又增加了几个羊圈，晒了很多葡萄干。鲁滨孙差不多淡忘了要回到英国、回到文明社会的想法。

（统编版——六年级语文下册）

意大利

威尼斯是“海中的城”，在意大利半岛的东北角上，是一群小岛，外面一道沙堤隔开亚得里亚海。在圣马可广场的钟楼上看，团花簇锦似的东一块西一块在绿波里荡漾着。

（统编版——五年级语文下册）

荷 兰

荷兰，是水之国，花之国，也是牧场之国。一条条运河之间的绿色低地上，黑白花牛，白头黑牛，白腰蓝嘴黑牛，在低头吃草。有的牛背上盖着防潮的毛毯。

（统编版——五年级语文下册）

丹 麦

《安徒生童话》创造了一个奇妙的童话王国，这是丹麦作家安徒生送给全世界孩子和大人共同的礼物。卖火柴的小女孩，善良的拇指姑娘，坚定的锡兵，历经磨难的丑小鸭……这些故事里的主人公，一定会给你留下难以磨灭的印象。

（统编版——三年级语文上册）

课本上关于欧洲的内容只是冰山一角，为了增长孩子的见识、开阔孩子的视野，我们分别从地理环境、区域划分、经济文化等方面逐一展开介绍，接下来让我们一起走进欧洲，了解更多的欧洲知识吧！

目录
CONTENTS

走进欧洲
写给孩子的世界地理

地理环境

欧洲，全称“欧罗巴洲”，位于东半球西北部，亚欧大陆西部，北临北冰洋，西临大西洋，南隔地中海与非洲相望，西北隔格陵兰海、丹麦海峡与北美洲的格陵兰岛相对，东部以乌拉尔山脉、乌拉尔河、里海、大高加索山脉、黑海、土耳其海峡与亚洲为界。

欧洲的主要地形是平原，平原面积广大，占欧洲总面积的60%左右。欧洲广泛分布着冰川地貌，南部有许多高山峻岭。

阿尔卑斯山脉

阿尔卑斯山脉享有“真正的地貌陈列馆”“大自然的宫殿”等赞誉，是欧洲最大的山脉。阿尔卑斯山脉在不同的高度上有着截然不同的形态。高山之巅呈现出一派极地风光，分布着大量山地冰川。这些山地冰川为湖泊的形成提供了适宜的条件，日内瓦湖（法国称莱芒湖）是其中面积最大的湖泊。许多村镇分布在山麓和谷地之间，这些村镇风景优美，山清水秀，吸引了大量游客来此度假。到了冬季，阿尔卑斯山脉就成为冰雪运动的胜地。

在世界七大洲中，欧洲的平均海拔最低，只有约 300 米。欧洲大陆的主体是中欧平原和东欧平原；南部耸立的阿尔卑斯山脉是欧洲最大的山脉；东南部的大高加索山脉的主峰厄尔布鲁士峰海拔 5 642 米，是欧洲最高点；北部的斯堪的纳维亚山脉地势较为平缓，沿岸有较多两岸陡峭、深入内陆的峡湾。斯堪的纳维亚半岛和阿尔卑斯山脉冰川地貌分布较广。

区域划分

现在欧洲共有 45 个国家和地区，从地理上划分，人们习惯上将欧洲分为西欧、北欧、南欧、中欧和东欧 5 个地理区。

西欧是指欧洲西部濒临大西洋的地区和附近岛屿，包括英国、法国、荷兰、爱尔兰、比利时、卢森堡和摩纳哥。这些国家都属于发达国家。现在，我们通常也把欧洲的资本主义国家统称为西欧。

北欧是指斯堪的纳维亚半岛、日德兰半岛和附近岛屿，包括挪威、瑞典、芬兰、丹麦、冰岛和法罗群岛（丹）。

中欧指波罗的海以南、阿尔卑斯山脉以北地区，包括波兰、捷克、德国、瑞士、匈牙利、奥地利、斯洛伐克和列支敦士登。

南欧指阿尔卑斯山脉以南的巴尔干半岛、亚平宁半岛、伊比利亚半岛和附近岛屿，包括塞尔维亚、黑山、克罗地亚、斯洛文尼亚、波斯尼亚和黑塞哥维那、北马其顿、保加利亚、罗马尼亚、阿尔巴尼亚、希腊、意大利、梵蒂冈、马耳他、圣马力诺、西班牙、安道尔、葡萄牙以及土耳其的欧洲部分。

东欧位于波罗的海东岸到乌拉尔山脉之间，包括拉脱维亚、爱沙尼亚、立陶宛、乌克兰、白俄罗斯和摩尔多瓦，以及俄罗斯的欧洲部分。

气候类型

欧洲位于亚欧大陆西部，北、西、南三面环海。欧洲西部紧靠大西洋，是典型的温带海洋性气候，受北大西洋暖流的影响，这里降水充沛，气候适宜，冬季温和，夏季凉爽；南部濒临地中海，是典型的地中海气候，冬季多雨，夏季干燥；东部深处亚欧大陆内部，远离海洋，是典型的温带大陆性气候，冬季严寒，夏季炎热；北部临近北冰洋，属于寒带气候，纬度较高，全年气温很低。

水系概况

欧洲分布着许多大大小小的河流，河网稠密，河流之间往往有运河相连接，而且河流的水位较高且季节变化小，有利于发展内河航运，许多城市就分布在河流两岸。欧洲的主要河流有伏尔加河、多瑙河、莱茵河、第聂伯河、乌拉尔河、顿河、塞纳河、罗讷河、泰晤士河等。欧洲最著名的国际性河流要数多瑙河与莱茵河了，它们都有便利的航运条件。欧洲最长的河流是伏尔加河，它对俄罗斯的水上运输具有重要意义。

除了河流，欧洲的湖泊也很多，有很多小湖群，主要分布在欧洲北部和欧洲南部阿尔卑斯山一带。这些湖泊多是在冰川作用下形成的。阿尔卑斯山一带的湖泊多是较大的冰碛湖和构造湖，山地的河流大多流经湖泊。

自然资源

◎矿产资源

欧洲矿产资源丰富。目前，探明的矿产资源中硬煤、石油、天然气、钾盐、铁、铜、铬的储量比较丰富。除此之外，褐煤、铅、锌、汞、硫黄的储量也较为丰富。

◎森林和草原

欧洲的森林面积约占欧洲总面积的 39%，约占世界森林总面积的 23%，其中，俄罗斯的森林面积最大。欧洲的草原总面积约占世界草原总面积的 15%。

◎生物资源

欧洲西部沿海是世界著名的渔场，主要有北海、挪威海、波罗的海、巴伦支海、比斯开湾等渔场，鱼类丰富，主要有鲭鱼、鳗鱼、鲑鱼、鳕鱼、沙丁鱼和金枪鱼等。欧洲的捕鱼量很大，其中捕鱼量最大的国家是俄罗斯和挪威，其次是西班牙、丹麦、英国和冰岛等。

人口民族

欧洲人口约有 7.425 亿，是世界上人口密度最大的一个洲，而且人口分布比较均匀，只有北欧地区相对稀疏一些。

欧洲的人口数量在世界七大洲中位居第三，排在亚洲和非洲的后面。欧洲有“白种人的故乡”之称，这是因为欧洲居民以白种人为主。白种人的肤色较浅，头发比较柔软，发色有金色、棕色、黑色等，是世界上发色数量最多的人种。第二次世界大战后，欧洲不断接纳其他人种来这里定居，原本相对单一的民族构成也因此得以改变。

经济文化

欧元是欧洲联盟统一的法定货币，地位仅次于美元。欧元成为欧洲政治和社会融合的重要标志，使欧洲经济迈上了一个新台阶。欧洲是世界上工业最发达的地区之一，绝大多数国家属于发达国家，对世界经济的发展做出了重要贡献。欧洲的商业贸易、交通运输、金融保险等行业在世界上有着重大影响。欧洲西部的农业十分发达，虽然占国民经济的比例较小，但是生产力水平很高。

欧洲是两次工业革命、文艺复兴运动和启蒙运动的发源地，诞生了许多文化泰斗和科学巨人，如但丁、米开朗琪罗、孟德斯鸠、伏尔泰、康德、达·芬奇、牛顿、哥白尼、爱因斯坦等，他们都在各自的领域为人类的进步做出了重要贡献。

欧洲不仅自然风景优美，人文风情也很独特，有着大量的古建筑遗址、博物馆和文化艺术名城，旅游资源丰富，是游客们理想的目的地。

欧盟

欧洲西部部分国家为了实现更广泛的经济和政治联合及一体化，于1957年建立了欧洲经济共同体，并在此基础上发展成为欧洲联盟，简称欧盟。欧盟总部设在比利时首都布鲁塞尔，创始成员国有6个，分别为德国、法国、意大利、荷兰、比利时和卢森堡。截至2022年，欧盟共拥有27个成员国。

挪 威
写 给 孩 子 的 世 界 地 理

地理环境

国家名片

全　　称：挪威王国
首　　都：奥斯陆
位　　置：欧洲北部
语　　言：官方语言为挪威语和萨米语
民　　族：主要为挪威人
行政区划：全国划分为 1 市 10 郡

挪威地处斯堪的纳维亚半岛西部，西面濒临挪威海，南面与丹麦隔海相望，东面与瑞典接壤，东北面与俄罗斯和芬兰相邻。挪威的纬度较高，约 1/3 的国土处于北极圈内，那里的夏季没有黑夜，冬季没有白天，存在极昼和极夜现象。

挪威国土呈现出南北长、东西窄的特点。挪威的地形有两个显著的特点：一是海岸线曲折，峡湾密布；二是多冰川地貌。海岸线异常曲折，近海岛屿众多，天然良港非常多，高原、山

地和冰川约占挪威国土总面积的75%。挪威南部地区多山丘、湖泊和沼泽；西部地区多峡湾，有著名的四大峡湾，分别是松恩峡湾、吕瑟峡湾、盖朗厄尔峡湾和哈当厄尔峡湾。斯堪的纳维亚山脉基本呈南北走向纵贯全境，最高峰为格利特峰，海拔2 400多米。

气候类型

挪威大部分地区属于温带海洋性气候。受北大西洋暖流的影响，挪威南部和世界上其他同纬度地区（如美国的阿拉斯加州）相比要温暖一些，冬季大部分海面不结冰，只有内地的山区比较寒冷。

自然资源

◎矿产资源

挪威的油气资源非常丰富，目前已探明的石油和天然气的总储量 150 多亿立方米（石油当量）。其他矿产资源，如煤、铁、钛等，储量也比较多。

◎水力资源

挪威拥有丰富的水力资源，全国的大、中、小型水电站共有上千座，在水力发电领域名列前茅，是世界上唯一的完全依赖水电的国家。

◎渔业资源

挪威拥有丰富的渔业资源，产鱼量在世界各国中名列前茅，被誉为“渔业王国”。渔业以人工养殖和近海捕捞为主，捕捞鱼种主要有鳕鱼、鲱鱼、鲐鱼、毛鳞鱼等，养殖鱼种主要有三文鱼。

水系概况

挪威河流短小而湍急，主要河流有洛根河、格洛马河等。

挪威湖泊众多，其中最大的湖泊是米约萨湖。

社会经济

挪威工业化程度较高，人均国内生产总值位于世界前列。挪威是欧洲的产油国之一，石油工业在国民经济中起着支柱作用，水电、机械、造船、化工、冶金、造纸、木材加工等工业部门也十分发达。除此之外，挪威还是欧洲重要的铝、镁生产国和出口国，硅铁合金产品大部分也出口国外。挪威也是世界上第二大水产出口国，渔业在其传统经济中一直占据着重要地位。粮食主要靠进口。

海运业十分发达，航运收入成为挪威重要外汇来源。主要港口有奥斯陆、卑尔根和特隆赫姆。

文化习俗

◎饮食

挪威有着漫长的海岸线，居民生活深受海洋的影响，各类水产品构成了挪威人饮食的重要部分，主要有新鲜鳕鱼、鲱鱼、鲑鱼和虾。此外，牛肉、羊肉、驯鹿肉、驼鹿肉等肉类也是挪威人的重要食物来源。挪威人还喜欢喝酒，如葡萄酒、啤酒和威士忌等。

◎礼仪

挪威人认为，人际交往的最佳距离约为 1.2 米，保持这个距离是礼貌的表现，少于或多于 1.2 米都会使人感觉拘谨、不愉快，影响交谈气氛。

◎奥斯陆

奥斯陆是挪威的首都，也是全国工业、商业和金融中心，有着“海洋之都”的美称，它的造船业享誉全世界。奥斯陆坐落于奥斯陆峡湾北端山丘上，面朝大海，背靠霍尔门科伦山，另外两面被丛林和原野环抱，既有海滨城市的旖旎风光，又有依托高山密林的雄浑气势。这个城市具有独特的北欧特点，没有林立的高楼大厦，大部分地区仍保持着天然状态，环境幽雅，风景优美。

峡湾之国

峡湾是指滨海地区在地质作用下形成的槽谷因海水侵入而形成的狭长海湾。峡湾两岸多为悬崖峭壁，地势险要，自然景观十分独特，还为渔船提供了天然的避风港。挪威有着漫长的海岸线，滨海地区分布着许多风景优美的峡湾，因此被誉为“峡湾之国”。

瑞 典
写 给 孩 子 的 世 界 地 理

地理环境

国家名片

全　　称：瑞典
首　　都：斯德哥尔摩
位　　置：欧洲北部
语　　言：官方语言为瑞典语
民　　族：主要为瑞典人
行政区划：全国划分为 21 个省和 290 个市

瑞典是北欧面积最大的国家，地处斯堪的纳维亚半岛东部，东部濒临波的尼亚湾和波罗的海，东北部与芬兰为邻，西部与挪威接壤，西南部与丹麦隔海相望。

瑞典地形南北狭长，地势西北高东南低，北部是诺尔兰高原，南部和沿海地区多平原或丘陵。全国从北向南分为 4 个地形区，即山区、低地湖区、较低高原区和南部小平原区。山区占国土面积的 2/3，其中凯布讷山是瑞典最高峰；低地湖区内由冰川形成的山岭高低起伏，湖泊星罗棋布；较低高原区的森林和泥炭层比较多；南部小平原区的人口最为稠密。

气候类型

瑞典大部属于温带大陆性气候，最南部属于温带海洋性气候。瑞典最北部夏季极短，持续时间不到 1 个月；冬季极为漫长，绵绵积雪能保持 7 个月不融化。与之相反，瑞典最南部夏季较长，达到 3 个半月以上；冬季较短，仅 1 个月左右。

瑞典各地的实际降水量并不均衡，平均年降水量为 450 ~ 1 000 毫米，山地地区为 1 000 毫米。

自然资源

◎矿产资源

瑞典的铁矿储量很丰富，铀矿储量也较为丰富。除这些之外，北部和中部地区还蕴藏着硫、铜、铅、锌、砷等矿产，但储量很少。

◎森林资源

瑞典的森林覆盖率高达 54%，人均森林占有率居世界前列，森林资源十分丰富，可以说是一个被森林“覆盖”着的国家。

◎水力资源

瑞典境内有许多河流与湖泊，这些河流与湖泊往往相互连通。随着季节的变化，各地河流的水量有所增减。有些河流水势湍急，水量充沛，形成瀑布。这些优越的自然条件给瑞典带来了丰富的水力资源。

水系概况

瑞典的主要河流有约塔河、达尔河、乌麦河、托奈河、卢莱河、温德尔河等，可通航的河流较少。湖泊大约有 10 万个，其中维纳恩湖是瑞典最大的湖泊，也是欧洲第三大湖。

社会经济

瑞典经济发达，位居世界最富裕国家之列。瑞典的工业十分发达，而且种类繁多，重工业地位突出。其主要工业有矿业、机械制造业、森林及造纸业、化工业、汽车业、电力设备业、电信业和食品加工业等。农业比重和农场规模比较小，耕地面积仅占国土面积的6%，但机械化程度和单位产量产值较高。粮食、肉类、蛋和奶制品等，除自给之外，还可供出口，但蔬菜、水果主要靠进口。

瑞典的对外贸易额在国内生产总值中的占比超过50%，有着较高的外贸依存度。瑞典的对外贸易国主要是德国、法国、英国、美国、丹麦、挪威等，出口产品主要有各类机械、化工

及医药产品、通信设备、造纸设备、纸张纸浆、铁矿石、能源设备、石油制品、家用电器、天然气和纺织品等。

文化习俗

◎圣露西亚节

每年 12 月 13 日是瑞典的圣露西亚节，它是瑞典的一个传统节日。这一天，全国的众多教堂都会选出一位金发女子，让其头戴金色蜡烛花冠，身穿白色长袍，在一些手持蜡烛、身穿白色长袍的儿童的簇拥下一起歌唱。他们迎着北欧冬季凛冽的寒风，穿行在茫茫夜色之中。

◎科技

瑞典的科技十分发达，在全世界享有盛名。著名的化学家诺贝尔就诞生在瑞典。此外，瑞典还有皇家科学院、皇家林业科学院、皇家工程科学院等众多科研机构，它们在世界上久负盛名，担负着选拔诺贝尔奖获得者的任务。

著名城市

◎斯德哥尔摩

斯德哥尔摩位于梅拉伦湖与波罗的海西岸入海口，它是瑞典的首都和全国第一大城市。斯德哥尔摩建造在十几个岛屿和

一个半岛上，它们散布在无边的大海上，犹如天空中璀璨的群星一般耀眼。几十座桥梁把这些面积不等的岛屿和半岛联系起来，城区水道纵横交错。斯德哥尔摩的地理位置十分重要，气候温暖宜人，花草繁盛，树林茂密，自然风光静谧优美，还拥有许多举世瞩目的名胜古迹，因此得到了世界各地的游客们的青睐。斯德哥尔摩的老城位于城市中心地区，这里富有中世纪的风貌。

诺贝尔奖

诺贝尔奖是遵照瑞典化学家诺贝尔的遗嘱，以其部分遗产作为基金，每年用基金产生的利息作为奖金而颁发的奖项，1901年首次颁发，最初有物理、化学、文学、生理学或医学、和平五个奖项，1968年增设经济科学奖，1969年诺贝尔经济学奖首次颁发。

芬兰
写给孩子的世界地理

地理环境

国家名片

全　　称：芬兰共和国
首　　都：赫尔辛基
位　　置：欧洲北部
语　　言：官方语言为芬兰语和瑞典语
民　　族：主要为芬兰人
行政区划：全国设有7个地区管理署和15个经济发展、交通和环境管理中心

芬兰位于欧洲北部，东面与俄罗斯为邻，西北面与瑞典接壤，北面与挪威接壤，南面濒临芬兰湾，西面紧临波的尼亚湾。

芬兰地形南北长，东西窄，中部最窄。芬兰西北部是小块山区，中部为冰碛丘陵，沿海地区为平原，全境地势北高南低。全国各地分布着不同程度的缓坡和圆形山丘，且多溪谷。

气候类型

芬兰所处的纬度较高，北部是寒带气候，其他大部分地区是温带大陆性气候，夏季短暂温暖，冬季漫长寒冷。芬兰的降水量自北向南逐渐增加，平均年降水量为400 ~ 600毫米。

自然资源

◎矿产资源

芬兰的矿产资源以铜矿储量最多，还有少量的铁、镍、钒、钴等。此外，芬兰的泥炭资源和非金属矿产也十分丰富。

◎森林资源

芬兰有着“绿色金库”“森林王国”的称号。森林是芬兰最重要的自然资源，面积约 22.82 万平方千米，森林覆盖率约为 80%。

水系概况

芬兰主要河流有凯米河、欧纳斯河等。芬兰南部沿海地区有很多直接流入海洋的小河流，除沿海地区河流外，其他河流均流入湖泊。

芬兰内陆水域面积约占全国面积的 10%。由于第四纪冰川的作用，芬兰约有大小湖泊 17.9 万个，被誉为“千湖之国”。这些湖泊由其广泛的河流体系连在一起，形成互相沟通的水路。

社会经济

芬兰采用的是高度工业化、自由化的市场经济体制，人均国民生产总值远高于欧盟平均水平。经济的主要支柱是制造业，以木材、金属、工程、电信和电子工业为主。近年来，化工、电子工业部门迅速发展，信息产业十分突出，是世界上 Internet 接入比例和人均手机持有量最高的国家之一，著名的公司有诺基亚集团等。

芬兰的农作物主要有大麦、小麦、燕麦、马铃薯、甜菜、油菜等，牲畜主要有猪和牛（奶牛约占 40%），基本实现了农畜产品的自给自足。芬兰的农、林产业结合得十分密切，大多数农户都拥有数量不等的林地。芬兰的伐木业生产规模在欧洲排名第一。

芬兰的贸易伙伴主要是其他欧盟国家，出口产品主要有化工产品、机械设备、金属、纸板和纸张等，进口产品主要有食

品、饲料、钢铁、石油及石油产品、纺织品等。

文化习俗

◎桑拿浴

桑拿浴的历史已有数千年，因起源于芬兰而又叫作“芬兰浴”。沐浴时，浴者会拿带有叶子的白桦树枝拍打全身，促进人体排汗，加速血液循环，对人体健康十分有益。桑拿浴可以称得上是芬兰的国粹，芬兰人自幼便在桑拿浴的熏蒸下成长，他们的生活几乎离不开桑拿浴。

◎仲夏节

仲夏节是芬兰的一个传统节日，时间是每年的6月24日。这一天，芬兰全国白昼最长、黑夜最短，北极圈以内地区还会出现“永昼日”，即全天都能见到太阳，是欣赏“白夜”的绝佳时机。此时，身穿民族传统服装的芬兰人白天会进行各种民间传统手工艺表演，夜晚则点燃篝火，在篝火旁载歌载舞，度过一个难忘的仲夏之夜。

著名城市

◎赫尔辛基

赫尔辛基是芬兰的首都，也是世界上纬度最高的国家首都

之一。赫尔辛基四周有许多大大小小的岛屿，形成了许多优良的港湾。如果从高空俯瞰，就会发现赫尔辛基周围全是森林，而海洋又把森林包围起来。波罗的海带来了暖湿气流，因此赫尔辛基的气候比较温和湿润。赫尔辛基的街道宽阔整洁，大多数建筑物是用颜色较浅的花岗岩建造而成的，远远望去，尽是一派洁白无瑕的景象，因此赫尔辛基又有“北方洁白城市”的称号。

圣诞老人的故乡

传说中，圣诞老人的故乡就在芬兰的拉普兰地区。和蔼可亲的圣诞老人平时在这里生活。在圣诞节前夜，即所谓的“平安夜”，他乘坐驯鹿拉的雪橇来到各家各户的屋顶，爬进烟囱把圣诞礼物送给可爱的孩子们。在拉普兰地区，还有圣诞老人办公室、居所、邮局、礼品店、麋鹿园等。

丹麦
写 给 孩 子 的 世 界 地 理

地理环境

丹麦地处波罗的海和北海之间，三面环海，拥有约 7 314 千米的海岸线，西面濒临北海，南面与德国相邻，北面和东面分别是斯卡格拉克海峡、卡特加特海峡和厄勒海峡，与挪威、瑞典隔海相望。丹麦位于波罗的海出海口，既是斯堪的纳维亚半岛和中欧地区联系的枢纽，又是波罗的海各国前往大西洋的必经之地，因此有“日德兰桥”的称号（日德兰半岛为北欧半岛，这个称号指丹麦是北欧诸国的桥梁）。

丹麦本土包括日德兰半岛的中北部及其东侧的数百个岛屿，这些岛屿占本土总面积的 1/3 左右。丹麦还拥有两个海外自治领地，即位于挪威与冰岛之间的法罗群岛和位于北美洲东北部的格陵兰岛。丹麦本土在第四纪时覆盖着大量冰川，后来冰川消退，留下大量

国家名片

全　　称：丹麦王国
首　　都：哥本哈根
位　　置：欧洲北部
语　　言：官方语言为丹麦语，通用语言为英语
民　　族：主要为丹麦人
行政区划：全国设 5 个大区、98 个市和格陵兰、法罗群岛两个自治领地

冰碛物，由此形成了众多冰碛湖和地势低缓的冰碛平原。丹麦本土地势低平，最高点海拔仅有 173 米，平均海拔约为 30 米。

气候类型

丹麦的气候受大西洋影响最大，属于温带海洋性气候。冬季较为温和，1 月的平均气温为 –2.4℃；夏季较为凉爽，8 月的平均气温为 14.6℃。平均年降水量约 860 毫米。

自然资源

◎矿产资源

丹麦的自然资源较为贫乏。除了石油和天然气储量较多，其他的矿藏很少，所需煤炭全部依靠进口。石油和天然气丰富，为欧洲第三大石油输出国。

◎渔业资源

丹麦渔业资源十分丰富，北海和波罗的海是其近海的两个重要渔场，主要鱼种有鳕鱼、比目鱼、鲭鱼、鳗鱼。

水系概况

丹麦境内的河流比较少，主要有古曾河、斯凯恩河。湖泊主要有阿勒湖等。

社会经济

丹麦是一个工业高度发达的国家，人均国民生产总值居世界前列。其工业在国民经济中占有重要地位，工业部门主要有机械制造、食品加工、石油开采、水泥、造船、冶金、化工、电子、医药、家具、纺织、造纸、印刷等。丹麦有许多工业产品享誉世界，如水泥设备、船用主机、助听器、人造胰岛素、酶制剂等。

丹麦的农牧业也十分发达，农业科技水平和生产率处于世界领先水平，曾经是欧洲重要的粮食生产国和出口国。农作物主要有燕麦、小麦和大麦等，畜产品主要有奶类和肉类等。

丹麦是欧盟最大的渔业国，捕鱼量约占欧盟捕鱼量的1/3，为欧盟最大的渔业国。外贸是丹麦的经济命脉，其与德国、英国、瑞典、荷兰和挪威等100多个国家和地区有贸易往来。另外，丹麦的社会福利制度非常完善，国民享有极高的生活品质，是幸福指数极高的国家。

文化习俗

◎特色美食

丹麦的特色美食有很多，如三明治，不但花样繁多，而且十分美味。不过，名气最大的丹麦美食要数丹麦酥了，它的身

影出现在丹麦各个城市街边的甜品店里，让人回味无穷。

◎童话王国

丹麦还有“童话王国”的称号，伟大的童话作家安徒生就诞生在丹麦，他的童话作品深得世界各国人民喜爱，主要作品有《卖火柴的小女孩》《拇指姑娘》《丑小鸭》《海的女儿》等，这些脍炙人口的童话作品被翻译成多种语言，在全世界广泛传播。

◎科学技术

丹麦在基础科学研究领域独树一帜，丹麦科学家积极投身于天文观测和计算、解剖学研究、光速计算、血清研究、电磁研究、核物理研究等诸多领域，为人类社会的发展做出了杰出贡献。丹麦杰出的科学家有玻尔、奥斯特等。

著名城市

◎哥本哈根

哥本哈根是丹麦的首都，也是全国最大的港口城市。在丹麦语中，“哥本哈根”是指“商人的港口”，可以说是名副其

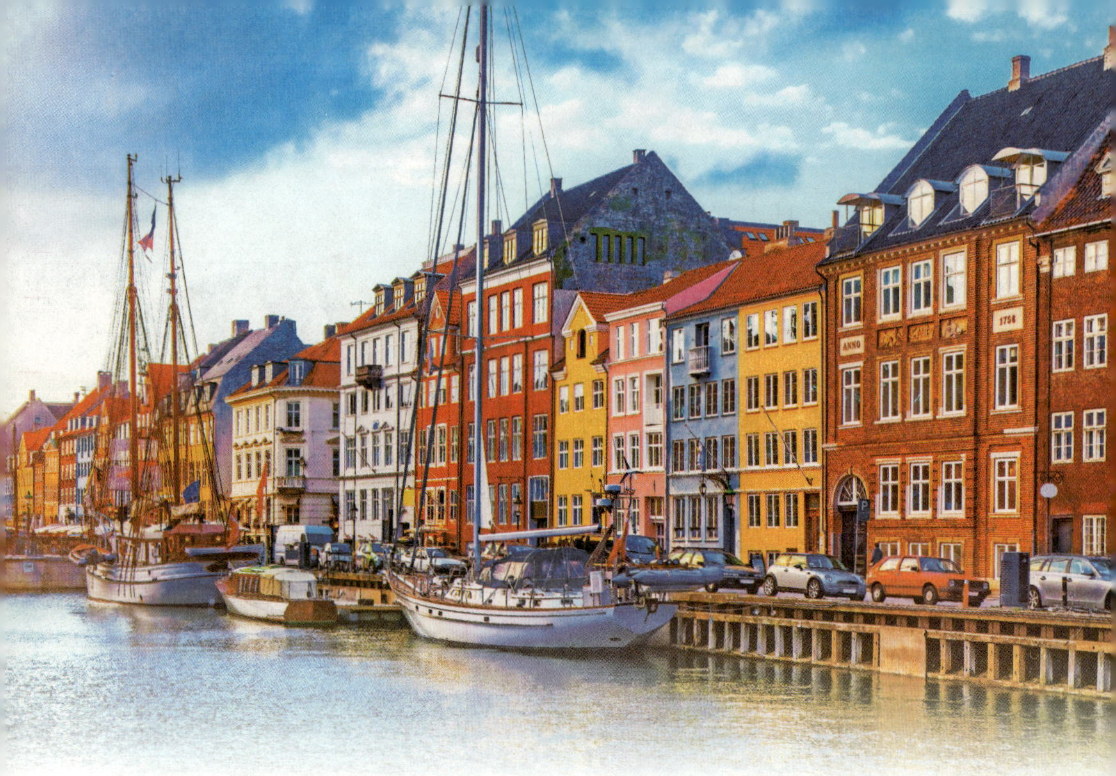

实了。哥本哈根地处西兰岛东部，城区内河流纵横交错，还有众多博物馆、公园和宫殿，这种情况与巴黎十分相似，因此人们又把哥本哈根叫作“北欧的巴黎”。

美人鱼铜像

提起丹麦，人们很容易就想起美人鱼铜像。1837年，丹麦童话作家安徒生发表了童话《海的女儿》，其中的主角就是“小美人鱼”。1912年，丹麦著名的雕塑家埃德华·埃里克森受到“小美人鱼”的启发，用青铜雕铸了这尊铜像。1913年，铜像被放置在哥本哈根朗厄里尼港的一块巨大的鹅卵石上，逐渐成为丹麦的象征。

俄罗斯
写给孩子的世界地理

地理环境

国家名片

全　　称：俄罗斯联邦
首　　都：莫斯科
位　　置：横跨亚欧大陆
语　　言：官方语言为俄语
民　　族：主要为俄罗斯族
行政区划：现由85个联邦主体组成，包括22个共和国、9个边疆区、46个州、3个联邦直辖市、1个自治州、4个民族自治区

俄罗斯横跨亚欧大陆，北临北冰洋，东面与太平洋相接，向西与大西洋相连，西北则通往波罗的海与芬兰湾。

俄罗斯的地形以平原为主，整体地势东高西低、南高北低。叶尼塞河以东地区主要是高原和山脉，叶尼塞河以西地区主要是平原和低地，俄罗斯南部和东部则环绕着山脉。其中大高加索山脉的厄尔布鲁士峰海拔5 642米，是俄罗斯最高峰。

气候类型

俄罗斯地跨欧亚大陆，幅员辽阔，气候多样。从整体来看，俄罗斯大部分地区属于北半球温带，还有一部分在北极圈

以北。以叶尼塞河为界，西部地区属于温和的大陆性气候；东部属于强烈的大陆性气候，从西到东大陆性气候逐渐加强。西北部北冰洋沿岸属于寒带气候，而远东太平洋沿岸则属于温带季风气候。俄罗斯大部分地区春、秋两个季节都很短，冬季严寒漫长，夏季温暖短促。俄罗斯整体降水量较少，平均年降水量为 150 ~ 1 000 毫米。

自然资源

◎矿产资源

俄罗斯资源丰富，储量大，种类多，自给程度高。俄罗斯的石油资源十分丰富，按目前探明的情况来看达到了 252 亿吨，相当于世界石油总储量的 13%；俄罗斯的天然气资源也十分丰富，从已探明的情况来看足有 48 万亿立方米，达到了世界天然气总储量的30%。其他一些矿产资源储量也比较多，主要有煤、铁、镍、锡、铀等。

◎水力资源

俄罗斯拥有丰富的水力资源，除了闻名于世的贝加尔湖，俄罗斯境内还有300余万条大小河流，以及280余万个湖泊，其中伏尔加河在河流规模上居欧洲诸河之冠。

◎森林资源

俄罗斯森林覆盖率为65.8%，是全世界森林面积最大的国家，木材蓄积量居世界第一位。在森林资源中，针叶林的覆盖面积最大，这些针叶林以云杉、落叶松、雪松、冷杉等为主。

水系概况

俄罗斯东、西、北三面分别濒临太平洋、大西洋和北冰洋，

濒临的海域按顺时针方向依次是里海、黑海、亚速海、波罗的海、芬兰湾、巴伦支海、喀拉海、拉普捷夫海、东西伯利亚海、白令海、鄂霍次克海和日本海。俄罗斯境内的河流和湖泊比较多，河流主要有伏尔加河、顿河、第聂伯河、乌拉尔河、阿穆尔河（黑龙江）以及西伯利亚地区的勒拿河、叶尼塞河、鄂毕河等；湖泊主要有贝加尔湖、奥涅加湖等。

社会经济

俄罗斯继承了苏联雄厚的工业基础，工业是俄罗斯经济的主要支柱，不管是航空航天工业还是核工业方面，俄罗斯的技术水平都居世界前列，与之相关的机械、石油、钢铁等产业也十分发达。美中不足的是，俄罗斯的轻工业较为落后，纺织业和食品业等都不够繁荣。

农业在俄罗斯国民经济中占有一定比重。除了小麦和水稻，俄罗斯人还种植燕麦、玉米等。俄罗斯人在畜牧业方面以养猪、养牛和养羊为主，在经济作物方面主要种植亚麻、棉花及甜菜等。

俄罗斯的外贸经济较为发达，出口商品多为石油、天然气等能源及一些化工产品，进口商品则主要是化工原料及粮食、金属等。与俄罗斯保持经贸关系的国家和地区约有 160 个，其中中国、英国、德国等是俄罗斯主要的贸易伙伴。

文化习俗

◎语言和民族

俄罗斯是一个多民族国家，民族数量达到了 194 个，其中俄罗斯族最多。俄罗斯的官方语言是俄语。俄语不仅是俄罗斯国内各民族普遍使用的语言，也是重要的国际交流语言。

◎饮食

俄罗斯人十分喜爱肉类食品，俄罗斯家庭的餐桌上总会出现牛肉、香肠、羊肉等。俄罗斯的小吃也很有特色，鱼子酱、传统小煎饼等受到很多国外游客的喜爱。俄罗斯人十分爱喝酒，其中伏特加更是受到世界各国美酒爱好者的追捧。

◎ 文学和艺术

俄罗斯的文学成就在世界上占有显赫的地位，俄罗斯的世界级文学大师层出不穷，其中托尔斯泰、高尔基、契诃夫、普希金等广受赞誉。俄罗斯的音乐艺术与绘画艺术同样在世界上占有一席之地，音乐家柴可夫斯基便是杰出的代表。

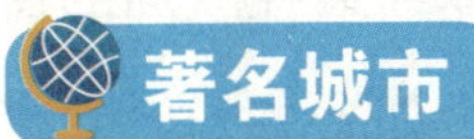

著名城市

◎ 莫斯科

俄罗斯的首都是莫斯科。莫斯科位于莫斯科河流经之处，在 800 年前便已形成城市，不过最初的莫斯科城只是以木材修建的小城，后来小城周围的工商业逐渐发展起来，最终才使莫斯科成为一座大型工业城市。如今的莫斯科不但是俄罗斯的工业中心，还拥有发达的教育产业，著名的国立莫斯科大学便位于这座城市，很多科研机构也设立在这里。除此之外，莫斯科还是俄罗斯的交通中心，它位于俄罗斯欧洲地区的中部，对俄

罗斯不同地区间的经济交流具有重要作用。

◎圣彼得堡

圣彼得堡位于俄罗斯西北部、波罗的海芬兰湾东岸，坐落在涅瓦河口三角洲上，是俄罗斯的第二大城市，西北联邦区驻地，列宁格勒州首府。圣彼得堡是一座大型的综合性工业城市，同时被认为是俄罗斯最西方化的城市，是俄罗斯通往欧洲的窗口。另外，有很多名人曾在这里工作、生活，如著名的科学家罗蒙诺索夫、门捷列夫、波波夫和文学家普希金、果戈里等，所以该城又被称为“俄罗斯科学文化城”。

五海通航

伏尔加河在俄罗斯人的心目中如同哺育俄罗斯人民的母亲，这条由俄罗斯西北部流向里海的河流足有3 530千米，是当之无愧的欧洲第一长河。伏尔加河不但流域辽阔，而且水量丰富，更难得的是水流平稳，因此具有珍贵的航运价值。由于伏尔加河能够与波罗的海、黑海、白海、里海、亚速海相通，因此伏尔加河有“五海通航”的美誉。

德国
写给孩子的世界地理

地理环境

国家名片

全　　称：德意志联邦共和国
首　　都：柏林
位　　置：欧洲中部
语　　言：通用语言为德语
民　　族：主要为德意志人
行政区划：全国划分为联邦、州、市镇三级。共有16个州，12 846个市镇

处于欧洲中部的德国堪称欧洲的腹心，不管是南北欧的交流还是东西欧的联系，都离不开德国这个“十字路口”。它向北临波罗的海及北海，向南与阿尔卑斯山脉相接，接壤国家多达9个。这9个国家是丹麦、捷克、奥地利、波兰、荷兰、瑞士、卢森堡、比利时及法国，而且英国也与德国隔海相望。

德国地形多样，有山脉、高原、丘陵、平原等。从整体来看，德国按地形可以分为4个地理区域。北德平原，地处北海、波罗的海沿岸和中德山脉隆起地带边沿之间，土地干燥多沙，平原上多沼泽；中德山地，地处北德平原以南、多瑙河以北，它将德国分成南、北两个部分；西南部是莱茵断裂谷地区；南部是阿尔卑斯山区和巴伐利亚高原。其中阿尔卑斯山脉的楚格峰海拔2 963米，是德国最高峰。

气候类型

德国属于温带气候，西北部具有明显的海洋性气候特征，往东、南逐渐向大陆性气候过渡。7 月的平均气温为 14℃ ~ 19℃，1 月的平均气温为 –5℃ ~ 1℃，北部明显比南部暖和。平均年降水量为 500 ~ 1 000 毫米，南部山地地区可达 1 000 毫米以上。

自然资源

◎ 矿产资源

德国除了丰富的硬煤、褐煤和钾盐，还有天然气、铁矿石、石油及铀矿等资源。但其他自然资源都相对贫乏，在原料供应和能源方面依赖进口。

◎ 水资源

虽然德国的水资源十分丰富，河流和湖泊的数量很多，但是德国人并没有浪费水资源的习惯。相反，德国人借助法律来

保护水资源，使国内形成了完整的水资源管理体系。目前在雨水资源利用方面，德国人的技术在世界上处于先进水平。

水系概况

德国的水系较为复杂，不但河流众多，而且内河港口的数量也不少。闻名世界的莱茵河与多瑙河便流经德国，除此之外，德国还有埃姆斯河、奥得河等著名河流。由于地理因素，德国河流不但水量丰富，而且水位的变化程度较小，因此德国河流的一大特点是航运便利。在运河方面，德国有著名的基尔运河以及将德国东、西部联系起来的中部运河。德国主要的内河港口有杜伊斯堡、汉堡、科隆、马格德堡、路德维希港、德累斯顿、不来梅等。德国的湖泊也较多，较大的湖泊有博登湖、基姆湖、阿默尔湖等。

社会经济

德国是欧洲最大的经济体，经济实力雄厚，工业高度发达，是世界上的经济强国和贸易大国。其工业产品质量、技术水平位居世界一流。德国的主要工业部门有汽车、精密机械、装备制造、电子、航天、军工等。作为中欧最大的汽车生产国，其汽车工业产品大多供出口。德国也是世界第三电器产品出口国和世界第三化工大国。此外，德国的信息业也非常发达。

德国农业发达，机械化程度很高，其农业用地约占国土面积的一半，主要农产品有牛肉、猪肉、谷物、土豆、甜菜、苹果、葡萄和鸡蛋等，啤酒花产量居世界第二位。

作为世界经济大国，德国的外贸发展得十分繁荣。德国的进口产品主要是工业原料及一些工业技术，如天然气、石油、通信技术等；出口产品则主要是机械产品、化工设备等，尤以汽车著名。尽管德国与世界上200多个国家和地区有贸易往来，

但其主要的外贸对象集中在欧盟范围内。

◎美食

在德国的众多美食中，香肠是最具特色的。德国人对香肠十分喜爱，不但喜欢在各种佳肴上搭配香肠，而且在香肠的种类研制上颇费心思，据说德国的香肠种类有千余种，其中很多种还传播到国外，受到世界各地人民的喜爱。德国人对香肠的喜爱也反映出德国人对肉食的喜好。

◎慕尼黑啤酒节

在德国，影响最大的酒类无疑是啤酒。德国的啤酒文化可谓是闻名世界，世界各地的酒类爱好者总是对德国的啤酒馆、啤酒学校等津津乐道。在德国的众多与啤酒有关的活动中，最受欢迎的要数慕尼黑啤酒节。慕尼黑啤酒节的活动地点在慕尼黑，活动规模较大，活动时间也较长，时间为每年的 9 月末到 10 月初。慕尼黑还被称为“啤酒之都”。

◎文艺和科学

德国出现过很多世界级的文学大师和音乐大师，文学方面的代表人物有海涅、歌德、席勒、莱辛和格林兄弟等，音乐方面的代表人物有巴赫、贝多芬等。总体而言，德国的文艺作品既有本国特色，也受到了其他国家的影响，尤以意大利文艺复兴的影响最深。在科学方面，德国同样有很多世界级的伟大科学家，其中爱因斯坦最为著名。

◎柏林

柏林位于德国东北部施普雷河和哈弗尔河交汇处，是德国的首都和最大的城市，也是世界上著名的大都市之一。柏林街道宽阔，绿树成荫，高楼大厦林立，公园、绿地遍布。柏林市中心的街道两旁商场、服饰店、剧场、影院、画廊鳞次栉比，热闹非凡。柏林还有绛色市政厅、圣母教堂和洪堡大学等名胜古迹。此外，柏林还建有诸多时尚美观的现代化建筑，也为市景增添了色彩。

◎汉堡

汉堡不仅是德国最大的港口城市，还是德国的外贸中心，同时也是国际上的贸易枢纽之一。汉堡的工业部门众多，以造船、机械、冶金等工业部门为主。由于外贸领域在德国的独特地位，汉堡市内的外贸机构达到了 2 000 家以上。汉堡的文化产业也很发达，市内建有众多话剧院及博物院。

科隆大教堂

德国科隆市的科隆大教堂是闻名世界的宏伟建筑，其高度位列世界教堂排名第三，因此成为其所在城市的地标性建筑。科隆大教堂由德国人修建，不但规模宏大，而且极有美感，富含宗教气息。这座教堂始建于13世纪中叶，是欧洲北部最大的哥特式教堂。

奥地利
写 给 孩 子 的 世 界 地 理

地理环境

奥地利是地处中欧南部的内陆国，东面与匈牙利和斯洛伐克毗邻，西面是瑞士和列支敦士登，南面是意大利和斯洛文尼亚，北面是德国和捷克。

国家名片

全　　称：奥地利共和国
首　　都：维也纳
位　　置：中欧南部
语　　言：官方语言为德语
民　　族：主要为奥地利民族
行政区划：全国划分为9个州，州以下设市、区、镇（乡）

奥地利是个高山之国，大部分地区是山地；西部和南部横贯着东阿尔卑斯山系；北部和东北部是平原和丘陵地带，其中包括丘陵起伏的多瑙河沿岸平原。

气候类型

奥地利东、西部气温差异较大，东部为温带大陆性气候，温差较大；西部受大西洋的影响，呈现海洋性气候的特征，温

差小。平均气温 1 月为 –2℃，7 月为 19℃。东、西部降水差异也较大，东部降水较少，西部降水丰沛。

自然资源

◎矿产资源

奥地利的矿产资源主要有褐煤、石油、天然气、铁、镁、石墨等。

◎水力资源

多瑙河自北向西南穿过奥地利西部山区，水力资源十分丰富。

水系概况

奥地利的主要河流有多瑙河及其支流穆尔河等。多瑙河流经境内东北部，是奥地利重要的航运水道。较大的湖泊主要有新锡德尔湖、博登湖和阿特湖等。

社会经济

奥地利拥有发达的经济。工业企业大多数是中小企业，特点是管理先进、技术精湛，以钢铁、化工、建筑、采矿、电子、汽车制造和机械制造等作为主要工业部门。奥地利农、林、牧业并重，其发达的生态农业在欧盟国家中名列前茅，机械化程度高。奥地利主要种植黑麦、小麦、甜菜、马铃薯、葡萄等作物，主要饲养乳牛、肉牛和猪。谷物和肉、奶、饲料等可以自给自足，植物油和果蔬需要进口。

奥地利的国际贸易发达，机械、钢铁、交通工具、食品和化工制品是其主要出口产品，能源、原料、车辆、通信设备、消费品等依赖进口。与奥地利有贸易关系的国家和地区有 150 多个，最重要的贸易伙伴是德国。

文化习俗

◎中世纪节

弗里萨赫是一个小镇，位于奥地利南部的克恩顿州。为了纪念这座古镇的建立，弗里萨赫在每年 7 月的最后一个周末都会举办为期 3 天的“中世纪节”。在此期间，人们会用麻袋将镇上一切现代化的痕迹遮盖起来，所有人都换上中世纪的衣服，模拟当时的生活方式。

◎音乐的国度

奥地利当地人对音乐有着迷一样的热爱，常在夏季举办露天音乐会。莫扎特、施特劳斯等多位天才音乐家都诞生在奥地利。莫扎特从 4 岁起练习钢琴，5 岁便可以作曲，他将奥、德、意等国的民族音乐融入欧洲的传统音乐中，为西方音乐开拓了全新的发展方向。

著名城市

◎维也纳

维也纳位于奥地利东北部的维也纳盆地，坐落在多瑙河畔，是奥地利的首都和最大城市。市区有多瑙河和许多小河流缓缓

流过，环境幽雅，景色迷人，素有“多瑙河的女神”的美誉，是世界著名的旅游城市。莫扎特、贝多芬、舒伯特、海顿等众多音乐大师都曾在这里度过多年的音乐创作生涯。这里还是著名圆舞曲华尔兹的故乡，其古典主义音乐也闻名遐迩，所以维也纳是名副其实的“世界音乐之都”。

美丽的湖泊

奥地利地处中欧景色最秀丽的地域，散落在奥地利国土上的众多的湖泊是这里最美的景色。其中知名度最高的是博登湖，此地湖水清澈，气候适宜，有助于疗养；其次是新锡德尔湖，它地处奥地利东部，芦苇繁茂，是众多珍禽的栖息地，奥地利和匈牙利的国界线还穿过湖中心；地处维也纳西部的亨特尔布吕湖作为欧洲规模最大的地下湖，有“地下的童话王国”的美誉。

瑞 士
写 给 孩 子 的 世 界 地 理

地理环境

国家名片

全　　称：瑞士联邦
首　　都：伯尔尼
位　　置：中欧南部
语　　言：官方语言为德语、法语、意大利语及拉丁罗曼语
民　　族：主要为日耳曼瑞士人
行政区划：行政区划为联邦、州、市镇三级。全国由26个州组成，其中6个州为半州

瑞士位于欧洲中南部，是一个内陆国家，东面与奥地利、列支敦士登接壤，南面与意大利相邻，西面毗邻法国，北面与德国接壤。

瑞士是个多山的国家，被称为“欧洲屋脊”。阿尔卑斯山区面积占国土面积的58%，包括西北汝拉山区、南部阿尔卑斯山区和中部平原3个自然地形区。杜富尔峰是最高点，海拔4 634米。

气候类型

瑞士地处北温带，从东向西横亘在瑞士的阿尔卑斯山是其气候分界线。阿尔卑斯山南部地区属于地中海气候，夏季炎热干燥，冬季温和多雨。阿尔卑斯山北部地区的气候存在差异，从西向东由温带海洋性气候向温带大陆性气候过渡，西部地区气候温和湿润，东部地区夏天炎热，冬季寒冷，温差较大。瑞士降水较为丰沛，平均年降水量为 800 ~ 1 000 毫米。受地形影响，山区降水量高于其他地区。

自然资源

◎矿产资源

瑞士的矿产资源比较贫乏，只有少量的煤矿、盐矿、铁矿和锰矿。其能源和工业原料基本依赖进口。

◎水资源

瑞士地下水水质良好，流量稳定，境内的湖泊、河流、喷泉随处可见。瑞士境内拥有充足的淡水资源，不但可以自给自足，还出口至整个欧洲。

水系概况

瑞士河湖密布，日内瓦湖（又名莱芒湖）是国内最大的湖。日内瓦湖面海拔 375 米，平均水深 154 米，最深 310 米。莱茵河是流经瑞士的最大河流，全年水量充沛、稳定，具有重要的航运价值。罗讷河是瑞士第二大河，流域面积广大，有运河同莱茵河相连。

社会经济

工业、金融业和旅游业是瑞士国民经济三大支柱。

工业在其国民经济中占主导地位。主要工业部门有机械制造、化工、高档钟表、食品加工等。生产工业产品是其财政收入的主要来源，特点是耗用原材料少，但附加值高、精密度强。瑞士作为全球钟表的制造中心，被誉为“钟表王国”。瑞士的速溶咖啡和浓缩食品在国际上享有很高的知名度，例如雀巢咖啡。工业产品主要供出口。瑞士的农业为小规模集约经营，主要农作物有小麦、燕麦、马铃薯和甜菜等。肉类基本满足内需，奶制品自给有余。

瑞士的金融业也很发达，有“金融帝国”的美誉。瑞士还是世界黄金交易中心之一。欧盟所需黄金量的 30% 都来自瑞士市场。世界黄金产量的 50% 经由瑞士银行销往他国，这种黄金流通过程使瑞士获得了丰厚的经济效益。

瑞士旅游业素来享有盛誉，主要旅游地点有苏黎世、日内瓦、日内瓦湖等。

文化习俗

◎祭典

瑞士的天主教祭典由来已久，至今不绝。人们在祭典这天身着民族服饰，歌唱、舞蹈和祈祷。儿童节祭典也称“疯狂的祭典”，参与者戴上假面具，将装着青豌豆的口袋系在裤子上，相互追打，就连神父也不例外地戴上假面具，与众人共同欢庆。山里的村民换上华美的服饰，乐团奏响乐曲。完成祭典后，神父还会前往居民家中为人、牲畜祈福。

◎日内瓦登城节

日内瓦登城节是瑞士日内瓦的节日。1602 年 12 月 11 日夜至 12 日，日内瓦被法国侵略。为了保卫日内瓦，勇敢的日内瓦市民进行了激烈的战斗，最终赢得了胜利。罗优姆大妈在战斗中用热汤泼浇爬上城墙的法国士兵的故事成为佳话。之后，日内瓦市民为了纪念战争的胜利，于每年 12 月 11 日，穿着当时样式的服装，手举火炬沿着罗讷河游行。

◎科技

尽管瑞士国土面积小、国民数量少、矿产资源匮乏，但是瑞士采用“科教立国”的战略，至今诞生了多位诺贝尔奖获得者，人均拥有的科技专利数居世界首位。

著名城市

◎日内瓦

日内瓦位于瑞士的西南部，处在美丽的日内瓦湖的西南角，其东、西、南三面都与法国接壤。自1920年国际联盟总部设在日内瓦后，这里便成了召开各种国际会议和进行国际谈判的重要场所。这里还设立了许多重要国际组织，如联合国欧洲总部（万国宫）、世界贸易组织、世界卫生组织、世界经济论坛、红十字国际委员会等。

中立国

瑞士是国际上中立国的代表。1648年，第一次欧洲大战“三十年战争”结束，之后瑞士宣布执行中立政策。1815年，拿破仑战争画上句号，维也纳会议将瑞士确立为永久中立国。不过瑞士并不轻视军事，而是执行义务兵役制，可谓“全民皆兵”。瑞士在20世纪的两次世界大战中皆保持中立。上百年间，瑞士的领土上没有发生过任何战争，这点在欧洲一众国家中是绝无仅有的。

英　国
写　给　孩　子　的　世　界　地　理

地理环境

国家名片

全　　称：大不列颠及北爱尔兰联合王国
首　　都：伦敦
位　　置：欧洲西部
语　　言：官方语言为英语
民　　族：主要为英格兰人、苏格兰人、爱尔兰人
行政区划：分为英格兰、威尔士、苏格兰和北爱尔兰四部分

英国位于欧洲西部，它是由大不列颠岛（包括英格兰、苏格兰、威尔士）、爱尔兰岛东北部的北爱尔兰和一些小岛组成的一个岛国，与欧洲大陆隔北海、多佛尔海峡、英吉利海峡相望。

英国地势西北高、东南低，西北地区地形以高原为主，东部和东南部以平原为主。英格兰占据了大不列颠岛南面绝大多数的土地，地势平缓，以平原、丘陵和沼泽地居多，其中英格兰东部沿海地区的土地最为肥沃。苏格兰以山地、湖泊和岛屿居多，拥有北部高地、中部低地及南部丘陵三大自然区。北爱尔兰北部为多岩石海岸，东北部多为高地，东南部为山区，中部为低浅的盆地。

气候类型

英国终年受西风和海洋的影响，属温带海洋性气候，全年温和湿润，没有明显的四季之分。每年 2 月至 3 月为旱季，10 月至次年 1 月为雨季。东南部和东部地区年降水量为 550 毫米，中部低地为 700 ~ 850 毫米，北部和西部超过 1 100 毫米，其中山区超过 2 000 毫米。最高气温一般不高于 32℃，最低气温一般不低于 –10℃。

自然资源

◎矿产资源

英国是矿产资源最丰富的国家之一，主要有煤、石油、铁、天然气等。硬煤储藏在奔宁山脉周围、威尔士南部、苏格兰中部谷地等处的石炭系地层中；石油大多分布在北海大陆架、中部的苏格兰以东盆地，然后是北部的设得兰群岛以东海域；铁矿区主要在英格兰中部；天然气主要分布于英吉利海峡沿岸及荷兰附近的北海海域。

◎水资源

英国工业化程度很高，水资源开发利用率很高，其水资源的开发利用主要是改善城乡人民的生活用水和发展工业、内河航运、水产养殖、水上旅游等。

◎渔业资源

英国是欧洲最大的捕鱼国之一，拥有丰富的渔业资源，主要捕捞的鱼种有鳕鱼、鲽鱼、鲭鱼、鲱鱼等。

水系概况

英国境内河流短小、密布，主要有塞文河、泰晤士河、默西河等。其中，泰晤士河位于英国南部，发源于英格兰西部的科茨沃尔德丘陵，全长338千米，横贯伦敦与其他多座沿河城市。泰晤士河水位平稳，冬季不易结冰，为航运事业的发展提供了有利条件，孕育了整个伦敦文明。

社会经济

英国是一个发达的资本主义国家，是世界经济强国之一。英国工业水平很高，其主要工业部门有采矿、冶金、机械、化工、汽车、航空、电子、电子仪器、食品、饮料、烟草、造纸、印刷、

出版、建筑、轻纺等。英国农用土地面积占国土面积的70%，多为草场和牧场，耕地面积仅占其中的25%，农业产值在国内生产总值中所占比重不足1%，农业从业人数不到总就业人数的2%，远低于其他主要工业国家。以大麦、小麦、燕麦等作为主要的农产品。用于养殖业的农场占农场总量的1/3，主要有猪、羊、牛和家禽等牲畜。英国的服务业包括金融保险、零售、旅游和商业服务等，是全国经济的支柱产业，其中旅游业收入居世界第五位。

文化习俗

◎人口和语言

英国人分为四个民族，包括英格兰人、苏格兰人、爱尔兰人和威尔士人，其中英格兰人数量最多。英语是英国官方语言和通用语。苏格兰西北高地和北爱尔兰部分地区沿用盖尔语，威尔士北部还使用威尔士语。

◎礼仪

英国人讲究绅士风度。在英国贵族看来，礼仪是生活中必不可少的部分。在英国的文化中，男性应该尊重女性、保护女性。

◎下午茶

英国下午茶的起源要追溯到19世纪40年代。人们大概在每天下午的4时饮茶，因此这种茶有“下午茶”之名。英国不生产茶叶，却用中国的茶发明了独有的、华美的品鉴方式，英式红茶、水果茶和香草茶以形式优雅、内涵丰富的特点而闻名世界。不同于中国人的清茶，“下午茶”要放入糖和牛奶，搭配甜点、饼干等。英国人品茶的方式不同于中国，但往往使用中国的茶具，因为在英国的下午茶文化中，只有配上中国茶具，方能称得上正宗的“下午茶”。

著名城市

◎伦敦

伦敦位于英格兰东南部，跨泰晤士河下游两岸，是英国的首都、最大城市，也是英国的政治、经济、文化、交通中心。伦敦是英国最大的海陆空交通枢纽，也是全球最早铺设地铁的城市，铁路和高速公路干线从伦敦放射到全国及世界各地。同

时，作为久负盛名的旅游胜地，伦敦拥有众多历史文化建筑，如伦敦塔、白金汉宫、威斯敏斯特教堂等。

◎爱丁堡

爱丁堡是苏格兰的首府，位于福斯湾南岸。爱丁堡以其独特的建筑驰名世界，如爱丁堡城堡、荷里路德宫、圣吉尔斯大教堂等。爱丁堡也是一座历史悠久的文化古城，拥有苏格兰皇家博物馆、艺术长廊、圣伍德皇宫、爱丁堡大学等名胜古迹。此外，还有不少文人名士曾在爱丁堡工作和生活，如诗人兼小说家沃尔特·斯科特、经济学家亚当·斯密等。

◎伯明翰

英国第二大城市伯明翰，地处伦敦西北部，被称为“世界车间”。其四周有数不尽的大工厂，如汽车制造厂、飞机制造公司、橡胶公司等，其工业产值在全国工业总产值中占比达1/5。

格林尼治皇家天文台

1675年，英国天文学家弗拉姆斯蒂德建成了格林尼治皇家天文台，台址位于伦敦东南郊的格林尼治皇家花园内。1884年，通过该台的格林尼治子午线被天文学界公认为本初子午线，又名0°经线。

荷　兰
写 给 孩 子 的 世 界 地 理

地理环境

国家名片

全　　称：荷兰王国
首　　都：阿姆斯特丹
位　　置：欧洲西北部
语　　言：官方语言为荷兰语，弗里斯兰省通用弗里斯语
民　　族：主要为荷兰人
行政区划：由本土12个省和海外领地组成

荷兰地处欧洲的西部，西面和北面临靠北海，东面与南面分别与德国和比利时为邻，面积为4.15万平方千米。

荷兰地势低平，有“低地之国”之称，大约1/4的国土低于海平面，有1/3的国土仅高出海平面1米。荷兰在13世纪开始围海造田，使土地面积增加了约6 000平方千米。荷兰从地形上大致可以分为两个区域，即北部、西部的低地地区和东南部有轻微起伏的地区。

气候类型

在北大西洋暖流的作用下，荷兰全年气候温和湿润，属温带海洋性气候。沿海地区夏季平均气温为16℃，冬季平均气温为3℃；内陆地区夏季平均气温为17℃，冬季平均气温为2℃。年降水量为650 ~ 700毫米，夏季雨量最为充沛。

自然资源

◎矿产资源

荷兰自然资源相对匮乏，但天然气储量丰富，在西欧各国中位居前列。此外，还有石油、煤等矿产资源。

◎生物资源

荷兰的森林中栖息着狐、獾、鸡貂、鼬鼠、野兔，鸟类较多；相邻的北海主要有鲱鱼、鲭鱼、鳕鱼等鱼类资源。

水系概况

荷兰境内河网密布，主要河流有莱茵河、马斯河等；主要湖泊为艾瑟尔湖，该湖是荷兰第一大淡水湖，地处境内西北部，是围海造田的产物，原属须德海。

社会经济

荷兰工业发达，以制造业为基础，主要工业部门有食品加工、化工、冶金、机械制造、电子、造船、印刷、钢铁等。鹿特丹是世界上最大的炼油中心之一。荷兰是世界主要造船国家。

荷兰农业十分发达，农产品出口额居世界前列。荷兰的花卉生产和出口居世界首位，因种植郁金香闻名于世。荷兰还是世界上的奶酪生产大国，其中以小城豪达的奶酪最为有名。

荷兰的服务业发展飞快，主要有银行、股市和保险等。荷兰有发达的旅游业，水上运动、沙滩、历史遗产和文化习俗活动常常引得游人纷至沓来。荷兰还是世界上的主要对外投资大国之一。

文化习俗

◎国花

荷兰有着“鲜花之国”的美称，被誉为欧洲的花园，其国花是郁金香。荷兰的“郁金香节”在每年最接近5月15日的星期三举行，当天，人们头戴花环，手持花束，用各色鲜花装饰车辆，随着乐队的演奏穿街过市，以此来庆祝这个非凡的节日。在荷兰，不管是城市公园还是乡村原野，到处可以看到绚丽夺目的鲜花。人们还喜欢在家中种植鲜花，花朵香气扑鼻且赏心悦目。

◎木鞋

荷兰冬季严寒潮湿，地上常常结冰。几百年前，荷兰农民因为穷困买不起鞋子，又不能像夏季一样光脚，便将木头挖空，

做成鞋头上翘的船形鞋，在鞋里填入稻草，这样的鞋穿起来不仅暖和还舒服，穿木鞋由此成为荷兰盛行的传统民俗。

◎风车

由于地势低洼，荷兰经常招致水灾。15 世纪的荷兰人创造了一种名为“风车”的机械，风车可以抽取低洼处的积水，人们还能利用风车锯木、磨面。到 16、17 世纪，荷兰共有 1 万余座风车，这大大促进了荷兰经济的发展，荷兰因此获得了“风车之国”的称号。如今传统的风车被各种现代机械取代，但依然有各种式样的风车流传至今，这也成了当地的旅游特色。

著名城市

◎阿姆斯特丹

阿姆斯特丹位于须德海西南岸，通过运河与北海相连，是荷兰的首都，是全国的经济、文化中心和交通枢纽，现为欧洲第三大航空港。17 世纪上半叶，随着荷兰的经济、政治实力不断壮大，阿姆斯特丹由一个小渔村一跃成为世界上重要的港口。如今，阿姆斯特丹不仅是世界上主要的国际港口，还发展成了一座旅游业十分发达的城市。阿姆斯特丹拥有众多知名的旅游景点，包括荷兰国家博物馆、凡·高博物馆、安妮之家和赞丹风车村等。

◎鹿特丹

鹿特丹位于欧洲西海岸的莱茵河与马斯河汇合处，是荷兰第二大城市，也是欧洲重要的港口，被称为“欧洲门户”。鹿特丹还是世界重要的国际贸易中心和工业基地，工业门类齐全，拥有欧洲最大的炼油厂，造船业十分发达，石油化工、电子仪器、乳品加工、人造黄油等行业在世界上处于领先地位。

海上马车夫

古往今来，荷兰人都以善于航海而著称。16—17世纪，荷兰的航海家和商人把通往世界各地的航运路线控制，进行黄金与香料交易，还在加勒比海地区和东南亚建立了殖民地，荷兰便成了当时全球最大的海上殖民帝国，被称为“海上马车夫”。现在荷兰的造船技术在世界上仍然名列前茅。

比利时
写 给 孩 子 的 世 界 地 理

地理环境

比利时位于欧洲西部，东面和东南分别与德国、卢森堡为邻，西南和南面与法国交界，北面与荷兰接壤，西北隔多佛尔海峡与英国相望。

国家名片

全　　称：比利时王国
首　　都：布鲁塞尔
位　　置：欧洲西部
语　　言：官方语言为荷兰语、法语和德语
民　　族：主要为弗拉芒族和瓦隆族
行政区划：全国分为 10 个省和 581 个市镇

比利时地势东南高、西北低。丘陵和平原为主要地形，约占国土面积的 2/3。全境大致可分为 3 个部分，即西北部低地平原（包括北海沿岸及北部地区）、中部丘陵、东南部高原（主要为阿登高原）。

气候类型

比利时属温带海洋性气候，冬季温湿多雾，夏季凉爽。平均年降水量为 700 ~ 900 毫米，并随海拔的升高而增加，高原地区的降水量达 1 500 毫米。

自然资源

◎矿产资源

比利时煤炭资源丰富，但已开发殆尽。全国一半以上的能源需求依赖进口，石油主要从俄罗斯、挪威及中东地区进口。此外，还有少量铁、铅、锌、铜等金属矿藏。

◎水资源

比利时河流众多，纵横交错，有丰富的水资源，境内有多座水电站。

水系概况

比利时境内河流纵横，默兹河、斯海尔德河是流经比利时的两条主要河流，且均源于法国。其中斯海尔德河境内流域面积占国土面积的一半，支流众多，主要有莱厄河、登德尔河等。干流沿途地势低平，可通航。

社会经济

比利时主要工业部门有钢铁、机械、纺织、玻璃、化工、煤炭、有色金属等。农业生产高度集约化，主要农作物有小麦、大麦、马铃薯等；畜牧业占重要地位，肉类产品和乳酪制品能够自给且有富余。农牧渔业产值约占国内生产总值的0.5%。

比利时经济的对外依赖度较高，外贸是全国经济命脉。原料制品、运输器材、化工产品和食品都是其主要进口的产品。

德国、荷兰、法国等欧洲国家及一些北美、亚洲、非洲国家与比利时有稳定的贸易关系。第三产业异常兴盛，主要包括银行业、商业、保险业等。同时其国内旅游业发达，著名景点有阿登山区、北海海滨和布鲁塞尔等。

文化习俗

◎风俗

比利时国内团体众多，如同业团体、动物保护团体、音乐团体、合唱团、养护团体和打猎团体等。同时比利时国内也有众多集市，一般每隔 3 天就会有集市、嘉年华会或节日。另外，比利时人民还酷爱举行各种比赛，如鸽子赛、公鸡啼叫比赛等。

◎巧克力

相信你一定听说过比利时巧克力，其中最著名的是黑苦醇巧克力，它的可可含量可达 70% 以上，有两种吃法，一是直接单片食用；二是把它当作原料来制作丰富多样的巧克力甜点。其口感甘醇，入口留香，深受世界人民的喜爱。

著名城市

◎布鲁塞尔

布鲁塞尔是比利时的首都和经济、文化中心。布鲁塞尔也

是国际活动中心之一，有众多国际机构与办事处设在这里，是北约和欧盟的总部所在地，所以布鲁塞尔也被称为“欧洲的首都”。布鲁塞尔是座美丽的城市，城内种满了鲜花，到处是绿地，古老的建筑鳞次栉比，颇有古朴的味道，有“欧洲最美丽的城市”之称，还被誉为“小巴黎”。

滑铁卢古战场

布鲁塞尔的南面有一个小镇叫作滑铁卢，深谙法国历史的人必定知道，这里曾是拿破仑战败的地方，这个小镇也因此成为世界闻名的古战场。如今人们在这里修建了一座人造土冈，它高达50米，位于丘陵起伏的开阔地带。冈顶修建有一座巨型狮子像，重达8吨，据说，这座狮子像的铸造材料来自战场上缴获的枪炮。

法　国
写 给 孩 子 的 世 界 地 理

地理环境

国家名片

全　　称：法兰西共和国
首　　都：巴黎
位　　置：欧洲西部
语　　言：官方语言为法语
民　　族：主要为法兰西人
行政区划：分为大区、省和市镇。本土划为13个大区、96个省，另有5个海外单省大区、5个海外行政区和1个地位特殊的海外属地

法国是欧洲西部国家，毗邻荷兰、德国、卢森堡等，西北临北海，其国土面积在西欧各国中居于首位。

法国是一个以平原为主的国家，平原占国土总面积的2/3。地势特点为东南高、西北低。根据地形，全国可分为3个区域：东部和南部为山地区，包括比利牛斯山、阿尔卑斯山、中央高原、汝拉山和孚日山等，其中比利牛斯山横贯法国西南边境，从比斯开湾一直延伸到地中海，全长约

435 千米；北部为巴黎盆地、阿坤廷盆地、阿摩里康丘陵和卢瓦尔河下游平原；河谷地区，罗讷河谷位于中央高原和阿尔卑斯山之间，由北向南狭长伸展，是法国天然的交通走廊。

气候类型

法国因处于中纬度大陆的西岸，所以常年受西风影响。法国国内除了地中海沿岸地区和海拔较高的山区，大部分地区为温带海洋性气候，冬季温和，夏季凉爽，常年雨水较多。其中，地中海沿岸年平均气温为 14℃左右，是法国气温最高的地区；东部和北部年平均气温为 10℃左右，气温较低；西海岸的气温则介于上述两者之间；中部和边缘山区受地势影响，气温最低。

自然资源

◎矿产资源

铁矿为法国的主要矿藏，但开采成本高、品位低。煤矿开采殆尽，所有煤矿、铁矿均已关闭，现在法国所需矿石全部依赖进口。有色金属储量不足，主要依赖进口。

◎水资源

法国河网交错，河流年径流量大，有丰富的地下水，且水质优良。与世界其他国家相比，法国非常注重环保，在发展 经济的同时，法国把对水资源的开发、治理和保护列为重中之重。

水系概况

法国全国大部分河流的源头是中央高原，它们由中央高原分别向东南和西北流入地中海和大西洋。流入地中海的河流有罗讷河等，流入大西洋的河流有卢瓦尔河、塞纳河、阿杜尔河和加龙河等。其中流经东部、东北部的摩泽尔河、默兹河、莱茵河等是国际河流。

社会经济

法国是经济发达的资本主义国家，经济总量居世界领先地位。与德、英相比，法国农业实力雄厚。法国是欧盟第一大农业生产国，也是世界主要的农副产品出口国。主要农产品有小麦、玉米、油料、蔬菜、葡萄等。

法国工业发达，汽车制造、造船、机械、纺织、化学、电器、日常消费品、食品加工和建筑业等为主要部门，其中钢铁、汽车和建筑业为法国三大工业支柱。除了传统工业，还有新兴工业，如石油化工、核能、海洋开发、宇航和航空等，这些新兴工业在国内也有较快发展，工业产值所占比重也在逐年增长。

在法国国民经济中，对外贸易占有举足轻重的地位，其贸易伙伴遍及世界各大洲。最近几年，能源和工业原料等成为其主要进口产品，主要出口产品则丰富多样，如机械、汽车、钢铁、化工产品、食品、农产品、服装、军火和化妆品等。

法国是旅游大国，旅游业兴盛，这得益于其优越的地理位置、良好的人文环境、美丽的自然环境等。法国每年接待外国游客人数居世界各国之首。

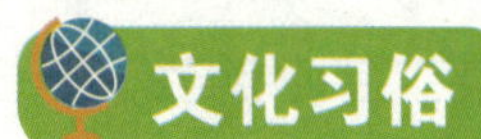

文化习俗

◎饮食

法国有“美食之国”的美誉，法国人非常讲究饮食，其美食佳酿历代传承，颇具风味。正宗的法式大餐在菜肴的搭配和上菜的先后顺序上遵循一定的规律。上菜顺序为：先上冷盘菜，然后上汤类，接着上主菜，甜品最后才上。法国有多种深受各国人民喜爱的葡萄酒，如朗格多克、勃艮第、波尔多等。

◎礼仪

法国人注重礼仪，出去社交时非常讲究服饰的穿搭；会见客人时，主人依次与自我介绍或被介绍过的客人握手，并自报家门；亲戚朋友之间会面时常常行贴面礼或亲面颊；与女士会面时还可以行吻手礼。

◎文学艺术

法国的文学享誉世界，文学家大量涌现，如巴尔扎克、雨果、莫里哀、司汤达、罗曼·罗兰、莫泊桑、孟德斯鸠、加缪、狄德罗、伏尔泰等，他们的作品大多成为世界文学的瑰宝。除了文学方面，法国的其他艺术也在西方艺术中占有举足轻重的

地位，我们熟悉的有雕塑艺术大师罗丹，野兽派、印象派的代表人物马蒂斯和莫奈等。

著名城市

◎巴黎

巴黎是法兰西共和国的首都和最大城市，全国的政治、经济、文化和商业中心，位于法国北部巴黎盆地的中央，横跨塞纳河两岸。巴黎是集浪漫、优雅、时尚为一体，并将历史感与现代感完美融合的大都市，被誉为“浪漫之都”“世界花都”“艺术之都”等。一直以来，巴黎以其迷人的艺术气质和兼容并包的胸怀，吸引着世界各地的艺术爱好者来此逐梦。此外，这里还有众多著名的文化古迹，比如高耸入云的埃菲尔铁塔、宏伟壮丽的凯旋门、奢华富丽的凡尔赛宫、肃穆壮观的圣心大教堂等。

◎戛纳

戛纳位于法国南部阿尔卑斯省的海岸地区，毗邻地中海，是深受人们喜爱的海滨旅游度假胜地。戛纳最引人入胜的景点莫过于美丽而宽阔的海滨大道，大道两侧分别是优美的沙滩海湾和雅致的酒店。这些酒店中有的是古建筑，有的是现代化的楼宇。街道终年繁花似锦，绿草如茵，给小城增添了更多的魅力。戛纳还是国际名流的社交集会场所，因国际电影节而负有盛名。每年5月中旬举办的戛纳国际电影节吸引着亿万人的心。电影节上颁发的“金棕榈奖”代表着电影方面的极高荣誉。

埃菲尔铁塔

埃菲尔铁塔是巴黎的地标之一，也是巴黎最高的建筑物，矗立在巴黎市中心的塞纳河畔。这座铁塔是为了庆祝法国大革命100周年和巴黎举办世博会而建造的，得名于设计它的著名建筑师古斯塔夫·埃菲尔。埃菲尔铁塔是世界建筑史上的杰作，也是法国人民的骄傲。

西班牙
写给孩子的世界地理

地理环境

国家名片

全　　称：西班牙王国
首　　都：马德里
位　　置：欧洲西南部
语　　言：官方语言和通用语言均为西班牙语
民　　族：主要是西班牙人
行政区划：全国划分为 17 个自治区、50 个省、8 100 多个市镇，在摩洛哥境内另有休达和梅利利亚两块飞地

西班牙位于欧洲西南部伊比利亚半岛。东和东南临地中海，西邻葡萄牙，南隔直布罗陀海峡与非洲的摩洛哥相望，东北与法国、安道尔接壤，北濒比斯开湾。

西班牙境内多高山，山脉主要呈东西走向，北部有比利牛斯山脉和坎塔布连山脉，南部主要有安达卢西亚山脉和莫雷纳山脉。中部有梅塞塔高原。梅塞塔高原是一个被山脉环绕的闭塞性高原，约占国土面积的一半以上。西班牙平均海拔为 660 米，其中有三分之一的国土海拔在 1 000 米以上，是欧洲地势最高的国家之一。

气候类型

西班牙气候呈多样性。根据气候特征，大致可分为 3 个气候区：中部梅塞塔高原为温带大陆性气候，冬季寒冷，夏季炎热；北部和西北部沿海地区为温带海洋性气候，冬、夏温差不明显，雨量充沛；南部和东南部为地中海气候，夏季酷热干燥，冬季温暖多雨。

自然资源

◎矿产资源

西班牙主要矿产资源有煤、黄铁矿和铁等。其中煤、铁的蕴藏量较为丰富。石油、天然气较为贫乏。

◎森林资源

西班牙森林覆盖率已达到 30%。其北部沿海一带森林资源丰富，森林总面积达到 15 万平方千米。西班牙生产的软木数量居世界第二。

◎渔业资源

西班牙渔业资源丰富，地中海鱼类丰富多样，达 450 种，其中西班牙的大西洋沿岸地区和比斯开湾盛产的沙丁鱼、鳕鱼世界闻名。

水系概况

西班牙境内河流众多，主要有塔霍河、杜罗河、埃布罗河、瓜迪亚纳河和瓜达尔基维尔河。其中最长的是塔霍河，长达 1 007 千米。唯一可通航的是瓜达尔基维尔河。

社会经济

西班牙工业发达，工业基础雄厚。主要工业部门有食品、造船、钢铁、汽车制造、纺织、电力等，其中，汽车工业是西班牙的支柱产业之一。农业现代化水平较高，农业以种植小麦、玉米、马铃薯、甜菜、向日葵、水果等为主。畜牧业以猪、牛为主。渔业居南欧各国之首，以海洋渔业为主。

西班牙的国民经济中，对外贸易占有重要地位。其主要进口产品有石油、机械设备、工业原料和消费品，出口产品有化工产品、钢材、汽车、纺织品、皮革制品、橄榄油和葡萄酒等。与亚洲的一些国家和美洲的一些国家有贸易关系。

西班牙旅游业发达，被称为“旅游王国”。旅游业是其国民经济的重要支柱。旅游胜地有黄金海岸、太阳海岸、巴塞罗那、塞维利亚、马德里等。其中马德里设有世界旅游组织总部。

文化习俗

◎音乐和舞蹈

西班牙人民能歌善舞，民间音乐具有民族艺术特色，热情、开朗、节奏明快。印度和阿拉伯文化习俗对他们的舞蹈影响很大，特别是大批吉卜赛人的流入，使西班牙舞蹈成为世界舞蹈艺术的瑰宝。西班牙舞中最著名的要数弗拉门戈舞，跳这种舞时要身穿传统服饰，一边打着响板一边跳，场面喜庆热闹。

◎国花

石榴花是西班牙的国花。石榴花像火一样红，象征着西班牙人刚烈、豪爽的性格，所以被称为西班牙的国花。西班牙的国徽上印有一个红色的石榴，象征着富贵、吉祥、繁荣。

著名城市

◎马德里

马德里是西班牙的首都和第一大城市，马德里自治区首府，位于伊比利亚半岛梅塞塔高原中部。自 20 世纪 60 年代开始，

该市一些新兴工业，如飞机、汽车、机械设备、光学仪器、电子、电子器材以及化学工业等迅速崛起，使这里成为全国的金融中心和商业中心。马德里还是南欧地区的旅游、文化中心，博物馆众多，包括被誉为“欧洲古典美术宝库”的普拉多博物馆，该馆收藏着毕加索、拉斐尔、戈雅、提香、波提切利等著名画家的珍贵作品。

一起看世界

斗牛

西班牙斗牛享誉世界，是西班牙的民族体育项目之一。斗牛是一种冒险艺术，斗牛士需要极大的勇气，因为与公牛角逐时随时可能丢掉性命。尽管如此，西班牙人民仍对斗牛有一种几近痴迷的热情。

葡萄牙
写 给 孩 子 的 世 界 地 理

地理环境

国家名片

全　　称：葡萄牙共和国
首　　都：里斯本
位　　置：欧洲西南部
语　　言：官方语言为葡萄牙语
民　　族：主要为葡萄牙人
行政区划：全国分为18个大区。另有马德拉群岛和亚速尔群岛2个自治区

葡萄牙位于欧洲伊比利亚半岛的西南部。东、北两面与西班牙相连，西、南两面濒临大西洋，面积为9.22万平方千米。

葡萄牙虽地域狭小，但地质构造复杂。地势北高南低，以山地和丘陵居多。南部和西部分别为丘陵和沿海平原；北部是梅塞塔高原；中部为山区，埃什特雷拉峰海拔1 993米，为全国最高峰。

气候类型

葡萄牙气候宜人，冬季温暖多雨，夏季相对干燥。南部属地中海气候，北部属温带海洋性气候。西北部年降水量在1 000毫米以上，部分山岭地带可达2 000毫米以上。在东北

部和特茹河以南，干旱时有发生。马德拉群岛属地中海气候，冬暖夏凉，年降水量在 1 000 毫米以下。亚速尔群岛湿润多雨，年降水量在 1 000 毫米以上。

自然资源

◎ 矿产资源

葡萄牙的主要矿产资源有钨、铜、赤铁矿、黄铁矿、铀、磁铁矿和大理石等，其中可用于出口的钨储量最多，居西欧首位。

◎ 森林资源

葡萄牙森林覆盖率在欧洲国家名列前茅。森林里分布着种类丰富的橡树、松树，海洋地带有大量海生松林，以及椴树、栗树、杨树、橄榄树、榆树等。此外还有角豆树、栓皮栎树、无花果树、杏树。森林中有许多野生动物，如野猪、野山羊、猞猁、鹿和狼。

水系概况

葡萄牙境内最大的水系为杜罗河，该河发源于西班牙，在葡萄牙的波尔图注入大西洋。杜罗河河水灌溉了茂盛的葡萄园，因此杜罗河被葡萄牙人亲切地称为“母亲河”。此外，葡萄牙境内的主要河流还有特茹河、蒙德古河、瓜迪亚纳河等。

社会经济

葡萄牙国民经济的支柱产业主要有纺织、制鞋、酿酒、旅游等。葡萄牙工业基础较为薄弱，主要工业部门有电力、纺织、服装、制鞋、造纸、电子器械、酿酒、软木等。软木产量和出口量皆位居世界首位。

葡萄牙的农业在其国民经济中占有重要地位，主要生产燕麦、玉米、油橄榄等作物。葡萄牙的葡萄酒在欧洲广受好评，特别是杜罗河谷和马德拉群岛所产的葡萄酒，以质佳味美闻名于世。橄榄油产量居世界前列。渔业以海洋捕捞为主，主要捕捞鲭鱼、竹荚鱼、沙丁鱼等。

旅游业为葡萄牙带来大量外汇收入，著名的旅游景点有波尔图、里斯本、马德拉群岛、阿尔加夫大区等。

文化习俗

◎风俗

葡萄牙人热爱大自然，热爱花草树木。国内全年都有红花绿叶。葡萄牙人对葡萄酒情有独钟，葡萄酒被当地人认为是可以补充精力的补酒。葡萄牙人有自己的节日，比如6月份有“城市节”，在这个节日当晚，居民们鸣放鞭炮，载歌载舞，狂欢持续到次日清晨。

◎宗教

葡萄牙大部分国人信奉天主教，并深受天主教文化的影响。

葡萄牙境内有非常多的天主教教堂，大部分都带有浓厚的罗马天主教味道。

著名城市

◎里斯本

里斯本是葡萄牙的首都及第一大海港，是全国的政治、经济、交通和文化中心。1755 年，该市毁于一场大地震，如今里斯本的建筑多是震后重建的。城市建筑参差错落，颜色深浅不一的红瓦屋顶星罗棋布。平滑洁净的碎石路和摆放着银器、皮货的小摊，足以令人感受到南欧国家特有的风情。市内古迹遍布，如热罗尼莫斯修道院，气势宏伟，雕刻华丽；卡尔马教堂，建于 14 世纪，现为考古博物馆；贝伦塔，外形像一座碉堡，涨潮时似浮在水面上，美若仙境。

一起看世界

葡萄牙的航海事业

航海是葡萄牙最值得骄傲的事业。在人类航海史上，迪亚士、达·伽马、麦哲伦的航海梦想都是从葡萄牙实现的。事实上，葡萄牙还是世界航海事业的发源地，葡萄牙的首都里斯本曾是世界航海探险的中心。

意大利
写 给 孩 子 的 世 界 地 理

地理环境

国家名片

全　　称：意大利共和国
首　　都：罗马
位　　置：欧洲南部
语　　言：官方语言为意大利语
民　　族：主要为意大利人
行政区划：全国划分为20个行政区，101个省，8 001个市镇

意大利地处欧洲南部，其领土包括亚平宁半岛及西西里、撒丁等岛屿，以及阿尔卑斯山南麓和波河平原地区。它的北面与法国、瑞士、奥地利、斯洛文尼亚接壤。其余三面与地中海的支海相邻：东面为亚得里亚海，西面为利古里亚海和第勒尼安海，南面为爱奥尼亚海。

意大利地形由山地、丘陵和平原组成，其中山地和丘陵占国土总面积的80%。境内主要山脉是北部的阿尔卑斯山脉和中部的亚平宁山脉。全国最大的平原——波河平原就位于上述两座山脉的交界处以东。波河平原地势平缓，土壤肥沃，气候温

和，降水丰沛，是意大利农业最发达的地区。除此以外，意大利还拥有撒丁岛以及地中海中最大的岛屿——西西里岛。撒丁岛的地形以山脉为主，在其西南部有一片较大的平原地区。西西里岛海拔为 150 ~ 600 米，岛上的埃特纳火山是欧洲最大的活火山。

气候类型

意大利受地形和地理位置的影响，南北气候差异明显。大部分地区属温带大陆性气候。南部半岛和岛屿区属典型的地中海气候，夏季炎热干燥，冬季温和多雨。北部属温带大陆性气候，冬季严寒，夏季炎热。阿尔卑斯山区是全国最寒冷的地区，冬季多雪。

自然资源

◎矿产资源

意大利矿产资源匮乏，主要有大理石、汞、硫黄，以及少量的铅、铝、锌、铝矾土等矿产。

◎水力资源

波河是意大利最大的河流，水能蕴藏量丰富。意大利湖泊分布广泛，水力发电量居世界前列。

水系概况

意大利境内的河流有波河、阿迪杰河、特韦雷河、阿尔诺河等。较大的湖泊有科莫湖、加尔达湖、特拉西梅诺湖、马焦雷湖等。

社会经济

意大利主要工业部门有钢铁、汽车制造、石油化工、家电、机械、纺织、食品与家具等。意大利的钢铁生产量居世界前列，汽车工业有着悠久的历史，其汽车制造业在世界占有一席之地，其中世界著名品牌有阿尔法、法拉利。纺织业是意大利知名的传统工业，米兰时装在世界久负盛名。

意大利是世界传统农业大国和农业强国，是欧盟内仅次于法国的第二大农业国，主要农业出口产品有葡萄酒、橄榄油、硬质小麦加工的面包和面粉，以及蔬菜、肉类的加工制成品。其中，橄榄油、葡萄酒、番茄酱等农产品因质量高而享誉世界。意大利的葡萄酒产量和橄榄油产量均居世界前列。意大利的服务业发展较快，在国民经济中占有重要地位，产值占国民生产总值的 2/3。

此外，意大利旅游业也很发达，是世界第五大旅游国。

文化习俗

◎饮食

意大利的饮食讲究调味，地方菜肴多采用新鲜食材辅以各种各样的调料，做出来的食物美味可口，地方风味十足。经典的做法就是在烹煮食物时大量使用蒜、葱、番茄、奶酪等。意大利面、比萨饼、通心粉等世界闻名的美食都来自意大利。

◎文学艺术

意大利历史悠久，文化习俗和艺术遗产非常丰富。14—16 世纪的欧洲文艺复兴运动便起于意大利，后逐渐扩展到法、英、德等国。意大利的雕塑、绘画、文学、建筑艺术在世界上享有盛誉。米开朗琪罗的雕塑《大卫》、提香的《圣母升天》、达·芬奇的《蒙娜丽莎》等，都是世界上不可多得的艺术精品；但丁的《神曲》和薄伽丘的《十日谈》也都享誉世界。

著名城市

◎罗马

罗马是意大利的首都，被人们称为“永恒之城”。罗马城历史悠久，有很多历史遗迹。如果你去罗马旅游，进入城中就如同走进了大型的露天历史博物馆。帝国大道两旁分布着帝国的元老院、古罗马斗兽场、贞女祠、君士坦丁大帝凯旋门、凯撒庙等古建筑。世界上天主教的中心就在罗马，这里还有众多天主教教堂、修道院。

◎威尼斯

威尼斯是著名的水上之城，位于意大利东北部、亚得里亚海沿岸的 118 个小岛上。它拥有 177 条水道和 400 多座桥梁，

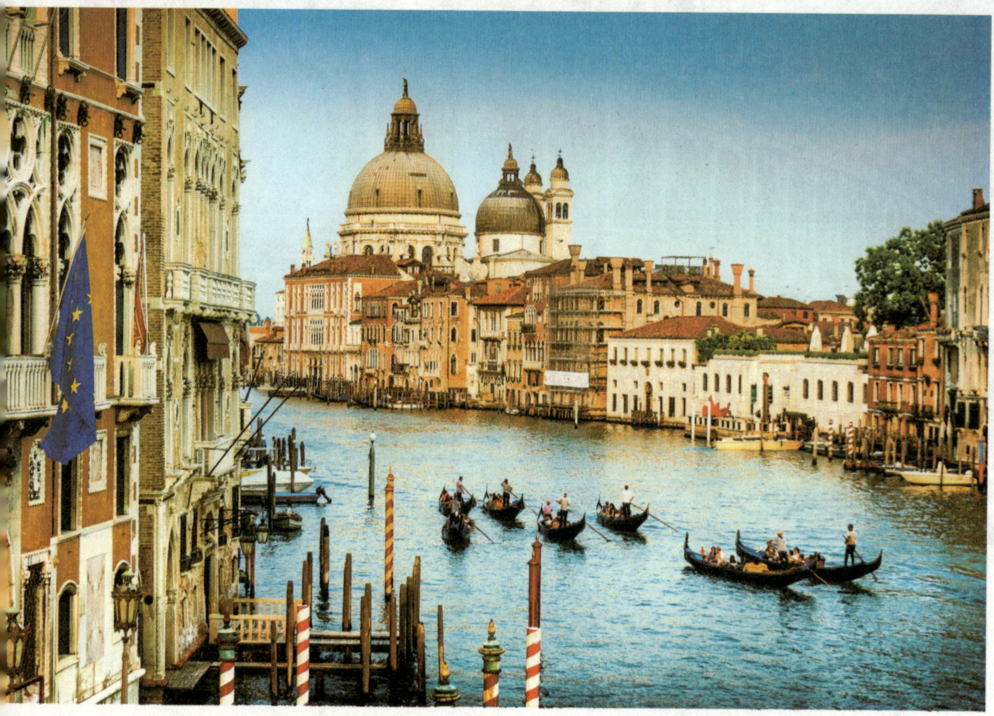

人们的交通工具大部分是船。威尼斯是个繁华的大都市，市内建有闻名世界的圣马可广场，这里每年都会举行各种各样的艺术展览、戏剧表演、音乐会等活动。

比萨斜塔

比萨斜塔本来是为比萨大教堂而建的钟塔，但在修建过程中地基发生不均匀下降，最后导致塔体倾斜。工程从12世纪开始动工，最后几乎是斜着向上修建，直到14世纪才完工。因奠基不慎，致塔身倾斜，这虽然是个无心之举，却使比萨斜塔成为世界建筑史上一个“美丽的错误”。

希 腊
写 给 孩 子 的 世 界 地 理

地理环境

国家名片

全　　称：希腊共和国
首　　都：雅典
位　　置：欧洲巴尔干半岛南部
语　　言：官方语言为希腊语
民　　族：主要为希腊人
行政区划：全国划分为13个大区，325个行政市

希腊位于巴尔干半岛最南端，东临爱琴海，南隔地中海与非洲大陆相望，西南濒爱奥尼亚海，北邻保加利亚、北马其顿、阿尔巴尼亚，东北接土耳其的欧洲部分，面积约13.2万平方千米。

希腊境内多山，山地面积约占全国国土面积的3/4，其中奥林匹斯山为全国最高点。内陆地势西北高东南低，呈盆地、平原和山地相间的地形。境内岛屿众多，岛屿面积约占全国总面积的1/5，最大半岛是伯罗奔尼撒半岛，最大岛屿为克里特岛。

气候类型

希腊属地中海气候，降水量丰富，年降水量为400～1 000毫米。冬季阴冷潮湿，气温为0℃～13℃；夏季干燥炎热，气温为23℃～41℃。

自然资源

◎矿产资源

希腊具有丰富的矿产资源，主要有褐煤、镁、铝、铬、镍、石油等，其中铝土、石棉、铀、镍等资源在西欧乃至世界上都具有重要地位。

◎旅游资源

希腊环境优美、风景如画，有很多漂亮的海滩和海岛，海岸线绵长。独具特色的自然景观极大地促进了希腊旅游业的发展，其中著名的景点有奥林匹斯山、阿索斯山、科孚岛、罗得岛、克里特岛等。

水系概况

希腊三面临海，河流短小而湍急，主要河流有阿谢洛奥斯河、阿利阿克蒙河、皮尼奥斯河等。

社会经济

希腊工业规模较小，技术较落后，主要工业有采矿、冶金、食品加工、纺织、造船、建筑等。农业主要是种植业，粮食作物有玉米、小麦、大麦。粮食无法自给自足。经济作物有甜菜、葡萄、橄榄、烟草、棉花等，主要出口的农产品是橄榄油和烟草。

希腊海运业发达，在世界范围内数一数二，拥有上千艘千吨级以上的船只。希腊还有众多港口，类型多样，著名的有比雷埃夫斯港、帕特雷港、沃洛斯港、塞萨洛尼基港等。

文化习俗

◎国花

希腊的国花是橄榄花。油橄榄也叫洋橄榄，据说它是世界上最早被选为国花的植物。由于橄榄是淳朴、大方的象征，加上橄榄叶还象征着和平，因此希腊人民为了表达对和平的崇尚和敬意，便将橄榄花定为国花。

◎古希腊文明

古希腊文明是欧洲文明的摇篮，是世界上最早的文明之一。古希腊在建筑、绘画、雕刻、文学及哲学等方面都有辉煌的成就，为世界带来了无数的艺术瑰宝。希腊精彩动人的神话故事至今还在流传；产生了许多对世界影响深远的学派，如毕达哥拉斯学派；出现了众多名家学士，如苏格拉底、柏拉图、亚里士多德、荷马、赫拉克利特等；留下了辉煌灿烂、至今仍令人惊叹的建筑和遗迹。

著名城市

◎雅典

雅典是希腊的首都和最大城市，是全国的政治、文化、经济中心和交通枢纽，位于希腊半岛东南部的阿提卡半岛的中心平原上。雅典的历史可追溯到3 000多年前，被誉为“西方文明的摇篮”。这里保留了许多重要的历史遗迹和珍稀的艺术作品，最著名的是雅典卫城的帕特农神庙和伊瑞克提翁神庙，被看作西方文化习俗的象征。此外，众多历史伟人曾诞生或居住于此，如哲学家苏格拉底、柏拉图、亚里士多德和历史学家希罗多德、政治家伯里克利等。

奥林匹斯山

奥林匹斯山是希腊境内著名的山脉，位于希腊北部，海拔2 917米。奥林匹斯山终年云雾缭绕，一年中有一大半的时间被积雪覆盖。在希腊神话传说中，这座山被认为是众神的住所，因此在古希腊文化中具有极高的地位。现代的奥林匹克运动也正是由这座极具神话魅力的圣山而得名。

全彩插图　寓教于乐

跟着课本看世界
——写给孩子的世界地理

非　洲

邹一杭　主编

北京工艺美术出版社

图书在版编目（CIP）数据

跟着课本看世界 ：写给孩子的世界地理．非洲 / 邹一杭主编．-- 北京 ：北京工艺美术出版社，2023.10

ISBN 978-7-5140-2622-1

Ⅰ．①跟… Ⅱ．①邹… Ⅲ．①地理－世界－少儿读物②非洲－概况－少儿读物 Ⅳ．①K91-49②K94-49

中国国家版本馆CIP数据核字(2023)第062950号

出 版 人：陈高潮　　策 划 人：杨玲艳　　责任编辑：周　晖

装帧设计：弘源设计　　责任印制：王　卓

法律顾问：北京恒理律师事务所　丁　玲　张馨瑜

跟着课本看世界——写给孩子的世界地理　非洲

GENZHE KEBEN KAN SHIJIE——XIE GEI HAIZI DE SHIJIE DILI FEIZHOU

邹一杭　主编

出　版	北京工艺美术出版社
发　行	北京美联京工图书有限公司
地　址	北京市西城区北三环中路 6 号　京版大厦 B 座 702 室
邮　编	100120
电　话	(010) 58572763（总编室） (010) 58572878（编辑部） (010) 64280045（发　行）
传　真	(010) 64280045/58572763
网　址	www.gmcbs.cn
经　销	全国新华书店
印　刷	天津海德伟业印务有限公司
开　本	700 毫米 ×1000 毫米　1/16
印　张	8
字　数	69 千字
版　次	2023 年 10 月第 1 版
印　次	2023 年 10 月第 1 次印刷
印　数	1 ~ 20000
定　价	239.00 元（全六册）

前言

我们都是地球的一员，在我们美丽的地球上，分布着陡峭险峻的山峰、连绵不绝的山脉、宽广美丽的平原、波澜壮阔的海洋……你是不是对这些景物充满了好奇？其实，这些景物中都涉及数不清的地理知识。地理这门学科具有很强的实用性，孩子学习地理能增长知识，成为博学多闻的人。地理知识能激发孩子的好奇心，潜移默化地打开孩子的眼界，帮助孩子多角度洞察世界。

为了让孩子足不出户就能了解世界地理，观赏世界各地的地形地貌，领略世界各国的风土人情，我们结合课本精心编写了这套《跟着课本看世界——写给孩子的世界地理》丛书。本套丛书共有6个分册，包括亚洲、欧洲、非洲、南美洲、北美洲、大洋洲6个大洲，描述

了多个国家的地理环境、自然资源、社会经济、文化习俗等知识，内容丰富，蔚为大观。本书语言精练、知识丰富，并配以精美的插图，尽显世界地理的魅力，让孩子在获得知识的同时，也能享受一场视觉“盛宴”。

接下来，让我们打开这本书，开启精彩纷呈的环球之旅吧！相信你会在“旅行”中更多地认识世界，探索世界。

非洲全称阿非利加洲，意思为“阳光灼热之地”，是人类文明的发祥地之一，有着悠久的历史和灿烂的文化。非洲位于东半球，地跨赤道南北，东濒印度洋，西临大西洋，北望地中海，东北以苏伊士运河为界与亚洲相连。

埃及

尼罗河被称为埃及的母亲河。它每年定期泛滥，给河两岸带来肥沃的淤泥。金字塔就建在尼罗河的西岸。

（统编版——五年级语文下册）

坦桑尼亚

肯尼亚的南部及坦桑尼亚北部的热带草原，是马赛人的家园，他们以放牧为生。

每到干季，马赛人便以家族为单位，带领着牛、羊或骆驼等牲畜，迁往其他较为湿润、水草丰美的地方暂住，等到第二年湿季来临再返回家园。他们每年大多循着一定路线迁移，过着“逐水草而居”的生活。

（人教版——人文地理上册）

南 非

南非是世界上黄金产量位居前列的国家。近一个世纪以来，约翰内斯堡附近的威特沃特斯兰德金矿的产量几乎占全世界的一半，现在该矿年产量仍占世界总产量的 30% 以上。同时，南非是世界上最重要的钻石生产国，其钻石颗粒大、色泽美、品质优，产值一直居世界前列。

（粤教粤人版——七年级地理下册）

尼日利亚

尼日利亚国民生产总值居非洲前列，是非洲的经济大国之一，有“西非经济巨人”之称。石油加工和制造工业的绝大部分、林业和热带经济作物的产区，均集中在南部尼日尔河下游及三角洲地带。拉各斯及其周围地区是重要的经济地带。中部和北部地区，畜牧业占重要地位。

（晋教版——七年级地理下册）

非洲是一片神秘而又广阔的大陆，课本篇幅有限，介绍得非常简略。为了提升孩子们对非洲的认识，开阔孩子们的视野，我们从地理环境、经济文化等方面对非洲国家进行了较为详细的介绍。接下来请跟随我们走进非洲，了解更多有关非洲的知识吧！

目录
CONTENTS

走进非洲
写 给 孩 子 的 世 界 地 理

地理环境

非洲全称为阿非利加洲，位于东半球西部，东临印度洋，西临大西洋，位于欧洲以南、亚洲以西，赤道横贯非洲中部。非洲总面积约 3 020 万平方千米，约占世界陆地总面积的 20%，是世界第二大洲。

非洲从经纬度上看，东至哈丰角，南至厄加勒斯角，西至佛得角，北至吉兰角（本赛卡角）。

非洲北宽南窄，大致呈三角形。非洲有着广阔的高原，平均海拔约 750 米，有“高原大陆”之称。大陆东部及南部地势较高，海拔多在 1 000 ~ 1 500 米，其面积占到全洲 60% 以上。东非高原上有著名的东非大裂谷。大陆中部和北部地势较低，海拔多在 500 米以下，分布若干大型盆地，拥有世界最大的沙漠——撒哈拉沙漠。

非洲地势平坦，较为高大的山脉多处在南北两端的沿海地带，如西北沿海的阿特拉斯山脉，东南沿海的德拉肯斯山脉，东部的肯尼亚山和乞力马扎罗山等。其中，乞力马扎罗山主峰基博峰海拔 5 895 米，是非洲第一高峰。

区域划分

非洲共有 57 个国家和地区，国际上为了方便统计，把非洲分为北非和撒哈拉以南非洲，其中撒哈拉以南非洲通常又分为中非、东非、南非和西非。

北非：指位于非洲大陆北部的撒哈拉沙漠以北的广大地区，包括埃及、苏丹、阿尔及利亚、摩洛哥、突尼斯、利比亚等国家。

中非：指非洲大陆中部地区。包括刚果（布）、刚果（金）、喀麦隆、乍得、中非共和国、赤道几内亚、加蓬、圣多美和普林西比等国家。

东非：指非洲大陆东部地区。包括埃塞俄比亚、坦桑尼亚、肯尼亚、乌干达、卢旺达、厄立特里亚、索马里、吉布提、布隆迪和塞舌尔等国家。

南非：指非洲大陆南部地区及周围岛屿。包括南非共和国、莫桑比克、安哥拉、赞比亚、津巴布韦、马拉维、博茨瓦纳、纳米比亚、斯威士兰、莱索托、马达加斯加、科摩罗、毛里求斯、等国家和地区。

西非：指非洲大陆西部地区。包括尼日利亚、加纳、科特迪瓦、尼日尔、塞内加尔、马里、多哥、贝宁、毛里塔尼亚、

黑种人的歌舞艺术

非洲是黑种人的故乡，也是人类文明的发祥地之一。

在撒哈拉以南非洲生活的黑种人，大多能歌善舞。非洲音乐复杂多变、热烈奔放，以强烈的节奏感著称。黑种人偏爱打击乐器，特别是鼓。鼓是不折不扣的“非洲乐器之王”，在黑种人的生活中经常出现鼓声。

非洲的歌舞艺术在世界有着广泛而深刻的影响。今天，在世界上广受欢迎的蓝调音乐、爵士乐、摇滚乐、说唱音乐、迪斯科音乐、街舞等艺术形式，都直接或间接地受到非洲歌舞艺术的影响。

冈比亚、布基纳法索、几内亚、几内亚比绍、佛得角、塞拉利昂、利比里亚等国家和地区。

气候类型

非洲绝大部分地区属于热带气候，有“热带大陆”之称，年平均气温在20℃以上，一半以上的地区终年炎热。

非洲气候呈南北对称的带状分布，其中心在赤道附近，那里终年湿热，形成了热带雨林气候；赤道向南、向北，依次为热带草原气候、亚热带和热带沙漠气候、地中海气候。

在非洲所有气候带中，降水最为丰沛的要数热带雨林气候带，但该气候带在非洲分布的面积很小，主要集中在刚果河流

域。地中海气候带也会产生丰沛的降水，但该气候带在非洲的分布面积也非常小。除此之外，非洲绝大部分地区都是较为干燥的。

水系概况

非洲河流分布不平衡，坦桑尼亚、刚果（金）等国水力资源极为丰富，广大的撒哈拉沙漠则河流匮乏，不适合生物生存。非洲河流的外流区域占全部流域面积的70%左右，地势特征让非洲的水系大多流入了大西洋（包括地中海）。

非洲拥有世界上最长的河流——尼罗河，全长约6 671千米。非洲第二长河——刚果河，则是非洲流量最大的河流，也是仅次于亚马孙河的世界流量第二大的河流（刚果河流域也拥有仅次于亚马孙雨林的世界第二大热带雨林）。

非洲湖泊众多，大多分布在东非高原上，内陆盆地中也分布着零星的湖泊。其中，非洲最大湖泊——维多利亚湖，是世界第二大淡水湖（仅次于苏必利尔湖）；坦噶尼喀湖是世界第六大湖，同时也是世界第二深湖（仅次于贝加尔湖），还是世界上最狭长的湖泊。

自然资源

◎矿物资源

非洲的矿物资源种类繁多、储量丰富，其中金刚石和黄金的产量都占世界 2/3 以上。此外，铁、锰、钴、钒、白金、锑、镍、铬、磷灰石、石油、天然气、铀、铝土等的储藏量和产量也在世界上占据着重要地位。

◎动物资源

非洲是野生动物的天堂，野生动物不仅品种多，数量也非常多，其中非洲象、非洲狮、斑马、长颈鹿等非洲特有的野生动物受到全世界人的喜爱。非洲的鱼类资源也很丰富，有很多独特的物种。

◎森林资源

非洲植物至少有 4 万种，森林面积较大，有红木、黑檀木、胡桃木、乌木等经济林木，著名的猴面包树属于非洲独特的树种。

人口民族

非洲是世界上人口排名第二的大洲（仅次于亚洲），人口约12亿（2016年）。目前，非洲是地球上人口增长率最高的大洲。

北非地区主要为阿拉伯人，撒哈拉以南地区以非洲黑人为主。非洲的人口分布极不均衡，有1/3的人口分布在全非洲1%的狭小区域里。其中，尼罗河沿岸及三角洲地区平均每平方千米有上千人，一些干旱地区每平方千米不足一人，此外，非洲还有广阔的无人区。

非洲民族众多，是世界上民族成分最复杂的地区。非洲最大的族群为班图人，班图人内部又分为众多民族，其中人口在100万以上的民族有50多个。

经济文化

除南极洲外，非洲是世界上经济发展水平最低的大洲。非洲经济结构单一，工业化程度较低，采矿业和轻工业是非洲主要的工业门类，在世界市场中处于不利地位。农业是非洲大多数国家的经济支柱，非洲的可可、咖啡、花生、橄榄油、剑麻、棕榈产品、棉花等的产量在世界排名前列，粮食则以粟、高粱、玉米、薯类和稻等为主。

很多学者认为非洲是人类的起源地，古埃及文明则是世界主要的文明起源地之一。非洲大陆上还诞生过迦太基帝国、阿克苏姆王国、加纳王国、库施王国、马里王国等繁华一时的国家。

今天，非洲是一个古老与现代相融合的奇异地区：这里既有充满野性的原始部落，也有开始出现繁华的现代化都市。非洲人的歌舞艺术享誉世界，他们的日常生活离不开音乐和舞蹈，在节日里或一些重要场合更是长时间载歌载舞，热闹非凡。此外，非洲的雕塑、绘画艺术都有独到之处。

地理知识探索馆

非洲的世界之最

世界最长的河流——尼罗河

世界最大的沙漠——撒哈拉沙漠

世界最大的盆地——刚果盆地

世界最大的裂谷带——东非大裂谷

世界最长的海峡——莫桑比克海峡

世界最大的野生动物保护区——坦桑尼亚塞卢斯野生动物保护区

埃 及
写 给 孩 子 的 世 界 地 理

地理环境

埃及大部分地区位于非洲东北部，只有苏伊士运河以东的西奈半岛位于亚洲西南部。埃及东部与红海相邻，并与以色列、巴勒斯坦接壤，西部与利比亚接壤，南部与苏丹为邻，北部濒临地中海。

埃及全境地势平坦，大部分是海拔较低的低高原，沙漠和半沙漠占国土面积的96%以上。尼罗河谷地及三角洲地区地表平坦；西部的利比亚沙漠是撒哈拉沙漠的东北部，自南向北倾斜；西奈半岛北部地势平缓，南部为山地；地中海沿岸多沙丘。

国家名片

全　　称：阿拉伯埃及共和国
首　　都：开罗
位　　置：大部分地区位于非洲东北部
语　　言：官方语言为阿拉伯语
民　　族：主要为阿拉伯人
行政区划：全国划分为27个省

气候类型

埃及大部分地区都属于炎热干燥的热带沙漠气候，年温差较小，日温差却很大；地中海沿岸地区属于亚热带地中海气候，夏季炎热干燥、冬季温和多雨。

自然资源

埃及主要资源为石油、天然气、铁、磷酸盐等。埃及已探明石油储量约 48 亿桶，天然气约 3.2 万亿立方米，是非洲重要的石油和天然气出产国，并在近海海域发现地中海范围内最大的天然气田，潜在天然气蕴藏量约为 8 500 亿立方米。埃及

已探明铁矿储量约 6 000 万吨，磷酸盐储量约 70 亿吨。此外，煤、金、银、铜、锰、锌、铬等的储量也较为可观。

水系概况

埃及唯一的自然大河就是尼罗河，埃及 97% 的水资源都来自这条河。尼罗河定期泛滥，在入海口形成了巨大的三角洲，埃及 2/3 以上的耕地都位于尼罗河三角洲上。埃及的湖泊主要有大苦湖、提姆萨赫湖等，还有世界最大的人工湖——纳赛尔水库。

社会经济

埃及是非洲第三大经济体，属开放型市场经济。工业、农业和服务业体系相对完整，服务业约占埃及国内生产总值的一半。埃及工业以食品加工、纺织等轻工业为主，油气工业也是埃及经济的主要支柱之一。埃及农业人口约占全国总人口的 55%，但农业仅占国内生产总值的 12% 左右。棉花是埃及最重要的经济作物，长绒棉享誉世界。

埃及历史悠久，名胜古迹众多，每年接待数百万国际游客。旅游、侨汇、苏伊士运河和石油天然气是埃及四大外汇收入来源。

文化习俗

埃及的闻风节堪称世界最古老的节日之一，大约起源于5000年前的古埃及时代。闻风节在每年的3月中旬到5月上旬之间的某一天举行，古埃及人认为这一天白昼与黑夜各占一半，是世界诞生的日子。在闻风节这天，埃及人会身着盛装聚集在金字塔前或尼罗河畔举行庆祝活动，直到太阳落山为止。这一天人们会吃大葱“辟邪”，吃生菜和咸菜“健身”，最重要的是吃鸡蛋，因为鸡蛋象征着生命的起源。人们还会拿着彩蛋互相碰撞，鸡蛋没被碰破的人，就意味着能得到太阳神的祝福。

著名城市

◎开罗

开罗位于尼罗河三角洲顶点以南，是埃及的首都，中东地区的政治、经济、文化和交通中心。也是非洲第一大城市及世界著名的历史文化古城。开罗工业高度集中，棉纺工业占重要地位，汽车工业、机械制造业、石油化工业发达。市内有众多清真寺，有尼罗河畔新城的高楼大厦，还有吉萨高地的大金字塔。

开罗是很少遭受战争破坏的古城，经历代王朝和政府不断修建和扩建，形成了今天这座古老与现代并存的大都市。

◎亚历山大

亚历山大是埃及第二大城市，也是埃及最大的港口，位于尼罗河三角洲西部、地中海南岸。这是一座历史悠久的城市，始建于公元前332年，建成后迅速成为欧洲与东方的贸易中心和文化交流中心，曾是世界上最大的港口，如今则是埃及重要商港、工业中心和旅游胜地，还是世界著名的棉花市场、纺织工业基地。造船、化肥、炼油等工业也很发达。亚历山大三面环水、气候凉爽，北端的法洛斯岛上有世界七大奇迹之一——法洛斯灯塔的复制品，此外城内还有著名的亚历山大图书馆。

◎吉萨

吉萨位于尼罗河下游西岸，与开罗隔河相望，是埃及第三

大城市。著名的吉萨金字塔群，就位于该市的吉萨高地上，每年接待数百万世界各地的游客。吉萨的文化事业发达，有电影制片厂、语言科学院和美术学院等。此外，吉萨还是埃及的谷物集散地，拥有纺织、食品、化学等工业。

埃及金字塔

金字塔是举世瞩目的建筑奇迹之一。埃及共发现96座金字塔，主要集中在古城孟菲斯一带。其中最大的为胡夫金字塔，是第四王朝第二位国王胡夫的陵墓。胡夫金字塔原高146.5米，因年久风化，顶部剥落10米，现高136.5米，相当于40层大厦的高度。塔身由230万块石头砌成，塔的重量约为684万吨。在埃菲尔铁塔建成之前，胡夫金字塔曾是世界上最高的建筑。

苏丹
写给孩子的世界地理

地理环境

国家名片

全　　称：苏丹共和国
首　　都：喀土穆
位　　置：非洲东北部
语　　言：官方语言为阿拉伯语，通用英语
民　　族：阿拉伯人、贝贾人、努比亚人等
行政区划：全国共设 18 个州

苏丹位于非洲东北部、撒哈拉沙漠东端，东北濒临红海，北接埃及，西邻利比亚、乍得、中非共和国，南与南苏丹接壤，东与埃塞俄比亚、厄立特里亚毗邻。

苏丹境内四周高，中间低，主要地形是苏丹盆地，盆地以东为红海山脉。红海沿岸海拔较高，沿海分布着许多礁岛；盆地以西是地势较高的达尔富尔地区和科尔多凡高原；北部是撒哈拉沙漠的东延；南部为努巴山区。

气候类型

苏丹全境受太阳直射，是世界上最热的国家之一，气候总体干燥，可分为两种气候区：南部为热带草原气候区，夏季炎热多雨、冬季温暖干燥；北部为热带沙漠气候区，高温少雨，多风沙，气候干燥。

自然资源

◎矿产资源

苏丹自然资源丰富，主要矿产资源有金、银、铜、铁、锰、铬、钻石、滑石等。20世纪末，苏丹的石油开发取得很大进展，今天已成为石油出口国。

◎森林资源

苏丹的森林面积很大，有丰富的木材资源。

◎水资源

苏丹水资源较为丰富，地下水资源总体尚未有效利用。

水系概况

苏丹主要河流是尼罗河，自南向北贯穿全境。南部还有面积随季节变化的诺湖，雨季时期面积最大，位于加扎勒河与白尼罗河汇流处。

社会经济

苏丹是联合国宣布的世界不发达国家之一。经济结构单一，农业是其主要经济支柱，主要粮食作物有小麦、谷子、高粱、玉米等，主要经济作物有花生、芝麻、棉花等，长绒棉产量仅次于埃及，居世界第二位。在林业资源中，阿拉伯树胶占重要地位，年产量约占世界总产量的 80%。

苏丹工业基础薄弱，对自然及外援依赖性强，主要工业有制糖、制革、烟草和水泥等，近年来重点发展石油、纺织等工业。1999 年苏丹石油开发取得较大进展，成为石油出口国。2011 年南苏丹独立后，原苏丹 75% 的石油储量划归南方，石油产量大幅减少。

文化习俗

◎以黄色为美

很多苏丹女子以黄色为美，故意进行烟雾浴，让皮肤变黄。

◎文面习俗

苏丹有文面的习俗，文面被视为勇敢或美丽的象征。

◎努比亚人的婚礼

努比亚人主要生活在苏丹北部，是一个古老的民族，曾长期是古埃及人的劲敌，甚至一度征服过埃及。努比亚人的婚俗非常奇特：婚礼举办后，新郎要在女方家生活一个月，才能把新娘接回家。在女方家的前几天，新郎每天只能在新娘身边坐上 15 分钟，7 天后新娘才能进入新郎的房间。这是因为苏丹婚礼主要是在女方家举行。

著名城市

◎ 喀土穆

喀土穆位于青尼罗河和白尼罗河的交汇处，是苏丹首都和苏丹最大的城市。市中心的共和国大街是商业区，被人们分为欧洲市场和阿拉伯市场。欧洲市场中的商店多为外国人经营，秩序井然。阿拉伯市场则比较热闹，出售农产品、器皿、象牙

雕刻、金银首饰和各种皮革制品，制作精细。喀土穆交通发达，是苏丹铁路、水路和航空中心。历史遗迹较多，著名的有阿蒙庙、狮子庙、自然博物馆、国家博物馆等。

◎恩图曼

恩图曼位于尼罗河西岸，与喀土穆和北喀土穆隔河相望，是苏丹的“首都三镇”之一。这里原为小村落，曾作为马赫迪国都城迅速发展，现为该市经济、贸易和交通中心。恩图曼市内有大市场，棉、粮、牲畜、手工业品、阿拉伯树胶等贸易兴盛。有烟草、水泥、制革、金属工具等中小型工业。恩图曼是伊斯兰教中心，很多名胜古迹。比较著名的有马赫迪陵墓和哈里发纪念馆。这里还适合户外旅游，有家庭公园、里维拉休闲公园等，为儿童和家长提供了户外野餐的场所，也是举办婚礼的最佳场所。

苏丹与南苏丹

1899年，苏丹和南苏丹成为英国和埃及的“共管国”，实际上是英国的殖民地。1956年，苏丹共和国成立，包括今天的苏丹和南苏丹。但是双方的矛盾已经不可调和，开始了旷日持久的内战。2005年，内战结束，南方实现自治，并于2011年独立建国，成立南苏丹国，成为目前为止世界上最年轻的国家。南苏丹独立后，原苏丹大部分石油储量被划归南方，但因加工提炼的设施、对外运输石油的港口都在北方，所以两国的发展都受到严重的制约。

阿尔及利亚
写给孩子的世界地理

地理环境

国家名片

全　　称：阿尔及利亚民主人民共和国
首　　都：阿尔及尔
位　　置：非洲西北部
语　　言：官方语言为阿拉伯语，通用法语
民　　族：阿拉伯人、柏柏尔人等
行政区划：全国共划分为 58 个省

阿尔及利亚是非洲面积最大的国家，位于非洲西北部。北临地中海，南与马里、尼日尔和毛里塔尼亚接壤，西与摩洛哥、西撒哈拉交界，东临利比亚和突尼斯。

阿尔及利亚全境自北向南分为三个地形区。地中海沿岸是平原区，其间有起伏的丘陵；中部是高原，地表平缓开阔；南部是沙漠地区，约占全国国土总面积的 85%。

气候类型

阿尔及利亚北部沿海地区属地中海气候，冬季温和多雨，夏季炎热干燥；中部为热带草原气候，日气温和年气温变化幅度都比较大；部分高原为大陆性气候，冬冷夏热，干燥少雨；南部为热带沙漠气候，常年干旱，雨量极少。

自然资源

◎矿产资源

阿尔及利亚的矿藏主要有铁、铜、金、铀、磷酸盐等。其中铁矿储量为 30 ~ 50 亿吨，主要分布在东部乌昂扎矿和布哈德拉矿。铀矿约 5 万吨，黄金约 173 吨，磷酸盐约 20 亿吨。此外，阿尔及利亚还是非洲重晶石矿最丰富的国家之一。阿尔及利亚石油探明储量约 13 亿吨，约占世界总储量的 1%，主要是油质较高的撒哈拉轻质油；天然气探明可采储量约 2.37 万亿立方米，居世界第 10 位。

水系概况

谢利夫河是阿尔及利亚最长和最重要的河流，流域面积

约 3.5 万平方千米，流量季节变化大。两岸冲积平原宽广，农业发达，盛产棉花、谷物、水果等。干支流上建有多处水利工程。

社会经济

阿尔及利亚经济规模在非洲位居前列。石油与天然气是国民经济的支柱，多年来一直占本国 GDP 的 30% 左右。农业产值约占国内生产总值的 12%，主要农产品有大麦、小麦、燕麦等。由于土地贫瘠，阿尔及利亚每年需要进口大量的粮食和日

用品，是世界奶、糖、油、粮食的重要进口国之一。另外，阿尔及利亚是世界最大的阿尔法草生产国。

◎两种文化并存

在阿尔及利亚，西方文化（主要是法国文化）与伊斯兰文化并存：北部沿海地区有大量法式建筑，身穿泳衣的年轻女子在海滨浴场嬉戏，这在其他阿拉伯国家很少见；在南方，到处都是传统建筑，人们大多身穿长衫、用头巾遮盖脸。

◎图阿雷格人的习俗

生活在沙漠中的柏柏尔人支系——图阿雷格人，是一个奇特的民族。这里的女性可以不戴面纱，但男子必须戴面纱，还要用蓝色斗篷遮住身体（这一风俗在年轻人中已不再那么严格）。图阿雷格人是世界上唯一的男子外出时戴面纱的民族，他们被称为“戴面纱的人”或“蓝色的人”。

◎阿尔及尔

阿尔及尔位于地中海南岸阿尔及尔湾西侧，是阿尔及利亚首都和最大港口城市。市区街道房屋大都建筑在山丘上，绿化良好，风景优美。阿尔及尔历史悠久，现为全国政治、经济、文化和交通中心，是全国人口最多、最集中的一座城市。这里有美术馆、国家图书馆、巴尔多史前人类博物馆、动物和植物园与多座教堂和清真寺。阿尔及尔有很多古罗马时代的遗迹，如规模宏大的奥林匹克体育城，还有西郊的国际会议会场“松树俱乐部”等。

◎君士坦丁

君士坦丁位于阿尔及利亚东北部，是君士坦丁省首府、北非历史名城。曾为努米底亚王国首都，约公元 311 年被毁，由于君士坦丁大帝在位期间重建，因此而得名。君士坦丁是该省农业区的中心，是沿海与内陆干旱区农畜产品的重要集散地。

附近有非洲最大的瓷器厂，产品向国内外销售。城市分东西两部分，西区有古堡、宫殿、清真寺等建筑；东部旧城区街巷狭窄，有很多古代阿拉伯城镇民宅。君士坦丁为地中海气候，四季气候宜人。省内有图书馆、锡尔塔博物馆等文教设施。

塔西利岩画

在撒哈拉沙漠中心的阿杰尔高原塔西利地区，有着大批美妙绝伦的岩画和雕刻作品。这里的岩画部分有8000年以上的历史，主要是新石器时代的作品，总数超过5000幅。这些岩画揭示出撒哈拉沙漠曾是充满生机的绿洲，后来渐渐变成最不适合生物生存的地方之一。这些岩画奇形怪状，大小不一，以牛为主题的最多，其中艺术水平最高的要数“哭泣的牛”。塔西利岩画已被列入《世界遗产名录》，阿尔及利亚还建立塔西利国家公园来保护这些人类文化珍宝。

写　给　孩　子　的　世　界　地　理

地理环境

国家名片

全　　称：摩洛哥王国
首　　都：拉巴特
位　　置：非洲西北部
语　　言：官方语言为阿拉伯语，通用法语
民　　族：阿拉伯人、柏柏尔人等
行政区划：全国划分为 12 个大区（包括西撒哈拉），62 个省和 13 个省级市，1503 个市镇

摩洛哥位于非洲西北部。北隔直布罗陀海峡与西班牙相望，南部为西撒哈拉，东、东南接阿尔及利亚，西濒大西洋。

摩洛哥地形复杂，北部和中部为峻峭的阿特拉斯山脉，东部和南部是高原，仅西北沿海一带为狭长低缓的平原。

气候类型

摩洛哥气候多样，北部属地中海气候，冬季温和湿润，夏季炎热干燥；中部属亚热带山地气候，温和湿润，气温随海拔高度而变化；东部、南部为热带沙漠气候。

自然资源

◎矿产资源

磷酸盐是摩洛哥的主要矿产资源，已探明储量约500亿吨，占世界储量的71%。其他矿产资源有铁、铜、锰、铅、锌、磁铁矿、油页岩、无烟煤等。摩洛哥的油页岩储量在1 000亿吨以上，含原油约60亿吨。

◎渔业资源

摩洛哥是非洲最大的产鱼国，也是世界最大的沙丁鱼出口国。摩洛哥的渔业资源极为丰富，目前并没有得到充分开发，潜力很大。

水系概况

摩洛哥河流短小，北部和西北部河流冬季为丰水期，南部河流多为季节性河流。乌姆赖比阿河是摩洛哥第一大河，源出中阿特拉斯山西坡，注入大西洋，是当地重要的水力和灌溉资源。

社会经济

摩洛哥经济总产量在非洲排名第五，经济发展较为稳定。磷酸盐出口、旅游业、侨汇是国家主要经济支柱。农业有一定基础，但粮食不能自给。主要农作物有麦类、水果、蔬菜等。工业发展势头良好，特别是汽车产业发展迅速且初具规模。纺织服装业是重要产业之一。传统手工业在摩洛哥经济中也颇为重要，主要产品有毛毯、陶瓷、木质家具、皮革制品、金属加工品等。

文化习俗

◎茶文化

摩洛哥人一日三餐都离不开茶：早晨起床第一件事就是喝一杯清香的绿茶，然后才吃早餐；中餐和晚餐也要喝煮好的茶。朋友来访时，摩洛哥人会奉上一杯甜茶（薄荷茶），客人如果不喝会被视为没有礼貌。

◎赛马节

摩洛哥最盛大的节日是在古都梅克内斯举行的为期5天的赛马节。赛马节又称“一千零一匹马节”，当然，参赛的马远超一千零一匹。届时全国各地的骑手汇聚一起进行比拼，还包括一些女骑手。观众人山人海，热闹非凡。

著名城市

◎拉巴特

首都拉巴特位于摩洛哥西北部，濒临大西洋，与非斯、马拉喀什、梅克内斯并称摩洛哥四大皇城。始建于12世纪，现存老城为18世纪所建，新城于1912年兴建。老城为中世纪阿拉伯式风貌，街道狭窄弯曲，四周建有城墙，到处都是清真寺和市场。新城里西式楼房和阿拉伯民族风格的住宅掩映在绿植中，街道两旁绿树成荫。拉巴特气候终年温和，海滨风光旖旎，是旅游、消暑的好地方。市内文物古迹较多，城东南有著名的哈桑清真寺，北部有乌达亚城堡、拉巴特王宫，还有考古博物馆、摩洛哥艺术博物馆等。

◎达尔贝达

达尔贝达原名安法，又称卡萨布兰卡，位于拉巴特西南，是摩洛哥最大的港口城市、经济中心和交通枢纽，被誉为“大西洋新娘”“摩洛哥之肺”。达尔贝达的西班牙语意为“白色的房子”，这里到处都是白色建筑物，好莱坞电影《卡萨布兰卡》让这座白色之城闻名世界。该市拥有全国70%的现代工业，市区和郊区有上千座工厂。商业也十分繁荣，是进出口商品的集散地。全年气候温和，风光宜人，树木常青，是北非著名的旅游城市。

《卡萨布兰卡》

《卡萨布兰卡》又名《北非谍影》，是1942年在美国上映的电影。该影片荣获1944年奥斯卡最佳影片、最佳导演、最佳剧本三项大奖，并被好莱坞编剧协会评选为“101部最伟大的电影剧本”第一位。《卡萨布兰卡》以第二次世界大战为背景，讲述了一个感人的爱情故事。影片在摩洛哥的卡萨布兰卡实地拍摄，这座风光秀丽的港口城市给观众留下了深刻的印象。

有趣的是，电影上映的第二年，美国总统罗斯福和英国首相丘吉尔在卡萨布兰卡举行了一次会议，探讨了第二次世界大战后期的很多关键问题。这场会议更让卡萨布兰卡闻名世界。

利比亚
写 给 孩 子 的 世 界 地 理

地理环境

国家名片

全　　称：利比亚国
首　　都：的黎波里
位　　置：非洲北部
语　　言：官方语言为阿拉伯语
民　　族：主要为阿拉伯人、柏柏尔人
行政区划：全国划分成22个省，3个地区

利比亚位于非洲北部，东接埃及、苏丹，西邻阿尔及利亚、突尼斯，南与尼日尔、乍得接壤，北面濒临地中海。

利比亚是典型的沙漠国家，全境95%以上都是沙漠和半沙漠，沙漠中分布着一些绿洲。沿海和东北部地区有一些低海拔的平原，其他多为高原和内陆盆地，高原上分布着山脉。

气候类型

利比亚北部沿海地区属亚热带地中海气候，冬季温暖多雨，夏季炎热干燥，在夏季时常常受来自南部撒哈拉沙漠干热风的侵害，最高气温可达50℃以上。内陆地区属热带沙漠气候，

全年干热少雨，季节温差和昼夜温差都很明显，冬季平均气温 15℃，夏季平均气温 35℃，平均年降水量在 100 毫米以下。塞卜哈位于利比亚中部，是世界上最干燥的地区之一。

自然资源

◎矿产资源

利比亚的矿产资源以石油为主，储量约为 484 亿桶，位居非洲首位；其次为天然气，探明储量约为 1.54 万亿立方米，位居非洲第四位。其他资源有铁、铜、锡、钾、锰、磷酸盐等。

◎渔业资源

利比亚渔业资源丰富，主要渔业产品有沙丁鱼、金枪鱼等。

水系概况

利比亚境内没有常年性的河流和湖泊，以分布广泛的井泉为主要水源。为了解决农业用水问题，利比亚大力兴建“人工河”工程，用管道把南部地下水引向北部地区。

社会经济

利比亚原来是个落后的农业国，全国大部分人口从事农牧

业。20世纪50年代中期发现油田，依靠丰富的石油资源，曾一度富甲非洲。石油是利比亚经济的命脉和主要支柱，利比亚绝大部分出口收入来自石油。

利比亚农业人口占全国总人口的17%，主要农作物有玉米、花生、小麦、大麦、椰枣等。畜牧业在农业中占重要地位，主要为牛、羊、骆驼。利比亚近一半的粮食和畜牧产品依赖进口。

文化习俗

利比亚人喜欢绿色，将绿色视为和平和生机的象征。利比亚的很多房屋都漆成绿色，商店前的招牌也以绿色居多。甚至连利比亚的国旗，也一度只是一块绿色的方形布，没有其他颜色，也没有任何图案，在世界上独树一帜。如今利比亚的国旗是红、黑、绿的三色横旗。

著名城市

◎的黎波里

的黎波里位于利比亚北部沿海地区，是利比亚的首都和主要港口城市，同时也是一座充满地中海情调和阿拉伯伊斯兰风格的旅游城市。该城建立已有3000多年，先后被罗马人、拜占庭人、阿拉伯人等占领，拥有众多风格各异的古建筑和文化遗迹。的黎波里由旧城和新城组成。旧城沿海岸伸展，有王宫、城堡、清真寺等古迹。新城是城市的主体部分，高楼大厦鳞次栉比，面貌已完全现代化，也有许多名胜古迹，如罗马天主教堂、摩尔式建筑风格的白色王宫等。

◎ 班加西

班加西是地中海沿岸的重要海港，也是利比亚第二大城市，号称利比亚副都。班加西可分为北部的新城区和南部的老城区，城中的古老建筑处于现代化建筑之间。班加西自古以来便是通往非洲内陆的商贸中心，也是冬季疗养胜地，因为此处建有巨大的海水淡化工厂。

昔兰尼考古遗址

昔兰尼曾是古希腊最主要的城市之一，建于公元前7世纪。遗址位于利比亚东北部绿山省，是地中海地区最有影响的古遗址之一。遗址中发现了大量的古老建筑，比较著名的有宙斯神庙、阿波罗修道院和阿波罗神庙等。其中，陶立克式的宙斯神庙，能够和奥林匹亚的宙斯神庙相媲美。修道院中建有各式各样的建筑，如神庙、人工喷泉、供奉酒神和狂欢之神的大剧场等。

刚果(布)
写给孩子的世界地理

地理环境

国家名片

全　　称：刚果共和国
首　　都：布拉柴维尔
位　　置：非洲中西部
语　　言：官方语言为法语
民　　族：主要为刚果人、姆博希人、俾格米人等
行政区划：全国共划分 12 个省、6 个直辖市、97 个县

刚果（布）位于非洲中西部，赤道横贯中部，北接喀麦隆、中非共和国，东邻刚果（金），南连安哥拉，西邻加蓬，西南濒临大西洋。

刚果（布）地形多样。北部为海拔 200 ~ 300 米的平原，多沼泽，该平原是刚果盆地的一部分；南部是高原，海拔 500 ~ 1 000 米，沿海有狭窄低地。

气候类型

刚果（布）北部、中部属于热带雨林气候，气温高，湿度大，南部属于热带草原气候。全国年平均气温为 24℃ ~ 28℃，年降水量为 1 000 ~ 1 500 毫米。整体上季节变化温差不大，但降水量差别却很大，特别是北部地区，除 12 月、1 月外基本都是雨季。

自然资源

◎矿产资源

刚果（布）石油、天然气资源丰富。20 世纪 70 年代初开始在海上大规模开采石油，年产量不断增加，是撒哈拉以南非洲主要产油国之一。石油产值约占国内生产总值的 61%，石油出口收入约占出口总收入的 78%。铁矿约 250 亿吨，钾盐矿储量约 60 亿吨，磷酸盐矿 600 万吨，另外，还有铜、锌等金属矿。

◎森林资源

刚果（布）植物资源丰富，森林面积约占全国总面积的 65%。主要出口铁木、桉木等 40 多种木材。

水系概况

刚果（布）境内的河流多为刚果河的支流，主要有桑加河、

利夸拉河等。桑加河是刚果河右岸的重要支流，由源自中非共和国西南部的曼贝雷河与卡代河汇合形成，向南流到刚果（布）的韦索市，形成喀麦隆与刚果（布）、中非共和国的部分边界，然后转向东南和西南流，最终注入刚果河。

社会经济

刚果（布）工业化程度较低，基础和配套产业薄弱，产业门类分布不全。2018 年工业产值约占国内生产总值的 52.7%，主要为农产品加工，此外还有纺织、肥皂制造、金属加工等产业。木材和石油为两大经济支柱。石油出口额占出口总额的 80%左右。农牧业落后，粮食、蔬菜、肉类等都不能自给，90%以上依赖进口。主要粮食作物有玉米、花生、稻谷、木薯、土豆等；主要经济作物有可可、咖啡、烟草、甘蔗等，畜产品有猪、牛、羊等。

文化习俗

在刚果（布）北方的原始森林中，生活着少数俾格米人。这个种族被称为“袖珍民族”，男性平均身高不足 1.5 米，女性则更矮。俾格米人多数过着原始生活，以狩猎、采集为生。今天，一些俾格米人开始接触外部世界，但还有一些人依然延续着祖先的生活方式。

著名城市

◎布拉柴维尔

布拉柴维尔位于刚果河下游西北岸，是刚果（布）的首都和全国政治、经济、文化中心。该城建于 1880 年，后成为法属中央刚果及法属赤道非洲的总督驻地，国家独立后成为首都。布拉柴维尔市发展很快，并迅速成为经济中心。主要工业部门有食品、纺织、制糖、榨油、化工、水泥、木材加工、金属加工等。市中心现代化建筑林立，城市西部有总统府、科研机构和高等院校等建筑。这里四季常青，绿荫如盖，有“花园城”之称。

◎黑角市

黑角市，音译为“普安特－努瓦尔”，位于刚果（布）西端，濒临大西洋，是全国最大海港和第二大城市，也是奎卢区的首

府。黑角市最早是一个欧洲人建立的居民点。1934 年，直通首都布拉柴维尔的大洋铁路修到了这里，该市迅速崛起，并修建了人工港，拥有多个深水码头，成为国家物资的重要进出口门户。如今，黑角市拥有炼油、造船、制糖、食品等诸多产业；附近还有重要的产油区和钾盐开采区；城南建起了国际航空站，是刚果（布）不折不扣的“经济之都”。

刚果（布）与刚果（金）

刚果（布）与刚果（金）原本都是刚果王国的一部分，15世纪起，刚果王国先后被葡萄牙、英国和法国入侵，国土被分裂成多个公国。1880年，法国正式占领今刚果（布）。1884年，今刚果（金）成为比利时国王的“私人采地”。1960年，两国正式独立，以刚果河为界。

刚果（金）
写给孩子的世界地理

地理环境

国家名片

全　　称：刚果民主共和国
首　　都：金沙萨
位　　置：非洲中部
语　　言：官方语言为法语
民　　族：刚果族
行政区划：全国划分为 26 个省

刚果（金）位于非洲中部，号称“非洲心脏”，北邻南苏丹和中非共和国，南接赞比亚、安哥拉，东连乌干达、卢旺达、布隆迪、坦桑尼亚，西隔刚果河与刚果（布）相望。

刚果（金）大部分地区属于刚果盆地，南部为高原，东部属东非高原大裂谷区，多火山、断层湖，谷侧的山地海拔

1 000 ~ 2 000 米。刚果（金）与乌干达边界的玛格丽塔峰海拔达 5 109 米，为全国最高点，也是非洲第三高峰。

气候类型

刚果（金）北部属于热带雨林气候，南部属于热带草原气候，赤道南北两侧雨季与旱季交替。全境终年高温多雨，年降水量为 1 500 ~ 2 000 毫米，年平均气温为 27℃。

自然资源

◎矿产资源

刚果（金）矿产、森林、水力等资源都极为丰富，号称“世界原料仓库”。全国蕴藏多种有色金属、稀有金属和非金属矿，其中铜、锌、锡、锰、钴、钽、钻石等储量很可观。煤、铁、银、黄金等储量也很丰富，还有铅、磷酸盐、硅酸盐等。已探明的石油海上储量约 3 150 万桶，陆地储量约 2 000 万桶；天然气海上储量达 200 亿立方米，陆地储量约 100 亿立方米。

◎森林资源

刚果（金）森林覆盖率为53%，占世界热带森林面积的6.5%，盛产非洲柚木、乌木、巴花等珍贵树种。

水系概况

刚果（金）水资源丰富，主要河流为刚果河。刚果河是非洲第二长河，其水量仅次于亚马孙河。刚果河流域内拥有仅次于亚马孙雨林的世界第二大热带雨林。刚果（金）境内的坦噶尼喀湖，最深处为1 470米，是世界第二深湖。

社会经济

刚果（金）是联合国公布的世界不发达国家之一。农业、采矿业在经济中占主导地位，钴和工业金刚石产量居世界首位。1990年后，由于经济持续困难，矿业生产全面滑坡。近年来随着国内局势不断缓和，矿业生产有所恢复。

刚果（金）农业较为落后，粮食不能自给，主要农作物有玉米、水稻、木薯、可可、咖啡、橡胶等。对外贸易在国民经济中有举足轻重的地位，近几年增长较快，进出口基本平衡。主要出口钴、铜、钻石、原油等，主要出口国为中国、赞比亚、意大利等。进口粮食、机电产品、日用消费品等，主要进口国有南非共和国、中国、赞比亚等。

文化习俗

刚果（金）盛产优质木材，这里的木雕艺术享誉世界，最著名的要数用铁木雕刻成的各种艺术品。刚果（金）的木雕有人物雕像、动物木雕等，采用整体写意的手法，不追求形象的逼真；最为独特的要数夸张、抽象、怪异的木雕面具，有着独特的审美价值。此外，刚果（金）的铜雕等艺术形式也非常出色。

著名城市

◎金沙萨

金沙萨市是刚果（金）首都，是全国政治、经济和文化中心，也是全国的水陆空交通枢纽。金沙萨位于刚果河下游南岸，与刚果（布）首都布拉柴维尔隔河相望。金沙萨原本是一个小渔村，1881 年比利时殖民者在这里建立了殖民点，后来这里逐渐发展为大城市。城中热带风情浓郁，旅游景点众多，城中工业有纺织、印染业以及一些加工业。

◎戈马

戈马市位于基伍湖北岸，近卢旺达边界，是刚果（金）的

东部旅游城市。该市背山面湖，气候温和，风景优美。附近有茶叶、咖啡、香蕉等种植园。西北面临莫科托湖泊等，野生动物很多。戈马北面地区有尼亚姆拉吉拉火山和尼拉贡戈火山，火山景观尤为壮观。

维龙加国家公园

维龙加国家公园位于刚果（金）东部，紧靠卢旺达和乌干达的边境地带，是刚果（金）的国家公园和自然保护区。1979年被列入《世界遗产名录》。该公园拥有多种自然环境，包括沼泽、台地、雪原、火山等，以奇特的动植物和雄伟壮丽的火山群，风光享誉世界。园内主要生物有豹、狮子、羚羊、斑马、角马、大象、野猪、长颈鹿、罗非鱼、非洲肺鱼以及成群的鸟类等。游客乘坐设有安全装置的汽车入园，便可看到成群结队的野牛、斑马、角马、长颈鹿等在水边觅食。

喀麦隆
写给孩子的世界地理

地理环境

国家名片

全　　称：喀麦隆共和国
首　　都：雅温得
位　　置：非洲中部
语　　言：官方语言为法语、英语
民　　族：富尔贝族、巴米累克族等
行政区划：全国划分为 10 个大区，58 个省，360 个市镇

喀麦隆位于非洲中部，东北与乍得接壤，东与中非共和国、刚果（布）为邻，西接尼日利亚，西南濒大西洋几内亚湾，南与加蓬、赤道几内亚毗连。

喀麦隆大部分地区为高原，海拔 1 000 ~ 1 500 米。西部为一系列火山、丘陵。沿海为宽约 150 千米的低地。

气候类型

喀麦隆年平均气温 24℃ ~ 28℃。西部沿海和南部地区属于赤道雨林气候，湿热多雨，气温年较差很小，年降水量大且分

布均匀。喀麦隆火山西麓年降水量达9 000多毫米，是世界降水量最多的地区之一。北部属于热带半干旱气候，终年高温。

自然资源

◎矿产资源

喀麦隆矿产资源较丰富，已探明的主要矿藏有铁矿、铀矿、铝矾土、金红石、铀矿等，此外还有黄金、钻石、锡石矿、大理石、石灰石等矿产。石油储量约1亿吨，天然气储量约为5000亿立方米。

◎森林资源

森林是喀麦隆一项极为重要的自然资源，全国森林面积约占国土总面积的46%，其中约75%可供开采，盛产桃花心木、黑檀木等珍贵木材。

水系概况

喀麦隆境内有众多河流、湖泊，其中河流均源于高原的中部，向四面八方奔流而下，构成辐射状的水系。国内最大的河流为萨纳加河，此外还有洛贡河、贝努埃河等。喀麦隆境内的湖泊有乍得湖、尼奥斯湖等。

社会经济

喀麦隆经济发展较快，在非洲经济领域扮演着重要角色。农业是喀麦隆国民经济的主要支柱，有“中部非洲粮仓”之称，全国60%的劳动力从事农业类产业。粮食基本自给，主要粮食作物有高粱、玉米、小米等。可可、油棕、橡胶等经济作物产量居非洲前列。工业水平居撒哈拉以南非洲前列，已初步形成以农、矿产品加工工业为主的工业体系，主要工业部门有食品、饮料、纺织、服装等。对外贸易在国民经济中占有重要地位。喀麦隆主要出口农、林和矿业的初级产品，进口消费品和机器等。

文化习俗

恩贡多节是生活在喀麦隆沿海地区的萨瓦人的庆典活动，在12月举行。届时，萨瓦人将表演歌舞，还会举办独木舟比赛、摔跤比赛和选美大赛等。其中，独木舟比赛十分引人注目。喀麦隆的独木舟非常有名，比赛时，人们会把独木舟装饰得十分华丽，许多人一起划桨竞渡，两岸人声鼎沸，与中国的划龙舟比赛一样热闹。

著名城市

◎雅温得

雅温得市位于喀麦隆中南部，是喀麦隆的首都，是仅次于“经济首都”杜阿拉的第二大城市。雅温得原是土著埃旺多族

聚居的小村落，19世纪末遭德国入侵，随后殖民者在这里建立起行政机构，城市初具规模。经过多年发展，工业规模仅次于杜阿拉，农、林业产品贸易繁盛。市区东为商业区，西为住宅区。市区内有档案馆、雅温得大学、国立图书馆、喀麦隆巴斯德研究院等机构，郊区有瀑布和俾格米人洞穴，旅游业兴盛。

◎杜阿拉

杜阿拉是喀麦隆最大的城市，也是最大的港口，有“经济首都”之称。杜阿拉位于西南沿海平原，在几内亚湾旁边，是一座风光秀丽的海滨城市；清幽恬静、绿树成荫，是旅游的好去处。市区内有繁华的商业区；工业区位于城市边缘。杜阿拉有着庞大的港区，可以停泊万吨油轮，每年有数千艘船在这里出入。喀麦隆主要出口石油、咖啡、可可等产品。港区还有专用的香蕉码头，号称“香蕉港”。

“非洲缩影”

喀麦隆被称为“非洲缩影”，因为非洲大陆其他国家所有的特征几乎都在喀麦隆有所体现。举例来说，喀麦隆有高原、平原、海滩、山脉、雨林、草原、沙漠、火山、瀑布、丘陵、沼泽、河流、湖泊……几乎涵盖了非洲所有国家的地理地貌；喀麦隆有200多个部族，各部族都有其独特的语言；喀麦隆拥有非洲大陆几乎所有的野生动物种类，其植物种类的数量在非洲大陆乃至全世界也名列前茅。

埃塞俄比亚
写给孩子的世界地理

地理环境

国家名片

全　　称：埃塞俄比亚联邦民主共和国
首　　都：亚的斯亚贝巴
位　　置：非洲东北部
语　　言：官方语言为阿姆哈拉语，通用英语
民　　族：主要有奥罗莫族、阿姆哈拉族、提格雷族等
行政区划：全国划分为2个自治行政区和11个民族州

埃塞俄比亚是位于非洲东北部的内陆国，北接厄立特里亚，南与肯尼亚接壤，西同苏丹、南苏丹交界，东与吉布提、索马里毗邻。

埃塞俄比亚境内以山地、高原为主，平均海拔约3 000米，在非洲各国中地势最高，素有“非洲屋脊”之称。东非大裂谷纵贯全境。北部、南部、东北部的沙漠和半沙漠地区约占全国总面积的28%。

气候类型

埃塞俄比亚大部分地区有温和的气温，全年大致分为旱季

和雨季，年平均气温为16℃。但是东北部的达纳基勒沙漠天气炎热，还有猛烈的火山和充斥着毒气的硫黄湖。

自然资源

埃塞俄比亚自然资源丰富，已探明的矿藏有铁、铜、镍、铂、黄金、煤、硅、磷酸盐、大理石、石油和天然气等。英国、苏丹、马来西亚、沙特阿拉伯等国的公司在这里进行油气勘探开发。

水系概况

埃塞俄比亚境内河流湖泊众多，号称“东非水塔”。主要河流是阿瓦什河，发源于南部绍阿山地，先从东南流向东北，再东流，最后向南注入与吉布提交界的阿贝湖。上中游流经东非大裂谷带北段，多峡谷急流，干支流上建有多处水电站。下游进入阿法尔低地，水量因渗透蒸发而大减，河口处很少有水入湖，流域内建有灌溉工程。同时，埃塞俄比亚也是世界第一长河尼罗河两大源流之一——青尼罗河的发源地。

社会经济

埃塞俄比亚是联合国宣布的世界最不发达国家之一，农业是国民经济和出口创汇的支柱，约占国家经济 GDP 的 40%。农牧民占全国总人口的 85%以上，主要从事种植和畜牧业，另有少量林业和渔业。主要粮食作物有玉米、高粱、大麦、小麦等，主要经济作物有咖啡、鲜花、油料等。埃塞俄比亚是世界咖啡生产大国，产量居非洲前列。工业基础薄弱，门类不齐全，原材料、零部件依靠进口。制造业以食品、饮料、纺织、皮革加工为主，集中于亚的斯亚贝巴等城市。

文化习俗

埃塞俄比亚是一个有着3000余年历史的文明古国，曾建立过辉煌一时的阿克苏姆王国、阿比西尼亚帝国等。著名的阿克苏姆方尖碑就是埃塞俄比亚文明的见证。公元3世纪，阿克苏姆王国达到鼎盛，后来还成为非洲独一无二的基督教国家。今天，埃塞俄比亚的重要节日马斯卡尔节（每年9月27日）就源自基督教，成为标志雨季结束的节日，节日时人们纷纷杀牛宰羊，并走家串户相互庆贺。

著名城市

◎亚的斯亚贝巴

亚的斯亚贝巴市坐落在中部高原的山谷中，是埃塞俄比亚的首都，同时也是非洲联盟及其前身——非洲统一组织的总部所在地。市区依山而建，按地势高低分为上城和下城。上城以居住和商业功能为主，有皇宫、大教堂、亚的斯亚贝巴大学等建筑；下城多现代高层建筑，如政府和非洲统一组织总部所在地的非洲大厦。这里也是埃塞俄比亚的经济中心和交通枢纽，全国一半以上的企业集中在城市的西南部，有公路、铁路、班机与国内城市和非洲、欧洲、亚洲国家联系。亚的斯亚贝巴有50多平方千米的桉树林，城市建设所需木材的90%依靠桉树来解决，因此又被称为“桉树之都”。

◎贡德尔

贡德尔市位于埃塞俄比亚西北部的高原上，曾是阿比西尼亚帝国的首都，历代皇帝均对其进行了整修和扩建，使其成为一座历史文化名城。今天，贡德尔依然保存着王宫建筑，建有精美壮丽的法西尔格比要塞城堡，还有众多瑰丽多姿的教堂。此外，贡德尔还是农牧产品的集散中心，牲畜、油料、咖啡等的贸易非常兴盛。

拉利贝拉岩石教堂

埃塞俄比亚堪称非洲独一无二的基督教国家，基督教在公元4～5世纪就传到了这里，并被立为国教。到了13世纪，拉利贝拉国王命人在帝国北部的岩石高原上凿出了11座岩石教堂，称为拉利贝拉岩石教堂，是有着“非洲奇迹”之称的辉煌建筑，被列入《世界遗产名录》。

拉利贝拉岩石教堂是在巨大的石头上开凿出来的，这些教堂大小各异、形态不一、色彩缤纷，都有着古老的阿克苏姆式的石碑尖顶，内部有石柱组成的走廊、镂空的门窗，还有大量精美的纹饰、塑像、浮雕和祭坛等。11座岩石教堂中，公认最为精美的是玛丽亚教堂，耶稣基督教堂则是规模最大的一座，而圣乔治教堂仿佛是立在地面上的巨大十字架，设计极为巧妙。

坦桑尼亚
写 给 孩 子 的 世 界 地 理

地理环境

国家名片

全　　称：坦桑尼亚联合共和国
首　　都：多多马
位　　置：非洲东部
语　　言：官方语言是英语、斯瓦希里语
民　　族：苏库马人、尼亚姆维奇人、阿拉伯人等
行政区划：全国划分为 31 个省

坦桑尼亚位于非洲东部、赤道以南，北部与肯尼亚、乌干达交界，南部与赞比亚、马拉维、莫桑比克接壤，西部与卢旺达、布隆迪、刚果（金）为邻，东部濒临印度洋。

坦桑尼亚由坦噶尼喀和桑给巴尔两部分组成。坦噶尼喀地域辽阔，地势西北高、东南低，东非大裂谷纵贯南北。东北部的乞力马扎罗山的基博峰海拔 5 895 米，为非洲最高峰。桑给巴尔是由 20 多个小岛组成的，面积不大，是东非重要的驳运港。

气候类型

坦桑尼亚西部内陆高原属于热带山地气候，东部沿海地区和内陆部分低地属于热带草原气候，大部分地区平均气温21℃～25℃。桑给巴尔的20多个岛屿属于热带海洋性气候，终年湿热，年平均气温26℃。全国各地年降水量差异很大，80%地区年降水量不足1 000毫米。

自然资源

◎矿产资源

坦桑尼亚矿产资源丰富，已探明的主要矿产及储量为：钻石约250万吨、黄金约1 800万盎司、铁矿约1.3亿吨、磷酸盐约1 000万吨。近海海域有若干储油前景良好的区域。除了金矿，其他矿藏还没有充分开发。

◎森林资源

坦桑尼亚森林面积约33.5万平方千米，占国土总面积的46%，出产乌木、桃花心木、紫檀等树种。

水系概况

坦桑尼亚主要河流有鲁菲吉河、潘加尼河、鲁伏河、瓦米

河等。鲁菲吉河是坦桑尼亚最大的河流，水力资源丰富，主流由基隆贝罗河与卢韦古河汇流而成，在马菲亚岛对岸注入印度洋。鲁菲吉河流域总面积占全国总面积20%左右，流经坦桑尼亚南部大部分地区。坦桑尼亚湖泊众多，有维多利亚湖、坦噶尼喀湖和马拉维湖等。

社会经济

坦桑尼亚是联合国公布的最不发达国家之一。经济以农业为主，粮食勉强自给。主要农作物有小麦、高粱、小米、玉米、稻米等，主要经济作物有剑麻、丁香、棉花、咖啡、腰果等，其中剑麻和丁香的产量居世界前列。工业生产技术低下，以轻工、纺织为主，还有炼油、化肥、钢铁等工厂。主要出口咖啡、棉花、丁香、烟草和金刚石。进口日用品、车辆、机器设备等。近10多年来，坦桑尼亚经济平均增长率约为7%，但基础设施落后、人才匮乏等问题仍然存在。

文化习俗

坦桑尼亚人视父母为最可亲的人，客人则是最应该受到尊敬的人。因此，他们通常称男客人为“爸爸”，称女客人为“妈妈”，有的人甚至对所有人都这样称呼。有前后门的家庭，客人必须走前门，只有关系亲密的朋友才可以走后门。

著名城市

◎多多马

多多马位于坦桑尼亚中部高原上，地理位置优越，位于国土中部，是坦桑尼亚的新首都。原为中部地区农产品和牲畜贸易中心，有面粉、碾米等工业。20 世纪 80 年代，坦桑尼亚政府机构开始由达累斯萨拉姆分期迁入。由于经济落后，道路和市政建设都跟不上，所以还未完全搬入，各国使馆仍在达累斯萨拉姆。随着基础设施不断完善，政府办公大楼、商住区、大学城建设基本完成。该市气候干燥凉爽，交通便利，是坦桑尼亚新兴的酿酒业中心。

◎达累斯萨拉姆

达累斯萨拉姆原来是坦桑尼亚的首都，同时也是全国最大城市、最大港口，位于国家东部，印度洋岸，是一个航运要冲，有着齐全的仓库、修船、装卸设备。虽然坦桑尼亚首都已经迁到了多多马，但是达累斯萨拉姆依然是全国的政治、经济、文化中心，这里设有总统府，也是外国驻坦使馆所在地。

乞力马扎罗山

乞力马扎罗山位于坦桑尼亚东北部，靠近肯尼亚边境，是一个休眠火山群。乞力马扎罗山意为“光辉的山”，虽然地处热带草原，但5 200米以上为终年冰川积雪带，形成“赤道雪山”的奇观。由山麓到山顶，乞力马扎罗山的植被垂直分布明显，生长着热、温、寒三带的野生植物，栖息着三带的野生动物，其中有很多珍稀物种。

乌干达
写 给 孩 子 的 世 界 地 理

地理环境

乌干达位于非洲东部，是一个地跨赤道的内陆国家，东邻肯尼亚，南接坦桑尼亚、卢旺达，西与刚果（金）接壤，北与南苏丹相邻。

乌干达境内多为海拔 900 ~ 1 500 米的高原，有着连绵的丘陵，山地比较平缓，境内湖泊、沼泽众多。

气候类型

乌干达属热带草原气候，年平均气温22℃左右。虽然位于赤道线上，但是由于地势较高，河湖较多，因而降水量充沛，气候温和，被英国前首相丘吉尔

国家名片

全　　称：乌干达共和国
首　　都：坎帕拉
位　　置：非洲东部
语　　言：官方语言为英语、斯瓦希里语，通用语为卢干达语
民　　族：主要为班图人、尼罗人、尼罗 - 闪米特人和苏丹人
行政区划：全国划分为 135 个区和 1 个首都市

誉为“非洲明珠”。乌干达的降水极不均衡，大部分地区年降水量在1 000 ~ 1 500毫米，东北部的有些地区则少于500毫米，维多利亚湖区年降水量可达1 500毫米。

自然资源

◎矿产资源

乌干达已探明的矿产资源有铜、锡、钨、绿柱石、铁、金、钴、石棉、石灰石和磷酸盐等。已探明石油储量约60亿桶，天然气142亿立方米。

◎森林资源

乌干达自然条件好，森林资源丰富，森林覆盖率为12%，产硬质木材。

◎渔业资源

乌干达自然条件好，森林资源富，水产资源丰富，维多利亚湖是世界最大的淡水鱼产地之一。

水系概况

东非大裂谷的西支纵贯乌干达西部，裂谷带内河湖、沼泽众多，有“高原水乡”之称。主要河流有维多利亚尼罗河、艾伯特尼罗河、阿苏瓦河、卡富河和卡通加河等。非洲最大的淡水湖——维多利亚湖，近一半的水域在乌干达境内。此外，乌干达境内还有艾伯特湖、爱德华湖、乔治湖等湖泊。

社会经济

乌干达是联合国公布的最不发达国家之一。农牧业在国民经济中占主导地位，粮食可以自给，咖啡产量居非洲前列。工业较为落后，企业数量很少、设备落后、开发率也很低，主要是制造业、能源工业、采矿业、建筑业。对外贸易在国民经济中占重要地位，棉花、鱼类、咖啡等是乌干达对外贸易的传统支柱产品。此外，旅游业也是乌干达赚取外汇的重要行业。

文化习俗

乌干达号称“香蕉之国”，全国 2/3 的人口的主食就是香蕉的一种——饭蕉。饭蕉没有甜味，生吃不易消化，需要炖煮之后食用，味道有点儿像土豆。

当客人到乌干达人家中做客时，当地人会先献上一杯香蕉汁，接着会给客人端上可口的零食——炸制的香蕉角。到了用餐时间，就会端上饭蕉做成的蕉饭。在用餐过程中，主人常会请客人品尝乌干达的“国酒”——瓦拉吉，这是一种用香蕉酿制的高度白酒。

著名城市

◎坎帕拉

坎帕拉是乌干达首都，也是历史上的布干达王国的都城。在当地语言中，“坎帕拉”是“小羚羊之地”的意思，据说是布干达国王放牧的地方。坎帕拉位于维多利亚湖北面，靠近赤道，但由于地势较高，所以并不炎热，四季如春、风景秀丽。

全城主要坐落在7座山头上，街道依地势起伏建造，非常别致。市内有宫殿、卡苏比王陵、天主教会、清真寺、古城堡等风格各异的历史古迹。

◎金贾

金贾位于乌干达东南部，是乌干达第二大城市，也是一座靠近维多利亚湖的湖港，因1870年英国探险家斯皮克发现此地为“尼罗河源”而闻名。该市于1957年设市，是全国最大的工业中心，包括皮革、电子、造纸、火柴、轮胎、农具、咖啡加工、玉米磨粉等工业。金贾市风景名胜较多，有布贾加利瀑布和维多利亚湖，近郊印度寺庙内有纪念甘地的塑像。

维多利亚湖

维多利亚湖是一个享誉世界的湖泊，也被很多人认为是世界上最美的地方。它是非洲最大的湖泊，也是世界第二大淡水湖。19世纪，英国探险家寻找尼罗河的源头时发现了这个大湖，并以英国女王维多利亚的名字为其命名。维多利亚湖平均水深仅40米，却有着丰富的渔业资源，湖内生活着200多种鱼类，盛产鲈鱼和罗非鱼等，尤以非洲鲫鱼著称。湖上水运也很发达，有当地的汽船来回通航。维多利亚湖是尼罗河的重要水库，该湖唯一的出口是维多利亚尼罗河。

卢旺达
写给孩子的世界地理

地理环境

国家名片

全　　称：卢旺达共和国
首　　都：基加利
位　　置：非洲中东部
语　　言：官方语言为卢旺达语、英语、法语
民　　族：胡图族、图西族和特瓦族
行政区划：全国划分为东方、南方、西方、北方四省和基加利市

卢旺达位于非洲中东部，赤道附近，是一个内陆国家。北与乌干达相邻，南接布隆迪，西与刚果（金）交界，东接坦桑尼亚。

卢旺达境内多山地和高原，共有大小山丘数千个，有“千丘之国”的美称。北部有宏伟壮丽的维龙加火山群，其中的卡里辛比火山海拔 4 507 米，是卢旺达的地理最高点。中部高原地势起伏不大，西部为断块山地，东部地区由平原、沼泽和热带草原组成。

气候类型

卢旺达大部分地区属热带草原气候和热带高原气候。因地处东非高原，气候温和凉爽，年平均气温为 19℃。卢旺达每年有两个旱季，6 月至 9 月为第一个旱季，持续时间较长，经常无降水；12 月至次年 2 月为第二个旱季，干旱程度相对较弱。同时也有两个雨季，第一个从 3 月至 5 月，第二个从 10 月至 12 月。年降水量 1 200 ~ 1 600 毫米，西部和西北部山区降水比东部草原要多。

自然资源

◎矿产资源

卢旺达自然资源比较贫乏，主要矿产资源有钨、锌、锡、铌、钽、黄金、绿柱石等。钨矿是卢旺达优先开发的矿种之一，尼亚卡班戈钨矿是非洲最大的钨矿之一。

◎森林资源

卢旺达森林资源丰富，森林面积约有 6 200 平方千米，约占国土总面积的 24%。

水系概况

卢旺达水网稠密，河流多属尼罗河水系，水力资源丰富。

卢旺达湖泊众多，其中基伍湖最大。该湖位于卢旺达境内、东非大裂谷谷底，是世界上最深的湖泊之一，素有“小地中海”之称。其他几个面积较大的湖泊包括布雷拉湖、木哈子湖和艾希玛湖等。

社会经济

卢旺达是联合国公布的世界最不发达国家之一。经济以农牧业为主，粮食不能自给。农牧业人口占劳动力总人口的 84%，主要粮食作物有玉米、高粱、木薯等，主要经济作物有咖啡、棉花、茶叶和烟草等。卢旺达工业基础薄弱，绝大部分工业品依赖进口。卢旺达工业产值约占国内生产总值的 20.6%，除咖啡、茶叶等农畜产品加工厂外，还有饮料、卷烟、火柴、造纸、采矿、冶金等。其中，卡吕吕马锡冶炼厂是非洲最大的锡厂之一。

文化习俗

每月的最后一个星期六是卢旺达的义务劳动日，又称“贡献日”。在这一天的上午，所有成年人都要参加各种义务劳动，诸如打扫卫生、除草等。届时，店铺全部关门，道路上也没有车辆通行（公务车辆除外）。如果没有正当理由而逃避义务劳动的人，会遭到人们的处罚。

著名城市

◎基加利

基加利位于卢旺达中部的高原上，是卢旺达的首都和最大城市，有新、旧城市区之分，新旧城市区由长 6 000 米的林荫

大道相连。该市是一座新兴山地城市，虽然距离赤道较近，但是因地势较高和季风的影响，气候清爽宜人，林木葱郁，被誉为“非洲的避暑胜地”。市中心为商业区，有民族色彩浓厚的露天大市场。市区还有十几座千姿百态的大小山丘，每一座山丘都绿树成荫。旅游景点众多，著名的有雅马塔教堂、米尔·柯林斯酒店等。

◎吉塞尼

吉塞尼市位于卢旺达首都基加利西北、基伍湖北岸，是卢旺达大湖地区国家经济共同体总部所在地。城市背倚维龙加山地，面临基伍湖，景色优美，环境整洁。市内有饮料、食品等小型工厂和大型啤酒厂，是咖啡、烟叶等的集散地。湖滨有别墅、沙滩浴场和棕榈树大街，是旅游观光和疗养胜地。

卢旺达种族大屠杀

卢旺达主要有两大部族：占总人口85%左右的胡图族和占总人口14%左右的图西族。图西族原本占据着大量土地，胡图族掌权后，大批图西族人逃到邻国，部族矛盾日益加深。1994年4月6日，载着卢旺达总统和布隆迪总统（二人均为胡图族人）的飞机在基加利附近被击落，两位总统罹难。该事件立刻引爆了积累已久的种族矛盾，全国范围内的胡图族人开始针对图西族人和一些同情图西族人的胡图族人展开了血腥的大屠杀。在之后的三个月里，80～100万人死在胡图族士兵和平民之手，死亡人数占卢旺达总人口的1/8。2003年，联合国大会将每年的4月7日定为“反思卢旺达大屠杀国际日”。

南 非
写 给 孩 子 的 世 界 地 理

地理环境

国家名片

全　　称：南非共和国
首　　都：比勒陀利亚、开普敦、布隆方丹
位　　置：非洲大陆最南端
语　　言：官方语言有11种，通用语为阿非利卡语、英语
民　　族：祖鲁族、科萨族、斯威士族等
行政区划：全国共划为9个省，设有278个地方政府

南非位于非洲大陆最南端，东濒印度洋，西接大西洋，北邻莫桑比克、博茨瓦纳、纳米比亚、斯威士兰和津巴布韦。莱索托被其领土包围。

南非全境大部分为高原，东南沿海为平原，地势从东南向西北逐渐降低。西北部属卡拉哈迪沙漠，多为干旱沙漠和灌丛草地，东南部是绵延的德拉肯斯山脉。

气候类型

南非大部分地区属于亚热带气候，东南沿海为亚热带湿润气候，西南沿海则为地中海气候。全国气候差异较大且极富变化，降水量分布很不均匀，年降水量自东向西由1 000毫米渐降至60毫米。

自然资源

◎矿产资源

南非矿产资源丰富，是世界五大矿产资源国之一，现已探明储量并开采的矿产有70多种。其中铬、氟石、铂族金属、钒、锰、钛、锆和黄金的储量均居世界前列。另外，煤、锌、铁、铜、铀、钻石等蕴藏量也极为丰富。

◎动物资源

野生动物较多，有犀牛、河马、大羚羊和长颈鹿等动物。

水系概况

南非境内主要的河流有两条：一条是奥兰治河，另一条是林波波河。其他源于内陆高原的较小河流多注入印度洋，少数向西流入大西洋。奥兰治河又称橘河，发源于莱索托高原上德拉肯斯山脉中的马洛蒂山，于亚历山大贝注入大西洋，主要支流有哈兹河、里特河和费特河等。

社会经济

南非是非洲经济发达的国家之一，人均生活水平在非洲名列前茅。农业、矿业、制造业和服务业是四大经济支柱产业。农业较发达，农林渔业就业人口占总人口的7%，一般年份内，粮食除自给外还可出口。主要农作物有大麦、小麦、玉米、甘蔗等。畜牧业较发达，主要牲畜种类有猪、牛、绵羊、山羊等；家禽主要有鸵鸟、肉鸡等。工业体系完善，矿业、制

造业、建筑业和能源开发是南非工业的四大部门。深井采矿技术居世界前列。其中主要有钢铁、化工、机器制造、食品加工、纺织等产业。此外，南非的汽车制造等新兴产业发展较快。

文化习俗

每年的 12 月 16 日是南非的公共假日——和解日。这个节日开始于 1994 年，是在废除种族隔离制度之后设立的。在这一天，各个种族、各种肤色的人会聚集在一起庆祝，例如，进行各族人一起参加的跑步比赛等。

著名城市

◎比勒陀利亚

比勒陀利亚位于南非东北部，是南非的行政首都（此外南非还有立法首都开普敦和司法首都布隆方丹，是全世界唯一拥有三个首都的国家），又名茨瓦内。该城为矿业城市，近郊是煤、铁、锡、白金、黄金、金刚石等矿产的开采中心。市中心位于阿皮斯河西岸，布局整齐。街道两旁种植紫葳，又称“紫葳城”。市内多塑像、纪念碑、博物馆等，还有天文台、国家动物园和多处自然保护区。

◎约翰内斯堡

约翰内斯堡是南部非洲第一大城市，也是南非共和国的经济、文化、旅游中心，是世界闻名的国际大都市。约翰内斯堡位于南非东北部，1928 年建市，是随着金矿的发现和开采而诞生的城市。约翰内斯堡发展史就是南非的黄金开发史，故而有“黄金之城”的美誉。今天，约翰内斯堡仍然是世界上最大的产金中心，有着世界上最大的黄金加工厂和世界上唯一的室外金矿博物馆，这里的黄金交易市场影响着世界金融。约翰内斯堡高楼林立、热闹喧嚣，到处都有公园和草地，还有很多娱乐场所，吸引了大批世界各国游客。

◎开普敦

开普敦是南非的立法首都，国家最高立法机关位于这里，国会和许多政府部门均设在这里，该市也是南非第二大城市。开普敦位于开普半岛北端，是欧裔白人在南非建立的第一座城市，充满欧洲色彩。这里空气清新、气候宜人、风光秀丽，有着风格各异的建筑，集自然景观和人文景观于一体，是一座美丽的观光城市。市中地产业和建筑业发展迅猛，有开普敦大学等著名学府。

好望角

在非洲的西南端、南非立法首都开普敦南部，有一个著名的岬角，被称为“好望角”，意为“美好希望的海角”。好望角一度被视为非洲大陆的最南端，今天我们知道厄加勒斯角才是非洲的最南端。据称，葡萄牙航海家迪亚士曾经到过这里，由于这里暴风雨频发、海浪汹涌，因此得名“风暴角”。1497年，葡萄牙航海家达·伽马经过风暴角到达印度，这里被改称“好望角”。在苏伊士运河未开通之前，好望角是欧洲通往亚洲的海上必经之地。到了今天，无法进入苏伊士运河的特大油轮依然要从好望角绕行。

津巴布韦
写 给 孩 子 的 世 界 地 理

地理环境

津巴布韦是非洲东南部内陆国，南接南非，西和西北与博茨瓦纳、赞比亚毗邻，东邻莫桑比克。

津巴布韦地形以高原为主，全境 80% 的地区海拔在 600 米以上，约有 1/4 的地区海拔在 1 200 米以上。

国家名片

全　　称：津巴布韦共和国
首　　都：哈拉雷
位　　置：非洲东南部
语　　言：官方语言为英语、绍纳语和恩德贝莱语
民　　族：主要有绍纳族、恩德贝莱族
行政区划：全国划分为 10 个省

气候类型

津巴布韦属热带草原气候，年平均气温22℃。7月温度最低，最低气温略低于10℃；10月温度最高，最高可达35℃。年降水量由东向西递减，由1 000毫米以上降至400毫米。

自然资源

◎矿产资源

津巴布韦自然资源丰富，有煤、金、银、铜、铁、锌、铬、铀、石棉等。煤蕴藏量高达300亿吨，铁矿石蕴藏量约380亿吨以上，铬和石棉的储量也很大。

水系概况

津巴布韦主要河流有赞比西河和林波波河，分别是与赞比亚和南非的界河。北部属赞比西河流域，南部属林波波河和萨比河流域。林波波河又称鳄河，位于非洲东南部，发源于南非约翰内斯堡附近的高地，主要支流有象河、沙谢河等。上游支流水量小，多为间歇河；中游多浅滩和瀑布急流；下游为平原地区河流。

社会经济

津巴布韦自然资源丰富，工农业基础较好。农业是国民经济基础，发展水平较高，曾被称为“南部非洲粮仓”。主要粮食作物有玉米、稻谷、小麦、大麦和高粱等。主要经济作物为烟草和棉花，烟草出口量居世界前列，棉花质量优质，大部分供出口。工业从业人口约占总劳力的 15%，主要门类有纺织、服装、造纸、食品加工、石油化工和金属加工等。外汇收入主要来自矿产及其加工产品，主要开采煤、铜、铬、黄金、石棉矿物等。其中，黄金产量居非洲前列。津巴布韦是南部非洲旅游大国，旅游业是主要创汇产业之一，行业产值占 GDP 的 5% 以上。

文化习俗

“津巴布韦”一词在班图语中是“石头城”的意思。津巴

布韦仿佛处处与石头有关，其石雕艺术可谓源远流长，津巴布韦国旗上就有大津巴布韦遗址出土的石雕艺术珍品——津巴布韦鸟。津巴布韦有很多人都是石雕艺术家，他们通常不会进行缜密严谨的艺术构思，而是会凭借天马行空的想象，将当地的蛇纹石、孔雀石、乌石、钴石等制作成自然夸张、充满活力的艺术珍品。

著名城市

◎哈拉雷

哈拉雷是津巴布韦的首都和最大城市，是全国政治、经济、文化、交通中心，也是一座重要的工业城市。哈拉雷位于津巴布韦东北部的高原上，原为英国殖民者修建的城堡，经过不断扩建成为一座大城市。哈拉雷四季凉爽如春、花木茂盛，市容

整洁宽敞，是一座现代化的花园城市。这里有众多工业部门，还是世界上最大的烟叶集散市场之一，故而有“世界烟城”之称。此外，由于周围遍布铬矿，哈拉雷又有“铬都”之称。

大津巴布韦遗址

大津巴布韦遗址是南部非洲最重要的古代遗迹，也是津巴布韦国名的由来。在大津巴布韦遗址中出土的石雕——津巴布韦鸟，是津巴布韦的国家象征，被印到国旗与国徽上。该遗址用花岗岩石板以精巧的技术砌成，包括大围场、卫城和中间谷地等。大围场是呈椭圆形的城寨，建在开阔谷地上，矗立着一座15米高的圆锥形实心塔；大围场不远处有一座石山，山上建有卫城，据考证，是中世纪津巴布韦王国的王宫，有很多类似堡垒的建筑；在大围场和卫城之间的谷地上，一些矮小石屋星罗棋布，可能是平民生活区的各类建筑，还有梯田、水渠和水井等的遗址。大津巴布韦遗址作为撒哈拉以南非洲规模最大、工艺水平最高、保存最完整的石头城，已被联合国列入《世界遗产名录》。

尼日利亚
写 给 孩 子 的 世 界 地 理
RENT
A SIMI
HERE

地理环境

国家名片

全　　称：尼日利亚联邦共和国
首　　都：阿布贾
位　　置：西非东南部
语　　言：官方语言为英语，通用语为豪萨语、约鲁巴语、伊博语等
民　　族：豪萨族、约鲁巴族、伊博族等
行政区划：全国划分为 1 个联邦首都区、36 个州以及 774 个地方政府

尼日利亚位于西非东南部，南部为大西洋几内亚湾，西邻贝宁，东接喀麦隆，东北隔乍得湖与乍得相望，北部与尼日尔接壤。

尼日利亚有着复杂多样的地形，地势北高南低，地域差异非常明显：北部的豪萨兰高地和东部的山地，平均海拔均约 900 米；东北和西北为乍得湖盆地和索科托河谷盆地；中部为尼日尔河 – 贝努埃河谷地；南部为海拔 200 ~ 500 米的低山丘

陵，沿海多带状平原，平原多沙洲、沼泽与潟湖，还有宽阔的红树林。

气候类型

尼日利亚主要为热带草原气候和热带雨林气候，受赤道海洋与热带大陆气团的影响很大，总体上高温多雨，全国呈现由北向南雨量递增、气温递减的规律。全年分为旱季和雨季，其中 5 月至 10 月为雨季，11 月至次年 4 月为旱季，年平均气温为 26℃ ~ 27℃。

自然资源

◎矿产资源

尼日利亚有着丰富的矿产资源，如铁、锡、铌、钽、钨、铅、锌等，还是西非唯一的产煤国。尼日利亚石油和天然气资源都很丰富，已探明石油储量 372 亿桶，居非洲第二位（仅次于利比亚），石油产量居非洲首位。已探明天然气储量达 5.3 万亿立方米，居非洲首位。

◎森林资源

尼日利亚森林覆盖面积约占全国领土的 17%，盛产桃花心木、非洲梧桐、西非苏木等木材。

水系概况

尼日利亚境内河流众多，多数属于尼日尔河流域，其重要支流有贝努埃河等。尼日尔河发源于几内亚境内，从西北流向东南，全长约 4 180 千米，在非洲仅次于尼罗河和刚果河，其中在尼日利亚境内长 1 400 千米，并在尼日利亚注入几内亚湾。

社会经济

尼日利亚原为农业国，如今全国 70%的劳动力依然在从事农业生产，主要粮食作物有水稻、高粱等，主要经济作物有棉花、橡胶、油棕、花生等。20 世纪 70 年代起，尼日利亚成为非洲最大的产油国，石油、天然气成为国民经济支柱，石油行业收入占财政收入的85%，占国内生产总值的20% ~ 30%。尼日利亚是非洲第一大经济体，为改变本国经济对石油工业的过多依赖，政府大力发展经济多元化，以达到推动经济发展和增加政府收入的目的。

文化习俗

豪萨族人的婚礼非常独特：新郎、新娘都不参加婚礼，而是让两个“代理人”代为参加一切婚礼仪式，而且“代理人”不能是新郎、新娘的父母。婚礼当天，新郎不会在自己家待着，而是会“躲”到朋友家中去。新娘则待在自己家中，进行沐浴打扮后与朋友一起聊天。婚礼的庆祝活动会持续三天以上，结束后，新娘就会来到新郎家中共同生活。

著名城市

◎阿布贾

阿布贾市位于中部尼日尔河支流古拉河畔，原为农畜产品集散地、国家锡矿开采地和中部公路网中心。现为尼日利亚的首都，市中心为国家政府机关和商业区，建有总统府、国会大厦和司法、立法部门等高层建筑。市中心以南为主要居民区，市南端为工业区。阿布贾地形开阔、气候宜人、水源丰富、交通方便，有机场和连接各州首府的高速公路。

◎拉各斯

拉各斯是尼日利亚的旧都，也是全国最大的城市，更是全国的文化中心、经济中心、工商业中心。拉各斯位于尼日利亚西南沿海、几内亚湾沿岸，由 6 个小岛和大陆部分组成，其中主岛拉各斯岛是城市的中心。拉各斯滨海临湖，一派水乡景色，有“非洲威尼斯”之称，是尼日利亚重要的旅游和疗养城市。拉各斯有榨油厂及纺织、电力、炼油、造船等企业，工业产值占全国的一半左右。拉各斯的阿帕帕港是西非第一大港。

奥孙-奥索博神树林

奥孙-奥索博神树林位于尼日利亚奥孙州，是奥雄河沿岸的一片“圣林”，约鲁巴人的聚居地，被视为约鲁巴人身份的一种象征。2005年，被联合国教科文组织世界遗产委员会列入《世界遗产名录》。树林的河岸分布着大量神祠、雕塑品和艺术作品，表达了人们对约鲁巴神灵的敬重。

加纳
写给孩子的世界地理

地理环境

国家名片

全　　称：加纳共和国
首　　都：阿克拉
位　　置：非洲西部
语　　言：官方语言为英语
民　　族：阿肯族、莫西－达戈姆巴族、埃维族、加－阿丹格贝族等
行政区划：全国划分为16个省，260个县

加纳位于非洲西部、几内亚湾北岸，北接布基纳法索，南濒大西洋，西邻科特迪瓦，东毗多哥。

加纳北部和西南部为高原，中部和东南部有山地，沿海与沃尔特河沿岸为平原、盆地。

气候类型

加纳大部分地区属于热带草原气候，沿海平原和西南部阿散蒂高原属于热带雨林气候。全年分旱雨两季，其中5月至10月为雨季，11月至次年4月为旱季。全国各地降水量区别很大，西南部的平均年降水量可达2 180毫米，北部地区则为1 000毫米左右。

自然资源

◎矿产资源

加纳矿产资源丰富，主要有黄金、钻石、锰、铝矾土、石灰石、石英砂等。其中，黄金储量居世界前列，锰矿已探明约4 900万吨，

铝矾土约 4 亿吨，钻石约 1 亿克拉。20 世纪初，加纳在其西部省发现丰富的原油资源，预测储量约 20 亿桶，现已实现商业产油。

◎森林资源

加纳的木材出口也有近百年的历史，盛产桃花心木、非洲梧桐等名贵木材。森林覆盖率曾占国土面积的 34%，但由于缺乏管理，森林覆盖率日益减少，如今仅占 22% 左右。

水系概况

加纳境内的水系以沃尔特河为主，流域面积占全国土地总面积的 60% 以上，还有人工湖沃尔特水库。沃尔特水库又称沃尔特湖，位于加纳中南部，是世界上面积最大的人工湖，水域面积近 8 500 平方千米。

社会经济

加纳是中西非洲率先发展民族经济的国家之一，经济以农业为主，农业人口占全国就业人口的一半以上，粮食基本自给。主要农作物有玉米、高粱、薯类等，主要经济作物有可可、花生、甘蔗、烟草、油棕、橡胶等。加纳工业基础薄弱，原材料依赖进口，主要产业有采矿、木材、冶金、电力、酿酒等。采矿业是近年来最有开采价值的部门，以锰矿、铝矾土、黄金和金刚石开采为主。

文化习俗

在加纳，凳子有着特殊的意义。加纳的酋长都有一个雕刻着花纹、镶嵌着金银的精美凳子，是他们权力的象征。现在加

纳阿散蒂王宫博物馆还珍藏着一把金凳子，是过去阿散蒂王国的至宝。

在加纳的普通人家，凳子也有着重要意义。每个人都有一个自己心爱的凳子，会经常冲洗，保持其洁净。凳子还是求婚时的必备彩礼和出嫁时的必备嫁妆。凳子的主人去世了，家人会把凳子漆成黑色，保存起来留作纪念。

著名城市

◎阿克拉

阿克拉位于加纳东南部，是加纳的首都，也是全国政治、经济和文化中心。这里曾是殖民者贩卖奴隶和掠夺黄金、象牙的中心。加纳独立以后，这里的城市建设步伐加快，成为全国最大的工业中心。阿克拉最繁华的地段在老市区以东，包括独

立大街、自由大街两条南北干道和滨海的二月二十八日路，议会、政府等机构以及商业、金融、保险等大公司都集中在这里。阿克拉是一个十分美丽的滨海城市，房屋以铝皮盖顶，银光闪闪，成为城市景观的一大特色。

◎库马西

库马西是加纳第二大城市，位于阿散蒂高地东南部，是阿散蒂高地的中心城市。库马西是建立在几个坡度不大的山丘上，整个城市坐落在绿树与鲜花之中，是一座花园城市。全城分为商业区、工业区和居民区，是可可、黄金、粮食等的重要集散中心。库马西还是古老的阿散蒂文明的最后痕迹，保留着阿散蒂王国故宫和皇家博物馆等名胜古迹。

加纳奴隶堡

加纳有“黄金海岸”之称，同时又是名副其实的“奴隶海岸”。在500多千米的海岸线上，有30多座大大小小的奴隶堡，数以千万计的黑人曾经从这里被贩运到美洲，成为非洲历史极为悲惨的一页。在众多的奴隶堡中，修建最早、规模最大、保存最完好的当属埃尔米纳奴隶堡，它是殖民者掠夺非洲的罪证。

塞内加尔
写给孩子的世界地理

地理环境

塞内加尔位于非洲西部，塞内加尔河下游左岸，西临大西洋，北邻毛里塔尼亚，东接马里，南接几内亚和几内亚比绍。

国家名片

全　　称：塞内加尔共和国
首　　都：达喀尔
位　　置：非洲西部
语　　言：官方语言为法语，通用语为沃格夫语
民　　族：沃洛夫族、富尔贝族、谢列尔族等
行政区划：全国共有14个大区，172个县市，385个乡镇

塞内加尔大部分地区都是地势比较平坦的平原，东部和东南部有低山丘陵，沿岸有很多起伏的沙丘。

气候类型

塞内加尔因受信风带影响，属于夏雨冬干型的热带草原气候。年平均气温为29℃，最高气温达到45℃。7月至10月为雨季，11月至次年6月为旱季。9月和10月气温最高。

自然资源

塞内加尔自然资源比较匮乏，主要矿产资源有铁、铜、钻石、黄金、磷酸盐等。其中，磷酸钙储量约1亿吨，磷酸铝储量5 000万～7 000万吨。中部和南部海上油田储量约有5.3亿桶，但还没有进行充分的商业开发。塞内加尔是西非最大的产盐国，

约有 1/3 的盐产自小作坊，提供给本国和邻国。

水系概况

塞内加尔河为主要河流，发源于几内亚富塔贾隆高原，流经几内亚、马里、塞内加尔以及毛里塔尼亚等国，最终注入大西洋。

社会经济

塞内加尔是世界不发达国家之一。60% 以上的劳动力从事农牧业，粮食不能自给。主要农作物有粟、玉米和高粱等，主要经济作物有棉花和花生等，是西非地区主要的棉花、花生生产国。主要工业类有食品、化工、机械制造等。其中，食品加工业是最主要的工业部门，约占每年工业增加值的40%。化工业在每年工业增加值中所占比重为12%，主要生产磷酸盐和化肥等。塞内加尔的另一主要经济支柱是渔业，但近年来渔业资源萎缩较为严重。

文化习俗

塞内加尔盛产花生，当地有个有趣的活动——垒花生。比赛由当地酋长主持，参赛的小伙子们肩扛头顶，将一袋袋花生运到指定位置垒起来，最先垒到“金字塔”顶端的最后一袋者获胜，获胜者会得到一袋花生作为奖品。

垒花生比赛还是青年男女的社交场合，比赛结束后，观众中的女青年会给心仪的小伙子送上毛巾、饮料等，双方可能以此为契机成为情侣。

著名城市

◎达喀尔

达喀尔是塞内加尔的首都，是全国政治、经济、文化、交通中心，也是全国最大的城市与最大的港口。达喀尔位于佛得角半岛顶端，位于非洲大陆最西部，濒临大西洋，有着极为重要的地理位置，是大西洋航线要冲及西非的重要门户。达喀尔集中了全国绝大多数工业，有大型的榨油、炼油等工厂，还有食品、纺织、化学、汽车装配等工业。达喀尔气候温和宜人，建筑风格独特，有“非洲小巴黎”的美誉。世界著名的赛车运动——达喀尔拉力赛，通常以法国首都巴黎为起点，以达喀尔为终点。

朱贾国家鸟类保护区

朱贾国家鸟类保护区位于塞内加尔河流域三角洲地带，成立于1971年，占地约160平方千米，是局部开放的旅游胜地。保护区的地理位置得天独厚，为无数从北向南和反方向迁徙的鸟类提供了迁徙地。这里大约有150万只鸟类，是世界著名的野鸭栖息地，也是名副其实的“水禽王国”“候鸟的天堂”。其中，珍稀的鸟类有草鹭、白鹈鹕、非洲琵鹭等。此外，水域中还有鳄鱼和世界级珍稀动物海牛。参观朱贾国家鸟类保护区的最佳季节是11月至次年4月，水面附近有十几处鸟类观测点，可租用独木舟观赏。

全彩插图　寓教于乐

跟着课本看世界
——写给孩子的世界地理

南美洲

邹一杭　主编

北京工艺美术出版社

图书在版编目（CIP）数据

跟着课本看世界 ：写给孩子的世界地理. 南美洲 / 邹一杭主编. -- 北京 ：北京工艺美术出版社，2023.10

ISBN 978-7-5140-2622-1

Ⅰ. ①跟… Ⅱ. ①邹… Ⅲ. ①地理－世界－少儿读物 ②南美洲－概况－少儿读物 Ⅳ. ①K91-49②K977-49

中国国家版本馆CIP数据核字(2023)第062949号

出 版 人：陈高潮　　策 划 人：杨玲艳　　责任编辑：周　晖

装帧设计：弘源设计　　责任印制：王　卓

法律顾问：北京恒理律师事务所　丁　玲　张馨瑜

跟着课本看世界——写给孩子的世界地理　南美洲

GENZHE KEBEN KAN SHIJIE——XIE GEI HAIZI DE SHIJIE DILI NANMEIZHOU

邹一杭　主编

出　版　北京工艺美术出版社
发　行　北京美联京工图书有限公司
地　址　北京市西城区北三环中路 6 号　京版大厦 B 座 702 室
邮　编　100120
电　话　(010) 58572763（总编室）
　　　　(010) 58572878（编辑部）
　　　　(010) 64280045（发　行）
传　真　(010) 64280045/58572763
网　址　www.gmcbs.cn
经　销　全国新华书店
印　刷　天津海德伟业印务有限公司
开　本　700 毫米 × 1000 毫米　1/16
印　张　8
字　数　73 千字
版　次　2023 年 10 月第 1 版
印　次　2023 年 10 月第 1 次印刷
印　数　1 ~ 20000
定　价　239.00 元（全六册）

前言
PREFACE

我们都是地球的一员，在我们美丽的地球上，分布着陡峭险峻的山峰、连绵不绝的山脉、宽广美丽的平原、波澜壮阔的海洋……你是不是对这些景物充满了好奇？其实，这些景物中都涉及数不清的地理知识。地理这门学科具有很强的实用性，孩子学习地理能增长知识，成为博学多闻的人。地理知识能激发孩子的好奇心，潜移默化地打开孩子的眼界，帮助孩子多角度洞察世界。

为了让孩子足不出户就能了解世界地理，观赏世界各地的地形地貌，领略世界各国的风土人情，我们结合课本精心编写了这套《跟着课本看世界——写给孩子的世界地理》丛书。本套丛书共有 6 个分册，包括亚洲、欧洲、非洲、南美洲、北美洲、大洋洲 6 个大洲，描述

了多个国家的地理环境、自然资源、社会经济、文化习俗等知识，内容丰富，蔚为大观。本书语言精练、知识丰富，并配以精美的插图，尽显世界地理的魅力，让孩子在获得知识的同时，也能享受一场视觉“盛宴”。

接下来，让我们打开这本书，开启精彩纷呈的环球之旅吧！相信你会在“旅行”中更多地认识世界，探索世界。

南美洲除巴西、阿根廷建立了比较完整的工业体系外，其他国家现代工业仍不发达，经济作物的种植在南美洲各国经济中仍具有重要的地位。

厄瓜多尔

在南美洲厄瓜多尔首都基多市有两座赤道纪念碑。其中一座赤道纪念碑落成于1982年，碑高30多米，通体用赭红色花岗岩建成，造型呈方柱形。碑顶是一个醒目的大型石刻地球仪，上面有一条象征赤道的白色中心线，从上至下与碑东西两侧台阶上的白线相连。

（人教版——七年级地理上册）

秘　鲁

印第安人是南美洲的土著居民。安第斯山脉中段地带是南美洲古代文明的发祥地。15世纪，居住在这一带的印第安人部族——印加人，建立了以秘鲁南部库斯科为中心的印加帝国。当时农业已相当发达，人们在沿河谷两旁的山坡修建梯田和灌溉系统，栽培玉米、马铃薯、豆类和西红柿等农作物，并驯养骆马和羊驼。

（人教版——人文地理上册）

巴西

在里约热内卢的一个贫民窟里，有一个男孩儿，他非常喜欢足球，可是又买不起，于是就踢塑料盒，踢汽水瓶，踢从垃圾箱里捡来的椰子壳。他在院子里踢，在巷口踢，在能找到的任何一片空地上踢。

（冀教版——四年级语文上册）

智利

智利位于太平洋东岸，该国的阿塔卡马沙漠，气候极其干燥。该地区多年平均降水量小于0.1毫米，被称为世界的“干极”。为什么阿塔卡马沙漠靠近太平洋却雨水稀少呢？原来，这里常年受下沉气流控制，盛行风从陆地吹向海洋，致使这里的气候炎热干燥。

（商务星图版——七年级地理上册）

课本上关于南美洲的介绍不过是冰山一角，为了增长孩子们的见识、开阔孩子们的视野，我们分别从地理环境、经济文化等方面对南美洲展开介绍。接下来我们一起走进南美洲，了解更多的南美洲的知识吧！

目录 CONTENTS

走进南美洲
写 给 孩 子 的 世 界 地 理

地理环境

美洲的全名是亚美利加洲，以巴拿马运河为界，分为北美洲和南美洲，美洲中部的七个国家所在的区域也被称为中美洲。

南美洲全称南亚美利加洲，位于西半球南部，东濒大西洋，西临太平洋，北依加勒比海，仅有西北部的狭窄部分与北美洲相连（南美洲、北美洲以巴拿马运河为界），南部隔德雷克海峡与南极洲相望。

南美洲南至弗罗厄德角（西经 71° 18'，南纬 53° 54'），北至加伊纳斯角（西经 71° 40'，北纬 12° 28'），东至布朗库角（西经 34° 46'，南纬 7° 09'），西至帕里尼亚斯角（西经 81° 20'，南纬 4° 41'）。南美洲总面积约 1 797 万平方千米，是世界陆地面积第四大的大洲。

南美洲北宽南窄，大致上可分为东西两个纵带。西部为狭长的安第斯山脉，由数条平行山岭组成，如东、中、西三条科迪勒拉山脉和海岸山脉等。安第斯山脉全长 8 900 千米，是世界上最长的山脉，平均宽度约 300 千米，最宽处可达 800 千米。安第斯山脉大部分海拔在 3 000 米以上，超过 6 000 米的山峰很多，其中北部的阿空加瓜山海拔 6 960 米，是美洲最高峰，也是西半球最高峰。安第斯山脉中段有宽广的山间高原和谷地，是印加文明的发源地。东部主要由古老高原和低平的冲积平原组成，且平原与高原相间分布。从南至北，包括巴塔哥尼亚高原、拉普拉塔平原、巴西高原、亚马孙平原、圭亚那高原和奥里诺科平原。其中，亚马孙平原是世界上面积最大的河流冲积平原。

区域划分

南美洲主要包括 12 个国家，还包括法属圭亚那等地区。这 12 个国家是：北部的圭亚那、苏里南、哥伦比亚、委内瑞拉；位于安第斯山地中段的秘鲁、玻利维亚、厄瓜多尔；南部的智利、阿根廷、巴拉圭、乌拉圭；东部的巴西。

气候类型

赤道横贯南美洲北部，全洲大部分地区都位于热带，主要属于热带雨林气候和热带草原气候，西部有呈带状分布的地中海气候和热带沙漠气候，安第斯山脉为高山气候，东南部有亚热带季风和季风性湿润气候。

除山地外，全洲大部分地区在冬季最冷的月份，平均气温也在 0℃以上；到了夏季，即使是在最热的月份，平均气温也不到 28℃。全洲 70% 以上地区年降水量超过 1 000 毫米，因此沙漠面积较小。整体上来说，南美洲是一片温暖湿润的大陆，各地年温差较小，大陆性不显著。

水系概况

南美洲水系被安第斯山脉分为东、西两部分。东部属大西洋水系，水量丰富、支流众多、流域面积大。其中世界上流量最大、流域面积最广的河流亚马孙河就是注入大西洋的；西部属太平洋水系，多独流入海、源短流急。

南美洲的主要河流，如亚马孙河、拉普拉塔河–巴拉那河、巴拉圭河、乌拉圭河等都是外流河。内流区域很小，多分布在阿根廷的西北部和南美洲西中部的荒漠高原。除最南部的部分河流外，南美洲的河流都是终年不冻的。

南美洲瀑布较多，其中，伊瓜苏瀑布为全洲最大的瀑布，安赫尔瀑布是世界上落差最大的瀑布，凯厄图尔瀑布则是世界上最壮观的瀑布之一。

美洲名字的由来

美洲全名亚美利加洲，据说是得名于一位意大利探险家，他的名字叫作亚美利哥·维斯普西。1499年，亚美利哥跟随一支船队，沿着哥伦布开辟的航线前往美洲大陆。他对南美洲东北部沿岸进行了详细的考察，还编制了最新的美洲地图。后来，他还两次航行到美洲大陆，对这片新大陆的其他地区进行考察。1507年，亚美利哥根据自己的经历创作了《海上旅行故事集》一书，一经发行就引起了轰动，欧洲人开始重新认识这个世界。于是，一些学者用亚美利哥的名字为这片新大陆命名，称为亚美利加洲，简称美洲。

南美洲湖泊较少，安第斯山脉的荒漠高原地区有一些构造湖，如波波湖、的的喀喀湖等。南部巴塔哥尼亚高原区冰川湖较多，委内瑞拉西北部的马拉开波湖是南美洲最大的湖泊。

自然资源

◎矿产资源

南美洲矿产资源种类多、储量丰富，但由于各种原因，还没有得到全面勘探和开发。煤主要分布在巴西和哥伦比亚；石油大多分布在委内瑞拉；天然气主要分布在阿根廷和委内瑞拉；铁矿主要分布在巴西；铜矿大部分分布在智利和秘鲁境内，共约1亿吨以上，储量居各洲之首；铝土矿主要分布在苏里南；南美洲的银、铍、硫黄和硝石等储量都居各洲前列，锰、锡、铀、铂、锂、金刚石等矿物也很丰富。

◎森林资源

南美洲的森林面积约占全洲总面积的一半以上，是世界上森林覆盖率最高的大洲，盛产铁树、红木、木棉树、巴西木、檀香木、香膏木等贵重林木，还是橡胶、金鸡纳树等的原产地。

◎动物资源

南美洲动物资源丰富，主要动物有驯鹿、麝牛、美洲狮、美洲虎、美洲豹、美洲黑熊、叉角羚羊等。

秘鲁沿海、巴西沿海为南美洲两大渔场。

◎水资源

南美洲号称世界上最湿润的大洲，水力资源的蕴藏量极为丰富。亚马孙河、巴拉那河等都是水量充沛、流域面积广泛、落差大的水系。但是，受自然条件、发展水平等限制，南美洲已开发的水力资源还很少。1991 年，在巴西、巴拉圭的界河——巴拉那河上，建起了举世瞩目的伊泰普水电站，是南美洲水力

资源运用的重要成果。相信随着南美洲经济的发展，水力资源会得到更为充分的开发。

人口民族

南美洲人口约 3.899 亿（2016 年），包括白人、印欧混血种人、印第安人和黑人等。

南美洲广大的地区被热带雨林覆盖，不适合居住，全洲人口分布很不均衡，高度集中在少数大城市。西岸沙漠地区、巴塔哥尼亚高原和亚马孙平原人口稀少，西北部和东部沿海一带人口稠密。按国籍而论，巴西集中了全洲近 50% 的人口，厄瓜多尔则是全洲人口密度最大的国家。

经济文化

南美洲的国家均为发展中国家，大部分国家都是单一化的初级产品出口国，出口廉价的农、牧、矿等原料，这些商品易受国际价格波动的影响，因此这些国家经济发展都不稳定。巴西和阿根廷是该洲经济最为发达的国家，其中，巴西的国内生产总值居南美洲首位。南美洲各国经济发展水平和经济实力悬殊，其国内贫富不均衡的情况都较为严重，现代经济高度集中在少数大城市或沿海地区。

为响应国际市场需求，南美洲国家多结合本国优势的自然条件种植经济作物，如甘蔗、香蕉、咖啡、可可、柑橘、剑麻等，农作物产量都居各大洲前列。

阿根廷等国则大量出口肉类和粮食；秘鲁和智利则是世界著名的渔业国。

由于工业发展水平的限制，南美洲多数国家制造业的主体为轻工业，诸如肉类加工、制糖、饮料、皮革、纺织、服装等。重工业也有一定的发展，钢铁、汽车、化工、橡胶、电器、机械等集中在巴西等少数国家。采矿业是南美各国的基础产业，大部分矿产供出口，其中委内瑞拉的石油、巴西的铁与铌、智利的铜、圭亚那与苏里南的铝土等矿物，都在世界上占据重要地位。

南美洲第三产业的发展也不均衡，其中巴西、阿根廷、智利、委内瑞拉 4 国的第三产业发展较好。巴西的旅游业发展得较好，每年都会接待大量外国游客。旅游业成为国家收入的重要部分。

合成文化

在欧洲殖民者到来之前，南美洲的原住民印第安人曾创造出辉煌的印加文明。在殖民者的破坏下，南美洲的古文明遭到摧毁，但并没有消失。后来，殖民者为补充劳动力大量引进黑奴，使得南美洲的印第安文化与黑人文化、拉丁文化等产生冲突、融合，形成合成文化。今天，南美洲文化在人们心目中总是蒙着一层神秘色彩，印加文明等受到全世界很多古文明爱好者的追捧。

文化习俗

很多南美洲人有着热情奔放的性格，他们热爱音乐、舞蹈和足球等。巴西的桑巴舞、阿根廷的探戈等受到全世界的喜爱，巴西的狂欢节号称“地球上最伟大的表演”。巴西、阿根廷、巴拉圭、乌拉圭等都是传统足球强国，足球运动在这些国家有着重要的地位。

很多生活在南美洲农村和深山密林中的印第安人，保持着独特的风俗和传统文化，他们极富民族特色的服饰给世人留下了深刻的印象。

南美洲世界之最

世界上最狭长的国家——智利
世界上海拔最高的首都——拉巴斯
世界上最大的冲积平原——亚马孙平原
世界上最宽的海峡——德雷克海峡
世界上最长的山脉——安第斯山脉
世界上海拔最高的死火山——阿空加瓜山
世界上最厚的地方——钦博拉索山
世界上最大的盐沼区——乌尤尼盐沼
世界上最宽的瀑布——伊瓜苏瀑布
世界上落差最大的瀑布——安赫尔瀑布
世界上最大的热带雨林——亚马孙河热带雨林

哥伦比亚
写 给 孩 子 的 世 界 地 理

地理环境

哥伦比亚位于南美洲西北部，东邻巴西、委内瑞拉，南接秘鲁、厄瓜多尔，西濒太平洋，北邻加勒比海，西北与巴拿马相连。

国家名片

全　　称：哥伦比亚共和国
首　　都：波哥大
位　　置：南美洲西北部
语　　言：官方语言是西班牙语
民　　族：印欧混血种人占多数，其余为白人、黑白混血种人、印第安人和黑人
行政区划：全国划分为32个省和波哥大首都区

哥伦比亚地形大致分为西部山地区和东部平原区两部分，大致以安第斯高地为界。西部除沿海平原外，都是由科迪勒拉山脉构成的高原，山脉间有宽大的山间盆地，是全国人口最集中的地区，也是经济与社会发展水平最高的地区；东部奥里诺科平原是奥里诺科河的支流和亚马孙河所形成的冲积平原，地势平坦，雨季时常被洪水淹没，人口密度很小。

气候类型

哥伦比亚地处热带，赤道横贯南部，气候受安第斯山脉和季风等的直接影响。全国气候因地势而异：太平洋沿岸和东部平原南部为热带雨林气候；海拔为 1 000 ~ 2 000 米的山地属亚热带森林气候；西北部以热带草原气候为主。全国降水充沛，降水量呈现由南向北逐渐减少的趋势，东部及东南部平原的年降水量可达 3 000 毫米，海拔较高的地区年降水量则在 1 000 毫米左右。

自然资源

◎矿产资源

哥伦比亚自然资源丰富，主要矿藏有石油、煤、绿宝石等。石油和天然气储量较为丰富，石油产值居矿业之首。哥伦比亚

的绿宝石储量和产量均居世界首位，是世界上最大的绿宝石出口国。另外，哥伦比亚还有金、银、铂、铁、镍等矿藏。

◎森林资源

哥伦比亚森林面积约 59 万平方千米，占国土总面积的 50% 以上，盛产多种名贵硬质木材，如维蜡木等。

水系概况

哥伦比亚有 4 条主要河流：马格达莱纳河、考卡河、亚马孙河与奥里诺科河。其中，马格达莱纳河是哥伦比亚第一大河，全长约 1 500 千米，也是“哥伦比亚的生命河”。其发源于帕帕斯荒原上，在巴兰基亚市附近流入加勒比海。马格达莱纳河上游有很多支流，形成了一些瀑布，下游区域流速稳定，是哥

伦比亚水运的主要通道。考卡河是马格达莱纳河重要支流，全长约 1 000 千米。亚马孙河是哥伦比亚与秘鲁和巴西的界河，奥里诺科河则是哥伦比亚与委内瑞拉的界河。

社会经济

哥伦比亚是拉美地区第五大经济体，经济大体上保持着平稳增长的态势，有着较为广阔的市场和巨大的发展潜力。

哥伦比亚农耕土地充足、降水充沛，历史上是以咖啡生产为主的农业国，至今仍是咖啡种植业大国。该国种植的咖啡几乎全是阿拉比卡咖啡，被称为“哥伦比亚咖啡”，是世界上少有的冠以国名出售的单品咖啡之一，并以高品质享誉全球。此外，哥伦比亚还是仅次于荷兰的世界第二大鲜花出口国。哥伦

比亚工业发展较快，以制造业和矿业为主，是拉美地区第四大汽车生产国；轻工业占工业总产值的比率较高，如纺织、制糖、咖啡加工等。哥伦比亚旅游业比较发达，主要旅游城市有波哥大、卡利、卡塔赫纳、库库塔等。

文化习俗

◎禁忌

哥伦比亚人通常忌讳数字 13 和星期五，且不喜欢紫色。

◎谢肉节

哥伦比亚国内最重要的节日，要数全国狂欢节——谢肉节。节日通常在 1 月 5 日开始，人们会头戴面具、身穿彩色服装，聚集在一起开怀畅饮、尽情歌舞，还会互相往脸上涂抹黑色或白色的颜料，因此谢肉节也被称为“黑白狂欢节”。

著名城市

◎波哥大

波哥大是哥伦比亚的首都和最大城市，也是全国政治、经济、文化和旅游的中心，曾用名圣菲波哥大，位于东科迪勒拉山脉西侧的苏马帕斯高原谷盆地上。该市虽然靠近赤道，但由于地势较高，因此气候凉爽，四季如春，加上名胜古迹众多，所以有着“南美雅典”的美誉。波哥大最初为印第安人的一支——奇布查人的文化中心，1538 年西班牙人在这里建立了殖民据点，1821 年成为大哥伦比亚首都，1886 年开始成为哥伦比亚共和国的首都。波哥大商业发达，有世界最大的绿宝石市场，并有汽车装配、水泥、化工、纺织、绿宝石加工等工业部门，是拉丁美洲一个重要的工业中心。波哥大有着发达的文化事业，市内有众多博物馆，诸如著名的黄金博物馆、国家博物馆等。

◎卡利

卡利位于哥伦比亚西部，是考卡山谷省首府，也是哥伦比亚第三大城市。1536 年，西班牙人在此建城，之后随着铁路和巴拿马运河的开放逐渐发展壮大，成为哥伦比亚重要的工业中心。主要工业部门有制糖、制药、纺织、冶金、食品加工等。卡利是一座备受欢迎的旅游城市，景点集中于市中心，游客可以参观历史悠久的广场和大教堂等。

圣奥古斯丁考古公园

圣奥古斯丁考古公园位于哥伦比亚南部的安第斯山区，是一处美洲古印第安文明遗址。印第安人曾在这里孕育出独特的圣奥古斯丁文化，兴盛于8世纪，后来逐渐衰败。公园内散布着许多石像、神殿和墓地，是圣奥古斯丁艺术家的智慧结晶。其中，一个个圆脸、大眼睛、笑容可掬的石像，尤为吸引眼球。这些石像都是艺术家们用黑曜石制成的石斧，在玄武岩上雕刻而成的，风格有的简洁、有的细腻，是不同时代的产物，充分显示了艺术家丰富的想象力。公园中还建有图书馆和博物馆，游客可以了解有关圣奥古斯丁考古公园的历史知识。1995年，圣奥古斯丁考古公园被列入《世界遗产名录》。

委内瑞拉
写 给 孩 子 的 世 界 地 理

地理环境

国家名片

全　　称：委内瑞拉玻利瓦尔共和国
首　　都：加拉加斯
位　　置：南美洲北部
语　　言：官方语言是西班牙语
民　　族：印欧混血种人占50%以上，其余为白人、黑人、印第安人
行政区划：全国划分为21个州，2个边疆地区，1个首都区和1个联邦属地

委内瑞拉位于南美洲大陆北部，东邻圭亚那，南接巴西，西邻哥伦比亚，北濒加勒比海。

安第斯山脉由西南进入委内瑞拉境内，并在加勒比海沿岸转为东西走向，将全国地形切分为山区、平原、高原三个区域。其中，北部和西北部为山区，北部主要是安第斯山脉的东北分支梅里达山脉，其顶部终年积雪，常有地震发生。西北部的马拉开波湖一带为山脉夹峙的低地，湖区是世界上最富饶、最集中的产油区之一；中部为奥里诺科平原，平原的东半部是奥里诺科河口形成的三角洲沼泽地，平原的西半部是一片草原；东南部是圭亚那高原。

气候类型

委内瑞拉境内除山地外基本上属于热带草原气候，气温因降水量和海拔的不同而变化。西部山区气温较低，中部平原气温炎热，北部沿海地区则较为干燥，全国年平均气温为26℃～28℃。奥里诺科河上游盆地降水量最多，年平均降水量超过3 000毫米。每年6月至11月为雨季，12月至次年5月为旱季。

自然资源

◎矿产资源

委内瑞拉自然资源丰富，石油是最主要的矿产资源，探明储量约 3 000 亿桶，居世界第一位。铁金属储量居世界第八位。其他金属矿产有铜、锰、锌、镍、钒、铬等。

◎森林资源

森林面积约占全国总面积的 56%，主要分布在东南部。

水系概况

委内瑞拉境内最大的河流是奥里诺科河，这是南美洲的重要大河，水力资源丰富。在圭亚那高原上流淌着卡劳河，卡劳河的支流丘伦河上有世界上落差最大的瀑布——安赫尔瀑布。安赫尔瀑布的落差达 979 米，共分为两级，第一级由山顶直泻至一个结晶岩平台，落差达 807 米；第二级下跌为 172 米，落入丘伦河谷地。安赫尔瀑布水量并不稳定，雨季飞流直下、气势如虹，到了旱季水量剧减，谷地会出现圆形深坑。

委内瑞拉西北部的马拉开波湖是南美洲最大的湖泊，也被认为是世界上最富饶的湖泊，湖区的石油开采量占全国的75%。

社会经济

委内瑞拉农业发展缓慢，农业产值占国内生产总值比例极低，粮食不能自给。农业从业人数约占全国劳动总人口的13%，主要农产品有可可、咖啡、大米、玉米、甘蔗、土豆等。委内瑞拉种植咖啡、可可的历史久远，在石油业兴起前，咖啡、可可在国民经济中占有重要地位。轻工业较发达，主要工矿业部门有石油、铁矿、炼钢、建筑、电力等。石油工业是国民经济的支柱产业。进入21世纪以来，国际油价下滑对委内瑞拉经济造成了严重冲击。

文化习俗

委内瑞拉人热情、豪爽、随性，喜欢聚会，但他们约会时常会出现迟到现象。熟悉的朋友见面时会握手、拥抱，女性之间还会互吻面颊，关系亲近的异性朋友也会拥抱和亲吻面颊。

委内瑞拉人在跟人谈话时习惯离对方很近，很多时候鼻子都快碰到对方的鼻子了。在说话的同时，他们还有可能捏捏对方的肩膀、摸摸对方的领口等来表达亲昵，熟悉的朋友之间则会抓住对方的手说话。

著名城市

◎加拉加斯

加拉加斯是委内瑞拉的首都，也是全国的政治、经济、文化的中心。加拉加斯位于委内瑞拉北部，处在靠近加勒比海的

四面环山的谷地中，据说，加拉加斯是因当地生长着一种名为“加拉加斯”的棕色草而得名。加拉加斯始建于1567年，拉丁美洲独立战争的先驱弗朗西斯科·米兰达和西蒙·玻利瓦尔都诞生在这里。1830年，加拉加斯成为首都。加拉加斯都市区由市区和周围的4个教区以及米兰达州的5个城镇组成，集中了委内瑞拉一半以上的工业。市内分新、老两城区，新城区多高层建筑，有宏伟的中央公园建筑群。老城区以玻利瓦尔广场为中心，两侧为总统府和内阁大楼。加拉加斯终年气候温和，被称为“得天独厚的首都”，有阿维拉国家公园、玻利瓦尔广场、特雷萨·卡雷尼奥剧院等著名旅游景点。

◎马拉开波

马拉开波位于马拉开波湖西岸，是委内瑞拉的新兴石油城，也是全国第二大城市和海港。原为小型咖啡出口港，后随着石

油的发现和开采迅速发展起来，成为南美洲著名的石油城。市内交通发达，17—18世纪，马拉开波的古建筑随处可见，有印第安人保留的旧区、圣阿纳教堂和繁荣的市场，是旅游观光的好去处。另外，马拉开波湖上井架林立，游客还可以饱览油田风光。

玛格丽塔岛

玛格丽塔岛位于委内瑞拉东北部，在阿拉亚半岛以北的加勒比海中，是著名的旅游胜地。该岛于1498年被哥伦布发现，因盛产珍珠而驰名，又称珍珠岛，被誉为“加勒比海的珍珠”。南美洲独立先驱玻利瓦尔曾在此建立根据地，反抗西班牙的殖民统治。岛上多为印第安人，主要收入来源为捕鱼、采珍珠和旅游业。

圭亚那
写给孩子的世界地理

地理环境

国家名片

全　　称：圭亚那合作共和国
首　　都：乔治敦
位　　置：南美洲北部
语　　言：官方语言是英语，也使用克里奥尔语、乌尔都语、印第安语和印地语
民　　族：印度裔占 40% 以上，其余为非洲裔、混血种人、印第安人
行政区划：全国划分为 10 个区

圭亚那位于南美洲北部，东与苏里南接壤，南与巴西毗邻，东北濒大西洋，西北与委内瑞拉交界。

圭亚那地势南高北低、西高东低，以山地、高原为主。南部和西部为圭亚那高原，是南美洲第二大高原，埃塞奎博河贯穿其间；中部为丘陵，有丰富的铝土矿；北部为沿海平原，是三角洲地带，平原南部是沙土地带，为森林区。

气候类型

圭亚那位于赤道低压区，属于热带雨林气候，气温因海拔不同而异，山地气候温和，平原气候炎热。内陆地区全年只有一个雨季，其余为旱季，沿海地区有两个雨季和两个旱季。雨季平均每天日照时间为 5 小时，旱季则不少于 7 小时。全国年平均气温为 24℃ ~ 32℃。

自然资源

◎矿产资源

圭亚那自然资源丰富，有铝矾土、钻石、金、铀、锰、铜、钼等矿藏。其中铝矾土蕴藏量丰富，约 3.6 亿吨，且品质高、

杂质少。2015 年起，圭亚那近海斯塔布鲁克等区块不断发现大量石油资源，已探明可采储量约 110 亿桶。

◎森林资源

圭亚那森林面积约 16.4 万平方千米，占全国土地面积的 85%。

水系概况

圭亚那境内河流纵横，湖泊和沼泽星罗棋布，其国名“圭亚那”在印第安语中是“多水之乡”的意思。主要河流有埃塞奎博河、伯比斯河和德默拉拉河等。埃塞奎博河位于圭亚那中部，源自阿卡里山，向北流经热带草原、热带雨林，在乔治敦以西注入大西洋，是圭亚那最大的河流，流域面积占圭亚那全境面积一半以上，主要支流有库尤尼河、马扎鲁尼河等。

圭亚那境内瀑布很多，最著名的是凯尔图尔瀑布。凯尔图

尔瀑布又名“老人瀑布”，位于埃塞奎博河支流波塔罗河口，由波塔罗河自帕卡赖马山地下跌形成，宽达百米，落差极大，是世界上单次落差最大的瀑布。

社会经济

圭亚那经济以生产初级产品为主，铝矾土、蔗糖和大米为国家三大经济支柱。工业以采矿业和制糖业为主，主要开采铝矾土、黄金和钻石。主要种植水稻和甘蔗，大米是国民经济支柱之一。近年来，圭亚那重视开发旅游资源，但基础设施落后，旅游业发展受限。

文化习俗

◎生育习俗

在圭亚那的一些部落中，还流传着一个古老的生育习俗：妻子怀孕后，丈夫有些话就不能说了，一些特定的食物也不能吃了。妻子临产时，丈夫也会装模作样地大声呻吟，假装自己在生孩子。孩子出生后，丈夫还会“坐月子”，亲朋好友也会假装是他生了孩子，前来祝贺。这种习俗称“产翁制”，实际上，这在很多国家都出现过，在社会发展早期较为普遍，今天仅存在于某些社会组织较为落后的部落中。

◎迎宾礼节

圭亚那东部的部族——依那族，依那族中有一种“野性十足”的迎宾礼节，当客人将要到来时，主人会在几十步远的地方架起土箭，朝着客人连射4箭，箭支会在客人头顶飞过。在当地人心目中，这是对客人最真挚、最热烈的欢迎仪式。

著名城市

◎乔治敦

乔治敦是圭亚那的首都和重要港口，也是全国的政治、经济、文化和交通的中心。乔治敦位于德默拉拉河入海口处，最初由荷兰殖民者建立，随后又被法国和英国统治，曾被荷兰统治者命名为“斯塔布鲁克”，英国殖民者将其更名为——乔治敦，

并定为英属圭亚那首府。圭亚那独立后，乔治敦被定为首都。这里交通便利，各种设施齐全，有公路、铁路通往内地和沿海城镇。乔治敦是富有热带风情的花园城市，气候潮湿、雨量充沛，市内到处可见高大的椰子树和各种棕榈树。建筑多为木质结构，红顶白墙，十分别致漂亮，保留有18—19世纪的风格。由于乔治敦地势低洼，很多建筑都架空修建，高出地面约2米，人们会在建筑下存放汽车或杂物。位于乔治敦市郊的圭亚那大学是国内唯一的一所综合性高等学校。

乔治敦位于沿海地区，是全国农产品和内地林、矿产品的集散地及加工中心。主要旅游景点有市政厅、大草棚、国家独立纪念门、圣乔治大教堂、圣安德鲁教堂等。

◎新阿姆斯特丹

新阿姆斯特丹是圭亚那最大的城镇之一，距首都乔治敦约100千米，处于伯比斯河东岸，紧邻大西洋。荷兰占领圭亚那期间，新阿姆斯特丹是殖民政府所在地，后由英国接管。今天，新阿姆斯特丹是一个港口城市，还存在不少荷兰殖民时期的古老建筑。

新阿姆斯特丹港是一个中型港口，拥有天然港湾，能够容纳装载着铝土矿的船。甘蔗、水果、大米等通过这个港口运往国内其他地区。此外，圭亚那出口到欧洲的毛皮、烟草、咖啡、糖等，也是从新阿姆斯特丹出发的。新阿姆斯特丹有很多独具风格的教堂，还有一座深受人们喜爱的滨海艺术中心。

圣乔治大教堂

圣乔治大教堂位于乔治敦市中心，始建于1810年，经过多次改建，最终于1892年建成，是英国圣公会主教区的主教堂。教堂采用圭亚那绿心木和英国橡木建造，高度超过40米，据称是世界上最高的木结构教堂之一，是乔治敦的标志性建筑。教堂四面装有花格玻璃窗，风格新颖、宽敞明亮。大厅内前方有一座方形祭坛，祭坛后面是耶稣雕像。祭坛前上方有一个漂亮的吊灯架，是维多利亚女王所赐。

苏里南
写 给 孩 子 的 世 界 地 理

地理环境

国家名片

全　　称：苏里南共和国
首　　都：帕拉马里博
位　　置：南美洲北部
语　　言：官方语言是荷兰语，通用语言是苏里南语
民　　族：种族较为多元化，人数较多的有印度裔、克里奥尔人、印尼裔、丛林黑人和华人等
行政区划：全国划分为 1 市（帕拉马里博市）和 9 大区

苏里南位于南美洲北部，东邻法属圭亚那，南接巴西，西连圭亚那，北濒大西洋。

苏里南地势南高北低，境内大部分地区都是被密林覆盖的丘陵和低高原。北部是狭窄的沿海平原，其接近甚至低于海平面，而且多沼泽；沿海平原南部主要是丘陵、低高原地区，向南延伸至低矮的森林山脉——图穆库马克山脉，该山脉沿巴西边界的中央山体，又延伸到苏里南境内；西南部有热带草原，但面积较小。

气候类型

苏里南属于热带雨林气候。年平均气温 23℃ ~ 27℃，年降水量在 2 000 毫米以上。全年分旱、雨两季，气温最低的时候是每年的 2 月初至 4 月底，平均气温为 22℃，称小旱季；4 月底至 8 月中为大雨季；8 月中至 12 月初为大旱季；12 月初至次年 2 月初为小雨季。

自然资源

◎矿产资源

苏里南自然资源丰富，主要矿产资源有铝土矿、黄金、铁、铜、锰、石油等。其中，铝土矿较为丰富，已探明储量约 5.8 亿吨。

◎森林资源

苏里南森林资源丰富，森林覆盖率高达 93%，是世界森林覆盖率最高的国家。

水系概况

苏里南河流众多，最重要的是苏里南河。苏里南河位于苏里南中部，发源于圭亚那高原的威廉明娜山脉，在帕拉马里博以北注入大西洋，全长约 500 千米。上、中游多急流，下游河口开阔，可通航。苏里南河是当地人生活用品的重要输入通道，对苏里南的经济发展至关重要。

社会经济

苏里南经济基础相对薄弱，经济发展不平衡，主要产业为铝矿业、加工制造业和农业。工业以铝矾土的开采、加工为主，是世界第九大铝矾土生产国。农业产值约占国内生产总值的 10%，主要农作物有稻米、香蕉、甘蔗、柑橘、咖啡等。渔业资源丰富，发展潜力较大。

文化习俗

◎人种丰富

苏里南号称“小联合国”，因为它几乎集中了世界各地的不同人种，如印度人、克里奥尔人、印度尼西亚人、丛林黑人、

印第安人、华人、白人等，这些人种在一定程度上都保留着自己的民族传统，民族关系总体上是比较融洽的，这让苏里南呈现出异彩纷呈的社会风貌。

◎雪茄求婚

苏里南的印第安人对雪茄情有独钟，雪茄还被当作求婚的媒介。在一些印第安人部落中，如果一位小伙子爱上了一位姑娘，他就会选一个好日子亲自到女方家拜访，送上自己精心制作的雪茄以示求婚的诚意。姑娘的父亲如果欣然接受，两家就可以进一步商讨婚姻大事了。

著名城市

◎帕拉马里博

帕拉马里博是苏里南的首都和全国最大港口城市，也是全

国的政治、经济和文化的中心。帕拉马里博位于苏里南河下游西岸，濒临大西洋，原为印第安人渔村，后被英国、荷兰侵占，成为荷属圭亚那首府。苏里南独立后，帕拉马里博被定为国家首都。市内街道宽阔，布局整齐，多荷兰式建筑和木结构房屋，同时又有古老的犹太教堂、印度庙宇和具有爪哇特色的清真寺等风格各异的建筑。其中，位于市中心的天主教堂已有 200 余年的历史，是南美洲最大的天主教堂。帕拉马里博还是全国精炼铝、机械等工业的重要中心，还有染料、人造黄油、水泥、木材加工等工业，旅游业也很发达。市区沿河岸伸展，道路旁多热带树木，设有大学、图书馆、博物馆和植物园等。

◎新尼克里

新尼克里是苏里南第二大城市，也是一座港口城市。新尼

克里位于尼克里河下游，距大西洋仅有 5 千米，盛产水稻、香蕉、可可、椰木、巴拉塔胶等，也有农产品加工等初级工业。新尼克里的港口规模不大，可停靠中型海轮。

苏里南中心自然保护区

苏里南中心自然保护区位于苏里南西帕利维尼行政区，占地面积约1.6万平方千米，生长着苏里南中西部特有的热带雨林，对周围的河流起到重要的保护作用。保护区拥有多种原始地形和生态系统，植物种类繁多。动物物种丰富，很多都是当地特有的动物，如巨犰狳、美洲虎、大河水獭等。另外，这里还栖息着数百种鸟类，如圭亚那动冠伞鸟、深红色金刚鹦鹉等。

厄瓜多尔
写 给 孩 子 的 世 界 地 理

地理环境

国家名片

全　　称：厄瓜多尔共和国
首　　都：基多
位　　置：南美洲西北部
语　　言：官方语言是西班牙语，印第安人通用克丘亚语
民　　族：印欧混血种人占大多数，其余为印第安人、白种人、黑白混血种人、黑人等
行政区划：全国划分为 24 个省，下设 221 个市、1 449 个区

厄瓜多尔位于南美洲西北部，赤道横贯国境北部（“厄瓜多尔”即是西班牙语中“赤道”的意思）。东北与哥伦比亚毗连，东、南与秘鲁接壤，西临太平洋。

全国大致上分为东部、中部和西部三个地形区。其中东部地区是亚马孙河流域的一部分，海拔为 250 ~ 1 200 米，多原始森林，是厄瓜多尔重要的石油产地；安第斯山脉纵贯厄瓜多尔中部，分为东、西科迪勒拉山脉，山脊纵横交错，把高原分成 10 多个山间盆地，周围火山众多，地震频繁；西部沿海地

区东高西低，包括沿海平原和山麓地带，一般海拔在300米以下，有少数丘陵和低山。著名的科隆群岛（又称加拉帕戈斯群岛）也隶属厄瓜多尔，位于南美大陆以西970千米的太平洋上。该群岛由火山锥和火山熔岩组成，最大的岛是伊萨贝拉岛。这里气候多样，草木茂盛，有独特的生态系统，诞生出很多独特的生物，以巨龟和大蜥蜴最为著名，被誉为“世界最大的自然博物馆”。

气候类型

厄瓜多尔气候条件多样，西部沿海平原地区为热带雨林气候，年平均气温23℃ ~ 25℃，各地区年平均降水量不均衡，北部可达3 000毫米，南部则只有约500毫米；中部安第斯山区海拔低的地方属于亚热带森林气候，山间盆地则属于热带草

原气候；东部亚马孙地区多原始森林，属于热带雨林气候，全年湿热多雨，平均气温 25℃；科隆群岛受秘鲁寒流影响，气候凉爽干旱，属于热带季风气候。

自然资源

◎矿产资源

厄瓜多尔自然资源较为丰富。矿物以石油为主，主要分布于瓜亚基尔湾一带，已探明储量约 48 亿桶。其他矿产资源有金、银、铜、铁、煤、硫黄、天然气等。

◎森林资源

厄瓜多尔森林覆盖率较高，主要分布在国土东部，盛产红木、香膏木等贵重木材。

◎动物资源

位于太平洋上的科隆群岛上有巨龟、大蜥蜴等罕见动物，被称为“活的自然博物馆”。

水系概况

厄瓜多尔全境河网稠密，水量丰富，较大的河流有纳波河、道莱河、帕斯塔萨河、瓜亚斯河等。其中，瓜亚斯河位于厄瓜多尔西部，上源为安第斯山西坡的巴巴奥约河，向南流经潮湿低地，最后注入太平洋，形成瓜亚斯河三角洲和河口湾。沿河是厄瓜多尔最肥沃的地区，有大面积的可可、咖啡和热带水果种植园。

社会经济

厄瓜多尔是南美地区经济较为落后的国家，石油业是国家第一大经济支柱产业。工业基础薄弱，主要有采矿业、制造业和电力工业等。农业发展缓慢，可可、咖啡、香蕉为传统出口农产品。厄瓜多尔有“香蕉之国”的美称，从 1992 年起，香蕉产量和出口量连续多年位居世界第一。旅游业也是其主要的创汇行业，数十万人直接或间接从事旅游业。

文化习俗

◎黑母亲节

“黑母亲节”是厄瓜多尔最热闹的庆典，据说是为了纪念圣母玛利亚的黑人乳母而设立的，又名“圣母施恩节”。庆典在每年的 9 月举行，届时，年轻人都会穿上鲜艳的传统服装参加庆典。其中，女性喜欢穿一种名为“图南”的五颜六色的衣裙，喜欢佩戴羽毛和花草做成的花环。

◎婚俗

生活在厄瓜多尔的印第安人保留着很多传统习俗。例如，小伙子向心仪的姑娘求爱时，会把小石块轻轻投掷到她的身上，位置越高意味着爱意越浓。当地的婚礼多在傍晚举行。如果夫妻之间反目想要离婚，需要提前绝食三天，在第四天的早晨到

当地四位长者那里接受检验。如果夫妻二人都饿得有气无力了，就允许他们离婚；如果不是，就不准他们离婚。

著名城市

◎基多

基多是厄瓜多尔的首都，也是全国政治、文化的中心。基多位于赤道以南，距赤道仅 24 千米，城内建有著名的赤道纪念碑。作为南美洲古老的城市之一，基多原本是印第安人建立的城市，是古代印加文化的发祥地，后被西班牙殖民者侵占。厄瓜多尔独立后，基多被定为首都。城内有很多古建筑，反映了殖民时期的建筑风格，以神圣宣言大教堂最为著名，这座教堂是南美洲首屈一指的大型宗教建筑。基多有纺织、工艺品制作等产业。市区还有 1535 年建立的艺术学校。

◎瓜亚基尔

瓜亚基尔是厄瓜多尔最大的城市和主要港口之一，也是全国经济中心。该市濒临太平洋瓜亚基尔湾，被称为“太平洋的滨海明珠”。早在16世纪，西班牙人就在这里建立了城市。19世纪时，“北方解放者”西蒙·玻利瓦尔和“南方解放者”圣马丁在这里会晤，该城至今还保留有两位民族英雄并立交谈的雕像。瓜亚基尔虽靠近赤道，但因濒临海湾而凉爽无比，是旅游的好去处。

赤道纪念碑

18世纪时，法国科学家在基多进行了一系列科学研究，证实了牛顿关于地球扁平线的计算方法，并在这里建造了第一座赤道纪念碑。该碑高10米左右，是用赭红色花岗岩建成的，呈方柱形，造型古朴凝重。碑顶是一个大型地球仪的石刻，碑身刻有E、S、O、N四个西班牙字母，代表东、南、西、北四个方向。碑身还刻有“这里是地球的中心”以及参与测量赤道的科学家的名字等字体。不过，由于测量精度问题，该碑偏离赤道线近3千米。1981年，厄瓜多尔政府决定在旧碑附近的埃基诺西亚尔谷再建一座新的赤道纪念碑。新碑高30米，外形基本与旧碑相同。遗憾的是，新碑同样有200米左右的偏差。纪念碑的东西两侧有象征赤道的线，很多游客双脚分跨线的两侧留念，表示自己同时站在南北两个半球上。

秘 鲁
写 给 孩 子 的 世 界 地 理

地理环境

国家名片

全　　称：秘鲁共和国
首　　都：利马
位　　置：南美洲西北部
语　　言：官方语言是西班牙语，一些地区通用克丘亚语、阿伊马拉语和其他30多种印第安语
民　　族：近一半为印第安人，其余为印欧混血种人、白人与其他人种
行政区划：全国划分为26个一级行政区，包括24个省（大区）、卡亚俄宪法省和利马省（首都区）

秘鲁位于南美洲西北部，东接巴西，南接智利，东南与玻利维亚毗邻，西濒太平洋，北邻厄瓜多尔、哥伦比亚。

秘鲁全境可分为三大地形区：西部沿海区是北宽南窄的狭长沙漠平原，有着较为发达的灌溉农业，城市人口集中；中部是北窄南宽的山地高原区，主要是纵贯南北的安第斯山脉的中段，由并行排列的东部山脉、中部山脉和西部山脉构成，是亚马孙河

的发源地，山地南段多火山，地震频繁；东部为亚马孙热带雨林区，地势平缓，森林遍布。

气候类型

秘鲁气候复杂多样，西部属于热带沙漠、草原气候，年平均气温 12℃ ~ 32℃；中部属于高原山地气候，不同海拔气温变化大，年平均气温 1℃ ~ 14℃；东部属于热带雨林气候，年平均气温 24℃ ~ 35℃。

自然资源

◎矿产资源

秘鲁矿产资源丰富，银、铜、铅、金储量丰富，是世界上银储量最多的国家，也是世界第二大产铜国。

◎森林资源

秘鲁是世界生物多样性大国之一，森林覆盖率为 58%，其中 94% 在亚马孙地区，有将近 2 万种植物。

◎渔业资源

秘鲁海岸线长，沿海的水温也适合鱼类生存，渔业资源极为丰富，是世界渔业大国之一，鱼粉产量居世界前列。此外，秘鲁的淡水鱼资源也十分丰富。

水系概况

秘鲁东部河流为亚马孙河水系，其在秘鲁境内的重要支流有乌卡亚利河、普图马约河等。亚马孙河发源于秘鲁境内的安第斯山脉东麓，水量丰沛，落差较大，由于流经地广人稀的地区，因此尚未得到有效开发。西部河流多发源于安第斯山脉西

坡，东西走向流向太平洋，主要有贝斯河、皮乌拉河和桑塔河等，大多是短而急的季节性河流。

社会经济

秘鲁经济在拉美国家中居于中等水平，政局较为稳定，地理位置优越，自然资源丰富，因此宏观经济表现良好，经济持续稳步增长。不过，该国市场容量整体较小。秘鲁是传统农矿业国，农业人口约占全国总人口的 30%，是世界主要鱼粉、鱼油生产国，海洋渔业受自然条件影响较大。作为铜、金等矿产品的重要生产国和出产国，秘鲁的矿业逐渐取代了农牧业，成为秘鲁第一创汇产业。工业以加工和装配业为主，石油化工和冶金业也有一定的发展，还有规模较小的纺织、服装、金属机械、塑料、食品加工等产业。秘鲁是印加文明的发祥地，同时也是西班牙殖民者在拉美地区的统治中心。秘鲁自然和文化旅游资源都非常丰富，主要旅游景点有库斯科城、利马大广场、纳斯卡地画、马丘比丘遗址、的的喀喀湖、秘鲁亚马孙地区等。

文化习俗

◎太阳崇拜

秘鲁人对太阳非常崇拜，不仅将“太阳”定为货币名（秘鲁的旧货币“印蒂”和新货币“新索尔”都有太阳神之意），还将祖国称为“太阳之国”。每年的 6 月 24 日是秘鲁太阳节，人们会在库斯科市近郊举行庆典，祭奉太阳神。届时人们会头戴尖顶帽，身穿节日盛装载歌载舞感谢太阳神。

◎雅瓦尔节

秘鲁有众多的印第安人，他们有很多的传统节日，其中每年 7 月下旬举行的雅瓦尔节非常隆重。“雅瓦尔”是印第安语中“血”的意思，因此该节又称“血的狂欢节”。在节日之前，人们会事先到高山上捕捉兀鹰（兀鹰是一种凶猛的大型鸟类，被印第安人视为英雄，成为印加民族的象征。）。同时，人们还会准备好强壮的公牛（公牛被视为西班牙殖民者的化身）。节日到来之后，人们会灌兀鹰喝酒，然后将它绑在公牛背上，将它们一起放进竞技场，此时，兀鹰会用尖利的爪子抓公牛的背，用尖嘴啄公牛的身体，公牛则会在场内疯狂奔跑、跳跃，直到支撑不住倒下，血流满地。这时，主办方会在观众的欢呼声中解开绳索，将兀鹰放飞。当晚还会举办宴会，庆祝兀鹰斗牛的胜利。

◎香蒲文明

生活在的的喀喀湖畔的印第安人——乌罗族人，创造了著名的“香蒲文明”。香蒲是一种草本植物，叶片含纤维量高，可以用来编织各种物品。的的喀喀湖畔盛产香蒲，乌罗族人则将香蒲运用到了极致，他们划着香蒲和芦苇编织的小船，住在用香蒲建造的房子里，使用香蒲制作的日用品，还会用香蒲制成的工具捕鱼，此外香蒲还是他们的重要食品之一。最令人惊叹的是，乌罗族人的香蒲房屋并不是建在陆地上的，而是建在许多用香蒲、芦苇编织成的浮岛上，他们就长年住在浮岛上。

著名城市

◎利马

利马是秘鲁的首都和最大城市，也是全国的政治、经济、商业、交通的中心。利马位于秘鲁西海岸中部，是一座沙漠中的城市，年降水量在 15 毫米以下，有“无雨城”之称。利马始建于 16 世纪，是西班牙殖民者在南美洲的总督驻地，也是秘鲁西班牙文化的重地。

利马城分旧城和新城。旧城位于城市北部，靠近里马克河，有很多殖民地时期的建筑，最著名的是“武器广场”。广场周

围有超级市场、政府大厦等建筑。新城街道宽阔，高楼林立，有很多博物馆，著名的有黄金博物馆、国立人类学博物馆等。

◎ 库斯科

库斯科位于秘鲁南部，是一座历史文化名城，原为古印加帝国的中心，有“安第斯山王冠上的明珠”和“古印加文化的摇篮”等美称。该城始建于 11 世纪，是印加帝国的政治、经济、文化和宗教的中心。16 世纪时，这里被西班牙殖民者占领。殖民者没有破坏城中的建筑，而是在其基础上修建了巴洛克风格的教堂和宫殿。城内多印加文化遗址，印加帝国时代的街道、

宫殿、庙宇等建筑至今仍保存完好。主要景点有马丘比丘遗址、科里坎查太阳神庙、印加王罗卡的宫殿等，马丘比丘遗址最为著名。城外有萨克萨瓦曼城堡、皮萨克的广阔梯田和印加王室大道等遗迹。库斯科旅游资源丰富，现已成为秘鲁首屈一指的旅游城市。

◎阿雷基帕

阿雷基帕是秘鲁第二大城市，位于秘鲁南部的米斯蒂火山山麓地带的奇利河谷地。阿雷基帕原本是印加帝国的一座古城，16 世纪被西班牙殖民者改建（地震被毁后由西班牙殖民者重建）。阿雷基帕是秘鲁南部的工商业中心，有毛纺、皮革、食品、塑料、炼钢等工业。同时，这里也是一个重要的文化中心，有古教堂、博物馆和印加文化遗迹等。

纳斯卡谷地画

纳斯卡谷地画位于秘鲁伊卡省东南的山谷里，是在纳斯卡高原荒凉的地面上雕刻出的很多独特图案。这些图案都非常大，只有从上空俯瞰才能看清其全貌。这些图案有的是三角形、平行四边形等几何图形，有的组合成鱼类、鸟类、藻类、树木、蜘蛛、猴子等图案。这些图案的创作方法是：将地表的褐色岩层刮去几厘米，露出下面的岩层，平均宽度为10～20厘米。至今无人能破解究竟是谁创造了这些图案，也不知道创作者到底用这些图案表达什么，因此，纳斯卡谷地画成为世人津津乐道的“无解谜团”。

玻利维亚
写 给 孩 子 的 世 界 地 理

地理环境

国家名片

全　　称：多民族玻利维亚国
首　　都：苏克雷
位　　置：南美洲中部
语　　言：官方语言是西班牙语，主要民族语言有克丘亚语和艾马拉语
民　　族：印第安人占 50% 以上，其余为印欧混血种人和白人
行政区划：全国划分为 9 个省

玻利维亚位于南美洲中部，是一个内陆国家。东北与巴西为邻，南与阿根廷接壤，东南与巴拉圭交界，西与智利、秘鲁毗连。

玻利维亚地势西高东低。西部有东、西科迪勒拉山脉及玻利维亚高原，海拔为 3 700 ~ 4 000 米；中部为山谷地区，属安第斯山东麓，农业发达，集中了许多重要城市；东部和东北大部分地区为亚马孙河冲积平原，约占全国总面积的 60%。

气候类型

玻利维亚地处热带，受地形影响，东、西部气候存在明显差异。高原地区寒冷干旱，年平均气温仅为10℃左右，冬季时会降霜，夜间气温降至零下；谷地地区平均气温为18℃；热带平原地区平均气温为25℃，全年高温多雨，多热带雨林。全国年降水量从东北到西部，由2 000毫米递减至100毫米。

自然资源

玻利维亚矿产资源丰富，被认为是世界上矿产蕴藏最富集的地区之一。主要矿产资源有金、银、铜、铁、锡、锰、锌、铝、石油、天然气等。虽然玻利维亚是传统矿业国，但是由于技术等因素的限制，人们还没有对全国矿产资源进行系统的普查。

水系概况

玻利维亚主要河流有贝尼河、马莫雷河和圣米格尔河。位于玻利维亚东北部的很多河流都与巴西的马德拉河汇合后注入亚马孙河，流域内形成大片低地盆地，易出现大面积的季节性河流，造成泛滥灾害。

西部有的的喀喀水系，在和秘鲁交界线上有著名的的的喀喀湖，位于玻利维亚高原北部，是世界海拔最高的大淡水湖，

湖水主要依靠东科迪勒拉高山融雪补给。的的喀喀湖终年可通航，湖内水草繁茂，水产品丰富。的的喀喀湖是秘鲁和玻利维亚的交通要道，也是南美洲古文化的重要发祥地。

社会经济

玻利维亚是南美洲最贫穷的国家之一。粮食生产无法满足国内需求，大部分粮食依赖进口。玻利维亚的耕地面积仅占国土面积的3%，主要经济作物有咖啡、棉花、烟草、向日葵等。工业以食品加工、纺织、酿酒、卷烟等为主，有一定的有色金属冶炼能力。目前，旅游基础设施逐渐完善，游客多来自秘鲁、巴西、阿根廷及西欧国家。

文化习俗

玻利维亚54%的人口是印第安人，该国也是古代印第安文化的发祥地之一。玻利维亚民间盛大的庆祝活动——奥鲁罗

狂欢节，就是从印第安人的传统节日发展而来的，被联合国教科文组织列为“人类口头和非物质文化遗产”。

奥鲁罗是玻利维亚西部的一个城市，曾是印第安人的圣地，在这里举行的典礼有着悠久的历史。西班牙殖民者到来后，这里的典礼披上了基督教的外衣，形成了奥鲁罗狂欢节。奥鲁罗狂欢节在每年的 2 月到 3 月间举行，届时全国各大城市甚至邻国的人都穿着五彩缤纷的服装，戴着各式各样的面具，在这里载歌载舞。歌舞队伍常常绵延数千米，参加者常多达数万人，吸引的游客更是数不胜数。

著名城市

◎苏克雷

苏克雷是玻利维亚的法定首都与最高法院所在地。苏克雷位于东科迪勒拉山脉东麓，原为印第安人村落，后来被西班牙殖民者侵占。19 世纪初，这里爆发了南美洲反对西班牙统治的第一次起义。不久后，玻利维亚宣布独立，人们用第一任总统苏克雷的名字命名该城。

苏克雷海拔较高，气候温和，主要建筑和居民住宅都以白色为主，有“白色城市”的美誉。苏克雷是周边谷物、水果等农牧产品的集散地，也有炼油、冶金、纺织、制鞋等工业。名胜古迹较多，著名的有独立战争纪念碑、圣拉萨罗教堂等。1991 年，苏克雷古城被列入《世界遗产名录》。

◎拉巴斯

拉巴斯位于玻利维亚高原东部，是玻利维亚的行政首都，也是议会和政府机构所在地，还是世界上海拔最高的首都。拉巴斯原为印加帝国的一部分，1538 年沦为西班牙的殖民地，1825 年脱离西班牙统治。拉巴斯又是一个重要的农牧产品集散地，可可、香蕉、咖啡、羊毛和肉类等都在这里进行贸易，此外市内还有石油提炼、纺织、食品、化学、制鞋等工业。虽然拉巴斯海拔很高，但是它却是全国的交通枢纽，有铁路、公

路与全国重要城市相联系，还建有国际机场。市中心为穆里略广场，广场上耸立着南美争取民族独立的先驱者的铜像。城内名胜古迹较多，如圣安德烈大学、历史文物博物馆和美丽的蒂亚瓦纳科公园等。

蒂亚瓦纳科文化遗址

蒂亚瓦纳科文化遗址位于玻利维亚北部高原上，在的的喀喀湖以南，是美洲最古老的文明之一。10—11世纪，这座古城处于鼎盛时期。到西班牙人入侵时，这里已被荒废了数百年。但人们根据遗址中的巨石和其他古迹推测，这块宗教圣地曾经非常繁荣。该遗址建筑群由重达几十吨甚至上百吨的巨石严密砌成，垒砌整齐，巨石的缝隙中还有一些用来固定石头的小金属钉。遗址主要建筑物设在一座平台上，由普玛门、太阳门、卡拉萨萨雅石柱等构成，被的的喀喀湖原始湖岸线所环绕。

太阳门是一座矗立在蒂亚瓦纳科城内的古迹，由重量超过10吨的整块巨石雕刻而成，是美洲最著名的古迹之一。太阳门的两侧石壁上画着10多幅方形图案，簇拥着门上方一尊长有翅膀的神像。门上还雕刻着精确的天文历法以及灭绝的古生物，反映了印第安人拥有丰富的知识。

巴西
写给孩子的世界地理

地理环境

国家名片

全　　称：巴西联邦共和国
首　　都：巴西利亚
位　　置：南美洲东部和中部
语　　言：官方语言是葡萄牙语
民　　族：白种人占多数，黑白混血种人占 30% 以上，其余为黑种人、黄种人和印第安人等
行政区划：全国划分为 26 个州和 1 个联邦区

巴西位于南美洲东部和中部，东濒大西洋，南接巴拉圭、乌拉圭和阿根廷，西接秘鲁、玻利维亚，北邻苏里南、圭亚那、委内瑞拉、哥伦比亚和法属圭亚那。

巴西是拉丁美洲疆域最大、人口最多的国家，拥有辽阔的农田和广袤的雨林。其地形主要由海拔 200 米以下的平原和海拔 500 米以上的高原组成，具体来说又可以分为巴拉圭低地、亚马孙平原、巴西高原和圭亚那高原四部分。其中巴西高原约

占全国面积的60%，是南极冰原外最大的高原，主要分布在巴西的中部和南部；巴拉圭低地位于巴西高原的西南部，多沼泽地；圭亚那高原位于巴西北部；亚马孙平原位于巴西高原和圭亚那高原之间，约占国土面积的30%，是世界上面积最大的冲积平原。这里终年高温多雨，是世界上最大的热带雨林区。

气候类型

巴西80%的国土位于热带地区，只有最南部位于亚热带，气温从北向南逐渐下降。其中，北部亚马孙平原属于赤道（热带）雨林气候，年平均气温27℃～29℃，季节温差较小；中部高原属于热带草原气候，分旱、雨两季，年平均气温

18℃ ~ 28℃，这里的高原城市气候宜人；南部地区属于亚热带气候，年平均气温 16℃ ~ 19℃，一些地势高的地方年平均温度只有 10℃。巴西大部分地区没有真正的旱季，一年中因降水最多的时期不同，所以各地的降水量很不均匀。其中东北部内陆地区降水量不足 800 毫米，曾出现严重旱灾。

自然资源

◎矿产资源

巴西自然资源丰富，铌、锰、钛、锡、铅、铁等矿物储量位居世界前列。其中，铌矿产量占世界总产量的 90% 以上，已探明储量约 4 55.9 万吨。铁矿产量居世界第二位，已探明储量约 333 亿吨。石油储量居世界第 15 位，在南美地区仅次于委内瑞拉。

◎森林资源

森林覆盖率达 62%，木材储量约 658 亿立方米，约占世界

总储量的20%。在亚马孙河流域分布着世界上面积最大的热带雨林，大部分位于巴西境内。亚马孙热带雨林有着数不胜数的植物和动物，其中包括很多珍稀物种。亚马孙热带雨林对全球气候和生态环境都有着举足轻重的影响，能够产生巨大的环境效益。20世纪60年代，巴西开始对亚马孙热带雨林进行大规模开发，使其遭受了前所未有的破坏，面积迅速减少，造成了巴西水土流失加剧和生物多样性锐减，全球气候也受到了影响。因此，保护热带雨林成为刻不容缓的问题。巴西政府采取了种种措施，较为有效地降低了亚马孙热带雨林遭受破坏。但是，人们对亚马孙热带雨林的乱砍滥伐并未停止，对其的保护依然是一个世界性的难题。

水系概况

巴西北部平原地区河流众多，全国重要河流包括亚马孙河、圣弗朗西斯科河和巴拉那河三大水系。其中亚马孙河是全球水量最大的河流，该河的流域面积约为南美洲陆地面积的30%。亚马孙河发源于秘鲁境内的安第斯山脉，由冰川融汇而成，水量极大，因挟带了大量的泥沙而显得浑浊，蜿蜒流过巴西高原的密林后，最终汇入大西洋；圣弗朗西斯科河系流经巴西干旱的东北部地域，是那里的主要灌溉水源；巴拉那河系包括巴拉那河与巴拉圭河，流经巴西西南部，多激流和瀑布。

社会经济

巴西是南美洲最大的经济体，国内生产总值居拉美国家之

首，经济结构接近发达国家水平。巴西地形平坦、气候湿热，有着种植经济作物的得天独厚的条件，成为世界重要农产品出口国之一。巴西的咖啡、蔗糖、柑橘的产量和出口量居世界首位，牲畜总头数居拉美各国之首，是全球第二大大豆生产国、第三大玉米生产国，也是世界最大的牛肉和鸡肉出口国，第四大猪肉出口国。第二次世界大战后，巴西加快了工业化步伐，如今已经成为世界上重要的工农业大国。

巴西工业体系较完备，门类齐全，主要工业部门有食品、纺织、制鞋、造纸、钢铁、汽车、石油、化工等。服务业对巴西经济的发展举足轻重，产值占国内生产总值的 60% 以上。

文化习俗

巴西是南美洲第一人口大国，也是世界第五人口大国。巴西人口众多，有着数量庞大的混血种人，特别是黑白混血种人，这促使巴西文化吸收、融合了不同地域的文化，独具特色。巴西狂欢节是一个号称“地球上最伟大的表演”的盛会，其中里约热内卢狂欢节更是巴西极负盛名的狂欢节。里约热内卢狂欢节规模之大、内容之丰富、狂欢之热烈是世界少有的。

里约热内卢狂欢节的举行时间不固定，一般是在每年 2 月中下旬。开幕当天，里约热内卢市长会将城门的金钥匙交给提前被选拔出的“狂欢节国王”——莫莫王。之后的几天里，莫莫王就成为这座城市象征性的管理者。狂欢节正式开始后，除了

邮电、交通、警察等部门，整个城市都停止运作，所有人开始尽情狂欢。

里约热内卢狂欢节的节庆活动主要分为两种：一种是在酒店等场所举行的化装舞会；另一种是在大街上进行的化装游行。其中，后者是狂欢节的高潮。人们穿着多彩的服装，在飞舞的彩旗、绚烂的彩灯烘托下翩翩起舞。很多参加者都会戴上假面具，或者戴上印第安人的帽子。除了舞者，还有一大批背着吉他弹奏的人。他们舞姿优美、音乐节奏明快，令所有参加者精神振奋，不由自主地投入狂欢氛围中。

里约热内卢狂欢节的重头戏就是有超过十万名演员参加的桑巴舞大游行。演员们身穿绚丽多彩的舞服，排成气势磅礴的

队伍，在夜幕降临时开始游行表演。游行队伍为首的，就是坐在“御辇”上的莫莫王，他当众宣布游行仪式开始。接着，游行队伍一支接一支地出场，每支队伍都多达数千人，舞者不分男女老少，有着不同的肤色，通常还打扮成不同的形象：国王、公主、骑士、鬼怪、机器人……每个人都如痴如醉地歌唱、旋转、舞蹈。每支队伍中都有几十辆华丽的彩车，彩车是活动者的舞台，舞台上的舞者会卖力地舞蹈，有时还会请著名的歌手、演员、模特等登台表演。在演员的感染下，看台上的数十万名观众也会一起唱、跳，或者将鲜花和彩带投向自己喜爱的演员。而桑巴舞游行会持续 10 个小时左右，一直到第二天凌晨才告一段落。

著名城市

◎巴西利亚

巴西利亚位于戈亚斯州境内的高原上，是巴西的首都，全国第四大城市。始建于20世纪50年代，是一座年轻的现代化城市。城里没有古迹遗址，充满了构思新颖别致的建筑和寓意丰富的雕塑。主要建筑有三权广场、巴西国家体育场、巴西利亚大教堂等。巴西利亚以大胆前卫的设计建筑和人口的快速增长而著称，同时，它也是带动巴西中、西部地区经济发展的中心。巴西利亚的工业发展迅速，有电子、电力、服装、食品、机械、汽车修配、建筑材料、印刷等工业。城内南郊建有国际机场。巴西利亚地处高原，气候宜人、风光秀丽、四季如春，是一座迅速崛起的新兴旅游城市。作为20世纪之后建成的新

城市，巴西利亚也成为最年轻的“世界文化遗产”城市。1987年，巴西利亚被联合国教科文组织列入《世界遗产名录》。

◎圣保罗

圣保罗位于巴西东南部，是南半球最大的城市，也是一座繁华的世界大都市。16世纪中叶，耶稣会传教士在这里建立了圣保罗经院，此经院成为当地最早的建筑。1711年，圣保罗正式立市，1822年，巴西政府在圣保罗宣布巴西独立。19世纪末城市兴起，随着种植业的繁荣发展，一度成为世界上最大的咖啡交易地。市内高楼大厦鳞次栉比，工商业、金融业发达，有纺织、机械制造、电器、化工、医药等产业，工业产值居巴西首位。

圣保罗也是一座著名的旅游城市，市内有许多独具特色的公园，有民俗展览馆、圣保罗独立公园、圣保罗艺术博物馆等著名景点。市内有著名的圣保罗大学、天主教大学等，还有世

界著名的蛇类及抗毒素和抗生素生产的研究中心。

◎里约热内卢

里约热内卢简称里约，是巴西第二大城市和主要港口城市，曾是巴西首都，现在仍是全国经济、文化的中心。里约热内卢是仅次于圣保罗的第二大工业区，有冶金、服装、纺织、化工、药品、印刷、造船等诸多工业企业。里约热内卢有众多知名大学和艺术院校，市内的国立博物馆更是世界著名的大博物馆。里约热内卢是世界著名的旅游胜地，有举世闻名的海滩，如科帕卡巴纳海滩，基督山、面包山等也是著名的景点。

里约热内卢基督像

里约热内卢基督像位于基督山上，是世界著名的耶稣雕像，也是里约热内卢的标志，在市内各个角落都能看到它。这座宏伟的雕像是法国赠送的，头和手臂在法国制造完成，再从海上运到了里约热内卢。雕像最终落成于1931年，高约38米，重1 000余吨，体积庞大。耶稣雕像面朝大西洋，俯瞰着整个里约热内卢市，展现了博爱的精神和对独立的赞许。耶稣像双臂平伸，远远望去就像一个巨大的十字架，显得格外庄重、威严。山下是充满热带风光的原始森林，没有上山的道路，游客只能乘坐电动小火车上山。

智利
写给孩子的世界地理

地理环境

国家名片

全　　称：智利共和国
首　　都：圣地亚哥
位　　置：南美洲西南部
语　　言：官方语言是西班牙语，在印第安人聚居区使用马普切语
民　　族：白人和印欧混血种人占绝大多数，其余为印第安人
行政区划：全国共分为16个大区，下设54个省和346个市

智利位于南美洲西南部，东邻阿根廷，南与南极洲隔海相望，西濒太平洋，北接秘鲁、玻利维亚。

智利位于安第斯山脉西麓，南北长达4 352千米，东西宽仅90 ~ 400千米，是世界上领土最狭长的国家。智利西部是海拔300 ~ 2 000米的海岸山脉，形成众多的沿海岛屿；中部是由冲积物所填充的陷落谷地，海拔1 200米左右；东部是安第斯山脉的西坡，约占智利宽度的1/3。

气候类型

智利国土跨越38个纬度，且各地区地理条件也不相同，因此全国气候也复杂多样。大致来说，国土北段以沙漠气候为主，与秘鲁的交界处属干燥地带，是世界上最干旱的地区之一。阿塔卡马沙漠有连续91年无雨的记录，被称为“世界旱极”；中段为亚热带地中海气候，夏季干燥，冬季多雨；南段为温带海洋性气候。智利大部分地区都可以分为四季，年平均最低温度为8.6℃，最冷的月为7月，此时是处于智利的冬季；年平均最高温度为21.8℃，最热月为1月，此时是处于智利的夏季。

自然资源

◎矿产资源

智利自然资源丰富，因盛产铜而著名，铜的开采量和出口量均居世界第一位，铜矿遍布全国，被称为“铜的王国”。已探明铜蕴藏量超过2亿吨，约占世界铜储量的1/3。煤储量约

50 亿吨，铁蕴藏量约 12 亿吨。其他矿产资源有金、银、铝、锌、石油、天然气等。

◎森林资源

智利森林面积约占国土面积的 32%，主要树种有桉树和辐射松。

◎渔业资源

智利渔业资源丰富，鱼类捕捞量约 342.8 万吨。同时也是人工养殖鳟鱼和三文鱼的主要生产国。

水系概况

智利境内河流较多，比较重要的河流是比奥比奥河。比奥比奥河发源于考廷省东部的安第斯山区，在康塞普西翁省附近汇入太平洋，河水主要用于灌溉，是智利唯一一条可通航的河流。

社会经济

智利是拉美经济较发达的国家之一，政治环境稳定，市场自由程度高，法律法规透明，营商环境良好，同时是外资准入方面全球最自由的经济体之一。农业、林业、渔业、矿业是国民经济的四大支柱。作为拉美地区重要的矿业大国，智利是全球第四大矿业开采投资国，大部分为铜矿项目。矿业带动的相关产业对智利 GDP 的贡献超过 30%。其中，智利铜最大的买家为中国。智利农牧业发达，主要农作物有小麦、玉米、土豆、水稻等，主要水果有苹果、葡萄、李子、梨、樱桃等，是南半球最大的鲜果出口国，出口至全球上百个国家，其中中国已成为智利鲜果最大的进口国。智利经济多年保持较快增长，被视为拉美经济发展的样板。但其经济结构单一，传统能源日渐短缺。近年来受铜价下跌影响，智利的经济发展趋于缓慢阶段。

文化习俗

◎铜文化

智利的铜储量、产量和出口量均为世界第一，是一个名副其实的铜矿之国。在智利的首都，每隔几米就有一座精雕细刻的纪念铜像，大小不一、形态各异。另外，智利的居民家里也

摆放着很多铜制品，有的人甚至直接将铜镶嵌在门窗和家具上。

◎ 服饰文化

智利有着发达的服装业，是全球二手服装的集散中心，该国的阿塔卡马沙漠汇集了来自世界各地的废弃衣物。智利可不止有二手服装，也有各种款式的流行服装，有人甚至认为智利服装引领着南美的潮流。智利的民族服饰也很有特色，例如一种珍贵的套头毛织披肩——查曼托。

◎ 饮食文化

智利人在饮食方面以面食为主，有时也吃米饭。他们通常一天会吃 4 顿饭，除了早餐和午餐外，下午 4 时会吃一些简单的点心等，到了晚上 9 时会吃正餐。

◎待客风俗

智利人性格较为热情，但他们不太喜欢邀请客人到自己家去。因此，一旦他们邀请客人到自己家，就会非常郑重。被邀请的人应该视为一种荣幸，不能出于客气或者因其他理由谢绝，否则对方会感到被轻视而生气。智利人与许多美洲国家的人不同，他们的时间观念很强。因此，到智利人家做客时，一定要准时，早到或迟到都是不礼貌的行为。按照当地风俗，到主人家时应该主动送一束鲜花或一包糖果给女主人，并向女主人表示问候，随后再问候男主人和其他家庭成员。

著名城市

◎圣地亚哥

圣地亚哥是智利首都和最大城市，也是全国的政治、经济、文化和交通的中心。圣地亚哥位于智利中部马波乔河河畔，东

面就是安第斯山脉。这里原本是西班牙驻智利总督所在地，曾多次遭受地震破坏，经济发展缓慢。智利独立后，被定为首都。后来，这里发现了铜矿，城市因此迅速发展壮大。在圣地亚哥，西班牙风格的古老建筑如总统府、天主教堂、铸币所、领事法庭等与现代化的高楼大厦交相辉映。圣地亚哥集中了全国一半以上的工业，如纺织、服装、酿酒、机械等。圣地亚哥是著名的旅游城市，旅游资源丰富，主

要旅游景点有奥希金斯大街、圣地亚哥大教堂、圣地亚哥武器广场等。这里还有南美洲最大的图书馆，国家档案馆、国家美术馆和智利国家自然历史博物馆等也是值得参观的。在圣地亚哥附近，还有著名的圣卢西亚山，山上的圣母塑像是圣地亚哥的主要标志。

◎瓦尔帕莱索

瓦尔帕莱索位于智利中部，是南美洲太平洋沿岸重要海港，始建于1536年，西班牙殖民时期只是一个小村庄。智利独立后，这里成为主要港口，同时也向国外的商船开放。城市依山傍水，风景优美，被誉为“太平洋珍珠”，2003年被列入《世界遗产名录》。瓦尔帕莱索风景名胜众多，城市地标有索托马约尔广场、瓦尔帕莱索法院以及伊格莱西亚·德拉马特里斯教堂等。

复活节岛

复活节岛位于智利以西3 700千米，是太平洋东南部的一个火山岛，因西方探险家在复活节当天登上此岛而得名。岛上多死火山和火口湖，土壤肥沃。复活节岛因岛上有近千尊巨大的石像而闻名世界。这些石像多数使用凝灰岩雕刻而成，此外，还发现比这些石像大一倍的半成品石像。石像绝大多数只有上半身，都有长耳朵、大鼻子、薄嘴唇、深眼窝，呈现凝思或冷漠的表情。有的石像头上还戴着红色的石帽，还有的石像身上刻着至今没被破译的神秘符号。

这些被称为“摩艾”的石像，是该岛的原住民——拉帕努伊人的作品。通常认为，这些石像是拉帕努伊人的守护神，每个部族都有自己的石像。考古研究显示，这些石像是从1100年开始雕凿的，此后600年间不断进行雕凿。但是由于岛上生态系统不断遭到破坏，拉帕努伊人的生活并没有得到“摩艾”的保佑，反而日益艰难。于是，他们停止了雕凿，这也是岛上有那么多半成品石像的原因。因土地日益贫瘠、疾病肆虐等原因，岛上的拉帕努伊人一度仅剩下数百人，如今已增长到5 000余人，但能讲拉帕努伊语的人越来越少了。

阿根廷
写 给 孩 子 的 世 界 地 理

地理环境

国家名片

全　　称：阿根廷共和国
首　　都：布宜诺斯艾利斯
位　　置：南美洲南部
语　　言：官方语言是西班牙语
民　　族：白种人占绝大多数，多属意大利和西班牙后裔
行政区划：全国划分为24个行政单位，由23个省和联邦首都（布宜诺斯艾利斯市）组成

阿根廷位于南美洲南部，东濒大西洋，南与南极洲隔海相望，西邻智利，北与玻利维亚、巴拉圭交界，东北与乌拉圭、巴西接壤。

阿根廷地势西高东低。西部有绵延起伏的安第斯山脉，山地面积约占全国总面积的 30%；中部和东南部有潘帕斯草原，地势低平，土地肥沃，是著名的农牧区，号称“世界粮仓”，阿根廷 80% 以上的工业、约 2/3 以上的人口都在这一区域；南

部是巴塔哥尼亚高原，大部分是荒芜的半沙漠地区；东部为大片冲积平原，林区多在这一区域，包括部分热带雨林；北部为大查科平原，多沼泽洼地，有大面积的森林。

气候类型

阿根廷气候多样，四季分明。北部为热带气候，中部为亚热带气候，南部为寒带气候。北部年平均气温为24℃，南部年平均气温为5.5℃。年降水量很不均匀，北部和中部为500～1 000毫米，西部和巴塔哥尼亚地区在200毫米以下。

自然资源

阿根廷矿产资源丰富，是拉美主要矿业国之一。主要矿产资源有金、铜、锌、铅、石油、天然气、硼酸盐等，大部分集中在安第斯山脉附近。石油和天然气是阿根廷较丰富的能源矿产，已探明石油储量约 24 亿桶，天然气储量约 3 325 亿立方米。另外，阿根廷页岩气、页岩油的储量也非常丰富。由于矿产开发水平较低，阿根廷约有 75% 的资源尚未得到勘探开发，是矿产资源开发潜力较大的国家。

水系概况

阿根廷的主要河流是拉普拉塔河及其上游的巴拉那河、乌拉圭河和巴拉圭河，主要湖泊有阿根廷湖、别德马湖和奇基塔湖。

伊瓜苏瀑布位于阿根廷和巴西巴拉那州边界，发源于巴西南部大西洋沿岸山区，与巴拉那河汇合后向西南流，在乌拉圭境内注入大西洋。伊瓜苏瀑布形似马蹄，是南美洲最大的瀑布，

也是世界上最宽的瀑布。全年水量变化不大，最佳观赏季节是1月至3月。

社会经济

阿根廷是仅次于巴西和墨西哥的拉美地区第三大经济体，自然资源丰富，是世界粮食和肉类的重要出口国，素有“世界粮仓和肉库”之称。主要农作物有大豆、高粱、小麦、玉米等。畜牧业历史悠久，占农牧业总产值的40%，牲畜品种和畜牧水平均居于世界前列。渔业资源丰富，渔业生产集中在南部地区，主要产品有鱿鱼、鳕鱼、对虾等。工业较发达，门类齐全，主要有纺织、机械、钢铁、汽车、石油、化工、食品加工等。

文化习俗

◎高乔人的服饰

阿根廷人很多都是西班牙人和意大利人的后裔，说西班牙语，穿着欧式服装，住在欧式建筑中。然而，主要生活在草原上的高乔人有着独具特色的民族服饰：高乔男性爱穿肥大的灯笼裤和用方格布做成的短衣，围着围巾，腰间系着宽大的皮带，脚上穿着软皮鞋；最有特色的装扮，就是他们身上披的斗篷，称为“彭丘”，与智利的“查曼托”类似。

◎阿根廷探戈

探戈是一种风靡世界的舞蹈，起源于非洲，随着移民进入

美洲后，与拉美民间舞蹈融合，逐渐形成一种用于社交舞会的双人舞，被命名为“探戈”。探戈原本在布宜诺斯艾利斯的港口地区的欧洲移民中流行，后来经过英国皇家舞蹈协会的整理改编，推广到了世界各地。跳探戈时，两个舞伴的身体拥抱并行，其舞步或激烈或舒缓、华丽高雅、热烈奔放，深受人们喜爱。今天，阿根廷人把探戈看作“国宝”舞蹈，其国内很多人都会跳探戈，平时到处都能听到探戈舞曲，探戈与阿根廷人的生活密不可分，是融化在民族血液里的文化。

◎马黛茶

在阿根廷人的生活中，马黛茶也是不可或缺的东西。马黛茶被阿根廷人誉为“国宝”“国茶”，是用冬青科植物马黛树的叶子加工而成的。马黛茶有益健康，有助消化、抗氧化等功效。在阿根廷，人们每天都会喝马黛茶，有“不喝马黛茶就不算来到了阿根廷”的说法。

◎足球

阿根廷是世界足球强国，曾三次获得世界杯冠军，诞生过马拉多纳、肯佩斯、巴蒂斯图塔、梅西等足球巨星。在阿根廷，足球是最受欢迎的体育运动之一，同时也是让阿根廷人引以为傲的体育运动。在阿根廷，足球无处不在，有人甚至认为阿根廷所有 3 岁以上的男性都会踢球，人们口中最常说的话题也是足球。

著名城市

◎布宜诺斯艾利斯

布宜诺斯艾利斯是阿根廷首都和最大城市，也是全国政治、经济、科技、文化和交通的中心。该市位于拉普拉塔河南岸，原为殖民城市，成为阿根廷首都后发展迅速，成为一个现代化的工业化城市。市内街道整齐、宽阔，风景秀美，保存有大量的古建筑，享有“美洲巴黎”的美誉。市内既有哥特式教堂，又有西班牙的庭院和罗马式的剧院，很难看到两座外形完全相同的建筑物。布宜诺斯艾利斯城市风景名胜建筑众多，著名景点有五月广场、七月九日大道、科隆大剧院、阿根廷总统府等。

◎乌斯怀亚

乌斯怀亚是阿根廷火地岛省的首府，也是世界最南的城市，有“世界尽头”之称。“乌斯怀亚”在印第安语中意为“观赏

落日的海湾”，位于火地岛的南部海岸，是一个美丽别致的小城。城市依山面海，街道整洁，有很多可爱的小木屋。城市中间有一条被称为“比格尔海峡”的水道，是太平洋和大西洋的分界线，战略位置非常重要，不仅是通往南极洲的门户，还可以东到马尔维纳斯群岛，西到大西洋。乌斯怀亚近年来旅游业发展迅速，有很多天然奇景可供观赏与游玩，著名旅游景点有“醉汉林”、世界尽头小邮局等，乌斯怀亚东边 12 千米处，是著名的火地岛国家公园。

◎门多萨

门多萨是阿根廷的一座历史文化名城，位于门多萨河冲积出的河谷之上，是阿根廷西部的交通枢纽。16 世纪，西班牙殖民者建立了这座城市，并以当时的智利总督门多萨的名字命名。南美独立运动期间，门多萨是独立英雄圣马丁建立的安第斯远征军的基地。今天在门多萨以西的格洛里亚山上，还矗立着一座安第斯远征军纪念碑。门多萨处处洋溢着欧洲风情，有众多的街心花园和小广场。这里还是阿根廷重要的会展中心，还有众多的葡萄酒庄，吸引不少人前来参观。门多萨有食品加工、饮料、榨油及葡萄酒酿造等工业。

巴里洛切风景区

巴里洛切风景区位于阿根廷西部的安第斯山麓，风景区内建筑依山而建，多为尖顶的木结构房屋。这里的自然环境很像欧洲的阿尔卑斯山，居民以瑞士、德国、奥地利等国移民后裔为主，沿袭了很多欧洲传统，因此被称为“小瑞士”。每年8月是南美洲的隆冬，这里会举行各种冰雪活动，诸如滑雪比赛、冰球比赛等，吸引了世界各地的游客。

巴拉圭
写给孩子的世界地理

地理环境

国家名片

全　　称：巴拉圭共和国
首　　都：亚松森
位　　置：南美洲中南部
语　　言：官方语言是西班牙语和瓜拉尼语
民　　族：绝大多数人口为印欧混血种人，其余为印第安人和白人
行政区划：全国划分为 17 个省和 1 个特别区（首都亚松森）

巴拉圭位于南美洲中南部，是一个内陆国家，东与巴西接壤，西和南毗连阿根廷，北邻玻利维亚。

巴拉圭位于拉普拉塔平原北部，巴拉圭河从北向南将全国分为东、西两部分。东部为丘陵、沼泽和波状平原，是巴西高原的延伸部分。境内的阿曼拜山脉从北向南延伸，向东与巴兰卡尤山脉相连。这一区域高度有较大差异，海拔 300 ~ 600 米，面积广大，集中了全国 90% 以上的人口。西部大部分为草原、荒原和原始森林，多小山丘。靠近河岸的地方有湿软的冲积平原，向北逐渐干燥。

气候类型

巴拉圭大部分地区属于亚热带气候，南回归线横贯中部，北部属于热带草原气候，南部属于亚热带森林气候。夏季平均气温 27℃，冬季平均气温 17℃，一般最高气温不超过 37℃，最低气温不低于 13℃。降水由东向西递减，东部年平均降水量为 1 500 毫米，西部为 500 毫米。

自然资源

◎矿产资源

巴拉圭矿产资源较为丰富。储量较大的有盐矿、石灰石等，还有少量的铁、铜、锰、云母、天然气等。

◎森林资源

巴拉圭森林覆盖率较高，森林面积约占全国总面积的42.4%以上，出产白坚木、马黛树等。

水系概况

巴拉圭主要河流有巴拉圭河和巴拉那河。巴拉圭河是巴拉圭与巴西、阿根廷以及玻利维亚的界河，其下游纵贯巴拉圭中部，有广大的冲积平原。巴拉那河流经巴西和巴拉圭两国边境，河段内有几十台发电站，巴拉圭拥有伊泰普水电站和亚西雷塔水电站各50%的所有权，是南美洲重要的电力出口国。

社会经济

巴拉圭的经济以农牧业为主，工业基础薄弱，是拉美地区比较落后的国家之一。农业是巴拉圭国民经济的主要支柱，畜

牧业也在经济中占有重要地位。主要农牧产品有大豆、小麦、玉米、棉花、肉类等。经济会受气候和国际初级产品价格的直接影响。巴拉圭的工业以轻工业和农牧产品加工业为主，主要产品有食用油、水泥、面粉、木材等。旅游业是巴拉圭主要的外汇收入来源之一，游客多来自巴西、阿根廷等邻国。

文化习俗

◎冷食节

元旦前的 5 天，是巴拉圭的冷食节。据说在一场巴拉圭反抗西班牙殖民者的战斗中，一支巴拉圭军队在元旦前 5 天弹尽粮绝，但他们还是坚持战斗到了元旦。等援军到来后，击败了敌人。为了纪念这件事，人们才设立冷食节。在这 5 天中，人们不生火做饭，只能吃冷食。新年钟声响过之后，才开始生火做饭。

◎成人仪式

在巴拉圭的一些印第安部族中，流行着奇怪的成人仪式：男孩到 14 岁后，酋长会刺破他的下唇，其他男人会在神明面前为男孩祈祷。在三天的时间里，男孩只能吃玉米粥。三天期满后，这个男孩就有了和成年人一样的权利。女孩年满 13 岁后，人们会把她关在房间里，用一个屏障把她隔在里面。在三个星期的时间里，她不能笑、不能说话，只能吃少量食物，眼睛要一直看着地面。通过考验后，她就有了和成年人一样的权利。

著名城市

◎亚松森

亚松森是巴拉圭首都和最大城市，也是全国的政治、经济

和交通的中心。该市位于巴拉圭东部，在巴拉圭河上游，战略地位非常重要。该市始建于1537年，是南美洲历史最悠久的城市之一。这里原本是印第安人聚居的地方，后来成为西班牙总督所在地，现在还保留着许多西班牙式建筑。城市由新城、老城两部分组成，国家独立大道横穿市中心。巴拉圭的两所公立大学——国立亚松森大学和天主教大学均设在亚松森。亚松森集中了全国大部分工业，如纺织、造船、榨油、制糖、面粉加工等。亚松森是一座美丽如画的内河港口城市，街区宽阔，空气清新，适宜居住。市区和郊区的山丘上满是橘园，每到收获季节，鲜红的橘子挂满了橘树，很多人因此把亚松森称为“橘城”。这里还有许多大型公园，如骑士公园、卡洛斯·安东尼奥·洛佩斯公园等。

◎东方市

东方市位于巴拉圭最东边，人口仅次于首都亚松森，是巴拉圭第二大城市。市内拥有大量亚裔人口，所以命名为东方市。

该市为免税城市，许多巴西和阿根廷的游客来此采购。从亚松森到这里可以搭乘高速巴士，大约需要7小时。东方市的边上有著名的伊瓜苏瀑布，最壮观的瀑布景色必须进入巴西境内才能看到。距东方市不远，就是世界著名水电站——伊泰普水电站。

独立之家博物馆

独立之家博物馆位于亚松森市，是18世纪的西班牙人建造的，包括卧室、餐厅、客厅、演讲厅、走廊等。巴拉圭独立后，这里被改为博物馆，展示独立时期的国家历史，展品包括前总统用过的宝剑、方济会雕刻、纪念独立战争的画像以及许多爱国人士的重要文件等，具有深远的历史意义。

乌拉圭
写 给 孩 子 的 世 界 地 理

地理环境

国家名片

全　　称：乌拉圭东岸共和国
首　　都：蒙得维的亚
位　　置：南美洲东南部
语　　言：官方语言是西班牙语
民　　族：白人占绝大多数，其余为印第安人
行政区划：全国分为 19 个省

乌拉圭位于南美洲东南部，东南濒大西洋，西南和阿根廷为邻，东北与巴西接壤。

乌拉圭大部分地区地势平坦，整体上呈北高南低的态势。全境以埃斯特角为分界线，东部沿海地区为冲积平原，多湖泊、沙丘，海岸多优良沙滩，气候凉爽、景色优美，吸引着国内外大量游客；西部是拉普拉塔平原的一部分，拉普拉塔河岸较为曲折，形成一些港湾，河运便利；中部为大库契亚山地，树木丛生，两侧为一望无际的肥沃草原。

气候类型

乌拉圭属于温带气候，1月至3月为夏季，气温17℃～28℃，日照充足，雨量偏少；7月至9月为冬季，气温6℃～14℃，风力较大，雨量偏多。全境年降水量由南至北从950毫米递增到1 250毫米。

自然资源

◎矿产资源

乌拉圭盛产玛瑙、大理石、乳白石、紫水晶石等。已探明矿藏有铁、锰等。中部的三十三人省磁铁矿丰富，佛罗里达省和杜拉斯诺省也发现了铁矿。

◎渔业资源

渔业资源丰富，盛产鳕鱼、鱿鱼和黄鱼。

水系概况

乌拉圭的主要河流是乌拉圭河与拉普拉塔河。乌拉圭河是拉普拉塔河的支流，也是巴西与阿根廷及阿根廷与乌拉圭的界河。该河源

出巴西南部海岸山脉，自北向南流经巴西、阿根廷和乌拉圭三国。上游为丘陵地带，险滩和瀑布密布；中、下游河道地势较低，水流平缓。

社会经济

乌拉圭是传统的农牧业国家，经济规模较小，产业结构单一，在拉美国家中处于中等发展水平。农牧业较为发达，生产并出口稻米、肉类、羊毛、皮革和水产品等。工业以农牧产品加工业为主，包括制糖、酿酒、榨油、干酪加工、肉类加工等。服务业占国民经济的比重很高，主要有金融业、旅游业、物流和交通业等。其中，旅游业较为发达，游客主要来自智利、巴

西、阿根廷、巴拉圭等周边国家，主要旅游地为埃斯特角和首都蒙得维的亚等。

文化习俗

◎忌讳很多

乌拉圭人的忌讳很多，例如，他们忌讳数字 13 和星期五，认为会带来不幸。他们也不喜欢青色，认为青色是黑暗前夕的颜色，会让人觉得压抑和沮丧。此外，他们不喜欢吃奇形怪状的水产品和两栖动物的肉。

◎科烈达镇的帽子习俗

在大多数国家，女性可以自由选择是否戴帽子。但在乌拉

圭的科烈达镇，戴帽子是未婚女子的专有权利。女子结婚之后不能戴帽子，如果因特殊原因不得不戴，也只能戴有颜色的帽子。

◎足球强国

足球是乌拉圭的“国球”，乌拉圭也是世界足球强国，是主办第一届世界杯的国家，并曾两次获得世界杯冠军。

著名城市

◎蒙得维的亚

蒙得维的亚是乌拉圭首都，也是全国的政治、经济、文化和交通的中心。蒙得维的亚位于拉普拉塔河口北岸，原来是西班牙人建立的一个军事要塞和港口的混合体。“蒙得维的亚”是葡萄牙语中“我看见一座山”的意思。1519 年，麦哲伦率领船队到达此处，一位海员看到了一座小山，于是高喊“我看见一座山”。这座城市因此获得这个有趣的名字。

蒙得维的亚城分新城和旧城两部分，新城的主要街道是“7 月 18 日大道”，两边有用乌拉圭的历史人物和各省省名命名的街道。旧城保留着西班牙殖民统治时期的建筑风格，有 18 世纪建造的天主教教堂。

蒙得维的亚是旅游和疗养的胜地，有“玫瑰之城”的美名，主要旅游景点有铜牛、独立广场、议会大厦等。东岬角浴场是蒙得维的亚市郊众多海滨浴场中最为著名的一个旅游景点。这里风景秀丽、空气清新，运动场所设施完备，这里每年还会举行电影节，是理想的旅游胜地。

◎ 埃斯特角城

埃斯特角城是乌拉圭南部城市，位于首都蒙得维的亚东部，是一个著名的游览和疗养胜地，也是南美洲的避暑胜地之一。埃斯特角城风景秀美，草木常青，市内建有许多宾馆、别墅和疗养院，国际会议经常在此举行。每年夏季，大量的外国游客到这里避暑度假。埃斯特角半岛东西两侧有着迷人的海滩。东部海滩被称为“狂暴海滩”，汹涌的浪涛如同咆哮的猛兽，在这里游泳和赛船的人都得有足够的勇气。而西部的海面却长年

风平浪静，素有“温顺海滩”之称。

◎萨尔托

萨尔托是乌拉圭第二大城市，也是全国农牧产品集散地和工业中心。萨尔托位于乌拉圭河东岸，与阿根廷隔河相望。

萨尔托农牧业发达，是牛、羊的重要饲牧区，城郊还有规模很大的柑橘园和葡萄园，每年都会在这里举行葡萄节。该市的工业以肉类加工、水果罐头、酿酒为主。作为旅游疗养胜地，萨尔托附近多瀑布，还有著名的萨尔托矿泉，每年都会吸引大批国内外游客来此旅游观光。

乌拉圭独立广场

乌拉圭独立广场位于蒙得维的亚老城区的边缘，这个广场不大，但有着独特的意义。最显眼的景点就是广场中心那座骑着战马、挎着腰刀的骑士铜像，这是乌拉圭“独立之父”——阿蒂加斯的雕像。阿蒂加斯曾领导乌拉圭的独立战争，击溃了西班牙殖民军，但因葡萄牙的再度入侵，他兵败流亡巴拉圭，逝世后遗体被运回蒙得维的亚，安葬在铜像下的墓穴中。广场的一侧是城市之门，寓意共和国之都从这里开始。广场附近有步行街，有诸多商店，很多游客在独立广场瞻仰铜像后，会去步行街购物。

全彩插图　寓教于乐

跟着课本看世界

——写给孩子的世界地理

北美洲

邹一杭　主编

北京工艺美术出版社

图书在版编目（CIP）数据

跟着课本看世界 ：写给孩子的世界地理. 北美洲 / 邹一杭主编. -- 北京 ：北京工艺美术出版社，2023.10
ISBN 978-7-5140-2622-1

Ⅰ. ①跟… Ⅱ. ①邹… Ⅲ. ①地理－世界－少儿读物 ②北美洲－概况－少儿读物 Ⅳ. ①K91-49②K971-49

中国国家版本馆CIP数据核字(2023)第062943号

出 版 人：陈高潮　　策 划 人：杨玲艳　　责任编辑：周　晖
装帧设计：弘源设计　　责任印制：王　卓

法律顾问：北京恒理律师事务所　丁　玲　张馨瑜

跟着课本看世界——写给孩子的世界地理　北美洲
GENZHE KEBEN KAN SHIJIE——XIE GEI HAIZI DE SHIJIE DILI BEIMEIZHOU
邹一杭　主编

出　　版　北京工艺美术出版社
发　　行　北京美联京工图书有限公司
地　　址　北京市西城区北三环中路 6 号　京版大厦 B 座 702 室
邮　　编　100120
电　　话　(010) 58572763（总编室）
　　　　　(010) 58572878（编辑部）
　　　　　(010) 64280045（发　行）
传　　真　(010) 64280045/58572763
网　　址　www.gmcbs.cn
经　　销　全国新华书店
印　　刷　天津海德伟业印务有限公司
开　　本　700 毫米 ×1000 毫米　1/16
印　　张　8
字　　数　73 千字
版　　次　2023 年 10 月第 1 版
印　　次　2023 年 10 月第 1 次印刷
印　　数　1 ~ 20000
定　　价　239.00 元（全六册）

前言 PREFACE

我们都是地球的一员，在我们美丽的地球上，分布着陡峭险峻的山峰、连绵不绝的山脉、宽广美丽的平原、波澜壮阔的海洋……你是不是对这些景物充满了好奇？其实，这些景物中都涉及数不清的地理知识。地理这门学科具有很强的实用性，孩子学习地理能增长知识，成为博学多闻的人。地理知识能激发孩子的好奇心，潜移默化地打开孩子的眼界，帮助孩子多角度洞察世界。

为了让孩子足不出户就能了解世界地理，观赏世界各地的地形地貌，领略世界各国的风土人情，我们结合课本精心编写了这套《跟着课本看世界——写给孩子的世界地理》丛书。本套丛书共有 6 个分册，包括亚洲、欧洲、非洲、南美洲、北美洲、大洋洲 6 个大洲，描述

了多个国家的地理环境、自然资源、社会经济、文化习俗等知识，内容丰富，蔚为大观。本书语言精练、知识丰富，并配以精美的插图，尽显世界地理的魅力，让孩子在获得知识的同时，也能享受一场视觉“盛宴”。

接下来，让我们打开这本书，开启精彩纷呈的环球之旅吧！相信你会在“旅行”中更多地认识世界，探索世界。

北美洲位于西半球北部，面积 2 400 多万平方千米，在各大洲中位居第三。北美洲平均海拔较高，地势起伏较大，地形分为三大南北纵列带：西部是高大的山系，中部是广阔的平原，东部是低缓的山地和高原。

美 国

他注意到，一位名叫米歇尔逊的生物学家发现，在美国东海岸有一种蚯蚓，欧洲西海岸的同纬度地区也有这种蚯蚓，而在美国西海岸却没有这种蚯蚓。

（统编版——六年级语文下册）

加拿大

白求恩同志是加拿大共产党员，五十多岁了，为了帮助中国的抗日战争，受加拿大共产党和美国共产党的派遣，不远万里，来到中国。

（统编版——七年级语文上册）

墨西哥

墨西哥是世界文明古国之一。从远古时代起，居住在当地的印第安各族人民就相继创造了辉煌的文化，如历法、数学、建筑、雕刻和农业等。能与古埃及金字塔媲美的太阳金字塔、月亮金字塔等是这里举世闻名的文化遗迹。

（沪教版——六年级地理上册）

巴拿马

巴拿马运河位于中美地峡南部，是著名的国际航运水道，开凿于1881—1914年。运河全长81.3千米，可通航5万~10万吨的轮船，大大缩短了太平洋与大西洋之间的航程，具有重要的经济和战略意义。近年来，为了提高巴拿马运河的通航能力，满足超级油轮、巨型货轮的运营，巴拿马政府正在实施运河扩建工程。

（湘教版——七年级地理下册）

关于北美洲，课本中的内容只是冰山一角，为了开阔孩子的视野、丰富孩子的见闻，不妨让我们从这里走进北美洲，更深入地了解北美洲及相关国家的自然、气候、经济、文化等多方面知识吧！

目录
CONTENTS

走进北美洲
写给孩子的世界地理

地理环境

北美洲位于西半球北部，东、西分别濒临大西洋和太平洋，北濒北冰洋，西北隔白令海峡与亚洲相望，东北隔丹麦海峡与欧洲相望，南隔加勒比海，以巴拿马运河同南美洲为邻。

北美洲大陆地形主要是南北向的大纵列带，主要分为东部高原和山地、中部平原和西部高大山系三部分。

东部高原和山地：以圣劳伦斯河为界，北边是拉布拉多高原，南边是阿巴拉契亚山脉，地势南高北低，海拔一般为 300 ~ 500 米，最高山是米切尔山，海拔 2 037 米。阿巴拉契亚山脉东坡陡峭，与沿海平原相接，西坡地势平缓，逐渐与中部平原相接。

中部平原：被拉布拉多高原、阿巴拉契亚山脉和落基山脉包围，从北边的哈得孙湾纵贯大陆中部直至南边的墨西哥湾。湖泊和急流多在中部平原北半部，南半部属密西西比河平原，中部平原以西为著名的美国大平原。

西部高大山系：属于科迪勒拉山系的北段，北起阿拉斯加，南到墨西哥以南，由一系列山脉、山间盆地和高原组成。自东向西分为东带、中带、西带三组山脉，中带的阿拉斯加山脉主峰——麦金利山是北美洲最高峰。山间高原和盆地处于东带和中带之间，主要有育空高原，哥伦比亚高原、盆地与山脉区（其北部称大盆地）和墨西哥高原等。

区域划分

北美洲共有 35 个国家和地区，其中独立国家 23 个，包括加拿大、美国、墨西哥、危地马拉、伯利兹、萨尔瓦多、洪都拉斯、巴拿马、巴哈马、古巴、牙买加、海地、多米尼加、哥斯达黎加、安提瓜和巴布达、圣基茨和尼维斯、多米尼克、圣卢西亚、圣文森特和格林纳丁斯、格林纳达、巴巴多斯、特立

一起看世界

哥伦布发现美洲大陆

哥伦布（约1451—1506）14岁就生活在海上，他从书中了解到地球是圆的，只要向着一个方向一直前进，最终就会回到出发点。在获得西班牙国王的资助后，1492年8月，哥伦布率领一支船队从西班牙出发，横渡大西洋，同年10月抵达美洲东海岸的巴哈马群岛，但他们错误地认为那是抵达了印度。后来一名来自意大利的商人前往美洲考察，判定那里并非印度，而是一块新大陆，于是这块大陆便以这位商人的名字命名为阿美利加洲，也就是美洲。

尼达和多巴哥、尼加拉瓜。此外，还有属于丹麦的格陵兰岛、英属的安圭拉、百慕大等地区。

气候类型

北美洲气候复杂多样，跨越热带、温带、寒带三个温度带。北美洲的北部在北极圈内，被冰雪覆盖，为极地气候。大陆中部多为温带大陆性气候，但由于山脉大多是南北走向，太平洋的暖湿空气被阻隔在了西部沿海地区，所以沿海为温带海洋性气候。但中央平原畅通无阻，大西洋暖湿的空气可以直达中部平原北部；从北冰洋来的冷空气也可以经过中部平原长驱南下，

所以气候很不稳定。位于亚热带地区的墨西哥湾沿岸，虽为亚热带湿润气候，但冬季也会发生严寒和下雪的现象。南部加勒比海因受赤道暖流的影响而高温多雨。

北美洲中部和北部冬季常受寒冷而强烈的陆地龙卷风和暴风的侵袭，东南部在每年 5 月至 10 月，常受飓风的侵袭。

水系概况

北美洲总面积的 88% 为外流区域，其中属大西洋流域的面积约占全洲的 48%，属太平洋流域的面积约占全洲的 20%。大致以落基山脉为界，以西的河流入太平洋，以东的河流入大

西洋和北冰洋。内流区域（包括无流区）面积较小，约占全洲面积的 12%，内流区域多在美国西部大盆地及格陵兰岛。密西西比河是北美洲最大的河流，也是世界第四长河。另外，马更些河、育空河、圣劳伦斯河和格兰德河等，也是北美洲较为重要的河流。

北美洲有许多壮观的瀑布，其中约塞米蒂国家公园的约塞米蒂瀑布落差最大，约 739 米。

北美洲湖泊众多，淡水湖总面积约为 40 万平方千米，位居各洲之首。湖泊大部分集中在大陆的北半部。中部高原区的五大湖分别是苏必利尔湖、休伦湖、伊利湖、密歇根湖、安大略湖，这五大湖是世界上最大的淡水湖群，也被称为“北美地中海”。其中，苏必利尔湖面积最大，是世界第一大淡水湖。

自然资源

◎矿产资源

北美洲主要矿产资源为煤炭、石油、天然气、铁、铜、铅、锌、镍、铀等。

◎水力资源

北美洲有大量尚待开发的水力资源，占世界水力资源蕴藏量的 8.9%，已开发的水力资源占世界水力资源的 34.7%。

◎森林资源

北美洲草原和森林面积都比较大，分别占全洲面积的 14.5% 和 30%。森林主要分布在西部山地，盛产扁柏、糖槭、松、铁杉、红杉等林木。

◎野生动物资源

北美洲主要动物有美洲狮、美洲野牛、美洲虎、美洲豹、美洲黑熊、麝牛、叉角羚羊、美洲黄鼠、驯鹿等。

人口民族

北美洲人口约 5.5 亿。人口分布极不均衡。全洲超过 80% 的人口集中在美国、墨西哥、加拿大三个国家。美国东北部的大西洋沿岸地区、五大湖附近和圣劳伦斯河两岸、美国西部的太平洋沿岸、墨西哥城及其附近是北美洲人口最为稠密的地区。其余地区则人烟稀少。因北冰洋上的一些岛屿气候非常恶劣，所以几乎无人定居。

北美洲的居民大部分是欧洲移民的后裔，其次是印第安人、黑人、混血种人，以及犹太人、华人和日本人等。通用英语、西班牙语等。主要信奉基督教新教和天主教。

经济文化

北美洲的独立国家共有 23 个，这些国家贫富悬殊，既有发达国家，如美国、加拿大；也有发展中国家，如墨西哥、古巴、哥斯达黎加；还有发展水平很低的国家，如尼加拉瓜、海地、洪都拉斯，其中海地是北美洲唯一的贫困国家。

北美洲的可耕地面积约占全洲所有土地的13%。这里土壤肥沃，气候相对稳定，得天独厚的地理条件和环境优势使这里许多作物的产量居世界前列。粮食作物主要有水稻、玉米、小麦、薯类和豆类。经济作物主要包括烟草、咖啡、棉花、可可、甘蔗等，多分布于南部地区。另外，北美洲还盛产多种水果和蔬菜。畜牧草地面积约占全洲所有土地面积的17%，主要集中在美国、加拿大和墨西哥。牲畜主要包括猪、牛、羊和马。北美洲的工业十分发达，其中发达国家在制造业上占有优势，而比较小的国家更重视轻工业和农产品加工业，只有个别国家同时发展轻、重工业。北美洲在生产基础金属制品、塑料制品、石化产品、运输设备、机械、棉织品等方面一直保持国际领先地位，近年来，还努力向制造通信系统、电子、航天、计算机及软件等方面的产品发展。

北美洲原本是印第安人的家园，有着源远流长的文明，历史上，印第安人曾发展出辉煌的三大文明——玛雅文明、阿兹特克文明及印加文明。其中，玛雅文明和阿兹特克文明均位于北美洲，在建筑、数学、天文等方面取得了极高的成就。

随着北美大陆被不断开辟，来自不同大洲、不同肤色的人涌入了这里，渐渐地，北美洲成了由多民族组成的大家园，不同民族和国家的人带来的多种多样的文化和习俗在这里相互碰撞、融合。目前，北美洲人最重视的传统节日有感恩节、圣诞节等。

美洲原住民——印第安人

印第安人是美洲大陆最古老的居民，有一种假说他们最开始来自亚洲。大约 2.5 万年前，一批蒙古族人渡过白令海峡，抵达如今阿拉斯加的最西端，接着向南迁移，并在那里生活了下来。1492 年，哥伦布航行到美洲大陆时，把那里误当成了印度，便将当地居民称为印第安人。印第安人属于蒙古种族，长着暗褐色的皮肤、长而黝黑的头发、黑色的眼珠，鼻梁不高，体毛和汗腺不发达。印第安人最初生存靠的是捕鱼、狩猎和农业。后来逐渐掌握了开采挖掘、冶炼金属、制造木船等技能。后来北美洲遭到欧洲殖民主义者的入侵，这些入侵者不断驱逐和杀害印第安人，最后剩余的印第安人被迫在美洲西北部地区的偏僻之地生活。

美国
写给孩子的世界地理

地理环境

国家名片

全　　称：美利坚合众国
首　　都：华盛顿哥伦比亚特区
位　　置：北美洲中部
语　　言：通用语言是英语
民　　族：非拉美裔白人约占60%；其余分别为拉美裔、非洲裔、亚裔、混血种、印第安人和阿拉斯加原住民
行政区划：全国划分为50个州和1个特区（哥伦比亚特区），有3143个县

美国位于北美洲中部，领土由本土、北美洲西北部的阿拉斯加和太平洋中部的夏威夷群岛组成。北部接壤加拿大，南濒墨西哥湾，西濒太平洋，东临大西洋。

全境地势西高东低。东南部沿岸平原地势低平，海拔大多在200米以下，主要分为大西洋沿岸平原和墨西哥湾沿岸平原两部分，多数是河流冲积平原；大西洋沿岸有阿巴拉契亚山脉，海拔为1 000 ~ 1 500米；内地平原形似倒三角形，北起美加边界，南达大西洋沿岸平原的格兰德河一带；落基山脉、内华达山脉和喀斯喀特山脉组成西部山系；西部山系高原主要有科罗拉多高原、哥伦比亚高原与大峡谷等地形，世界著名的科罗拉多大峡谷就位于科罗拉多高原西南部，是世界上罕见的自然景观。

气候类型

美国大部分地区属大陆性气候，南部属亚热带气候，夏威夷属热带气候，阿拉斯加州气候则为北极圈内的寒冷气候。降水量由东向西逐渐减少，东部降水量多达 1 000 毫米，西部的大平原降水量为 250 ~ 760 毫米。南北温差较大。大多数情况下，两大洋沿岸地区的气候比内陆气候更温和。

自然资源

◎矿产资源

美国矿产资源储量丰富，煤、石油、天然气、钾盐、磷酸盐、铁矿石、硫黄等矿物的储量均居于世界前列，其他矿物有金、银、铜、铝、锌、铅、铋、铀、钼、汞、钨、镍、碳酸钾、铝矾土等矿物。

◎旅游资源

美国的旅游业从最初发展时就秉持着保护自然的理念。美国境内共有 54 个国家公园，其中 4 个是 19 世纪建立的，已有上百年的历史。国家公园是以自然生态为基础建立的，包括原始的自然景观，如原始森林、冰川、峡谷、红杉林、雪峰；天然的生态系统，如沙漠、岛屿、沼泽、湖泊；神奇魔幻的地质现象和自然现象，如地质断层、火山、温泉、地下河风洞、溶洞、石林；等等。这些珍贵的自然资源在不被破坏、价值不被影响的情况下，成功地融入旅游业的发展中，如今大部分已经成为著名的旅游景点，深受各国游客的喜爱。

水系概况

美国河流湖泊众多，水系复杂。落基山以东注入大西洋的河流均属于大西洋水系，主要河流有密西西比河、康涅狄格河等，其中密西西比河是美国最大的河流、世界第四长河。

科罗拉多河、哥伦比亚河、育空河等注入太平洋，属于太平洋水系。北部五大淡水湖群位于美国与加拿大交界处，除密歇根湖属于美国，其余四湖为两国共有。

社会经济

美国是世界上最发达的资本主义国家，经济高度发达，其国内生产总值长期居世界首位。

美国是一个工农业大国，其工业占工农业总产值的 80% 以上，在全国经济结构中占绝对优势地位。美国的工业因技术先进、门类齐全、生产实力雄厚、劳动生产率高而闻名于世。

钢铁工业、汽车工业、建筑业是美国经济的三大支柱。美国的电子工业、石油化工、原子能、航天工业等工业在国民经济中也占重要地位。美国还是当今世界上第一航天大国，美国宇航局每年预算费用约200亿美元，远超世界其他国家。

美国农业高度发达，基本实行机械化操作，农业劳动生产率很高。美国农业部门主要由种植业和畜牧业构成，两者相互依赖，配合密切，发展平衡。农业生产布局的特点是区域专门化，地域之间分工明显，在全国范围内形成了以玉米种植带为中心的若干专门化农业区域的空间网络。因此，美国是世界上最大的农产品出口国之一。

文化习俗

由于美国的人种和民族来自世界各地，因此，美国有很多被认可的社会习俗，其习俗和风俗的数量远远多于其他国家。所以在美国游玩时，在某些方面若想按自己国家的风俗习惯也不用担心有何不妥，因为美国人一般都比较随性，不是很重视礼仪礼节。如果想在公共场合穿得规矩、正式一点或是身着传统服饰，那么大可按自己的想法

去做，不必考虑太多，周围的人会理解和接受的。

著名城市

◎华盛顿

华盛顿是美国的首都，全称是“华盛顿哥伦比亚特区”。处于波托马克河与阿纳卡斯蒂亚河汇合处北端。华盛顿是全国的政治、军事中心，也是文化中心之一，为纪念美国第一任总统乔治·华盛顿而命名。市内建筑物规划规范，整齐有序。全市的中心为国会大厦，用南北、东西两条线分为大小不等的 4 个地区，市内街道为棋盘状。国会大厦坐落在詹金斯山上，与白宫、最高法院的位置形成三角形，象征美国的立法、司法和行政的三权鼎立。全城纪念建筑物及纪念碑有数百处。

◎纽约

纽约是世界特大城市之一，也是美国最大、最繁华的城市，位于美国东部哈得孙河入大西洋的河口处。它是美国最大的经济中心，对外贸易额占全国贸易额的1/5，贸易带动了工业发展，两者进一步带动了金融业的发展，从而使纽约成为美国乃至整个资本主义世界的金融和证券交易中心。此外，纽约还是全国的文化中心，市里有哥伦比亚大学、纽约大学等高等院校，还有很多音乐厅、博物馆和公园等。美丽的自由女神像更是纽约市的“路标”。纽约无论是城内轨道交通，还是对外的港口、铁路、机场等都非常便利。

世界最大的移民国家

一般国家的民族构成是由一个人口数量占比最大的民族和一些人口数量少的少数民族共同构成的，而美国的居民是来自不同大洲、不同国家的移民及其后裔。美洲的原住民只有印第安人和因纽特人，但在哥伦布发现新大陆之后，美洲就成了一个香饽饽，无数人想要来到这里开垦出新的田地。美国有十分庞大、复杂的民族结构，在美国的街头，随处可见白人、拉美裔、黑人及亚裔。美国人在继承着自己祖先的血统，将某些独特的故土的色彩保留着的同时，其生活方式又完全是典型的美国习惯。因此，美国有着“民族大熔炉”的称呼。

加拿大
写给孩子的世界地理

地理环境

国家名片

全　　称：加拿大
首　　都：渥太华
位　　置：北美洲北部
语　　言：官方语言是英语和法语
民　　族：主要为英、法等欧洲后裔，原住民占少数，其余为亚洲裔、拉美裔、非洲裔等
行政区划：全国划分为10省3地区

加拿大位于北美洲北部。东濒大西洋，西临太平洋，西北部与美国阿拉斯加州相邻，南部接壤美国本土，北靠北冰洋。

加拿大地势西高东低。西部为科迪勒拉山系的落基山脉，许多山峰海拔在4 000米以上，海拔为5 951米的洛根峰是全国最高峰；西中部大平原位于大熊湖、大奴湖、阿萨巴斯卡湖、温尼伯湖一线以西至科迪勒拉山麓，是一片山麓高原；中部为哈得孙湾和哈得孙沿岸平原；东南部是五大湖中的苏必利尔湖、休伦湖、伊利湖和安大略湖的湖区，还有圣劳伦斯河流域；东部是低矮的拉布拉多高原；北极群岛区终年被冰雪覆盖，多丘陵、低山。

气候类型

加拿大东部气温略低，南部气候适中，西部气候温和湿润，北部较冷，为寒带苔原气候。北部群岛（北极冰漠）夏季温度常在冰点以下，最低气温为 –60℃，中西部最高气温在 40℃以上。夏季平均气温自南向东、西海岸递减，年均降水量则呈递增趋势，北部群岛降水量最少。

自然资源

◎森林资源

加拿大森林资源丰富，面积达 400 多万平方千米，占全国领土面积的 44%，居世界第三位，仅次于俄罗斯和巴西。其中可伐林面积约占林地总面积的 50% 以上，每年可以采伐约 1.5 亿立方米的木材。

◎矿产资源

加拿大有着丰富的矿产资源，具有储量大、品种多、分布广的特点。全国范围内有近 300 种金属和非金属矿藏，其中约有 60 种适合商业开采。主要有石油、天然气、石棉、钾盐、金、银、铜、锌、镍、铁、铀、铅等矿物。

原油储量仅次于委内瑞拉和沙特，居世界第三位，98% 以油砂原油存在；石棉储量约有 110 亿吨，居世界第一；加拿大还是世界上钾盐储量最多的国家；加拿大 70% 以上生产的矿产品供出口，是世界上最大的矿产品出口国。

◎淡水资源

加拿大境内约有 89 万平方千米为淡水覆盖，可持续性淡水资源占世界的 7%。

水系概况

加拿大河流水力资源丰富、冰期较长。全国河流主要分为四大流域系统：纳尔逊河、丘吉尔河等注入哈得孙湾；加拿大第一长河——马更些河流入北冰洋；育空河、弗雷泽河、哥伦比亚河等为太平洋流域河流；大西洋流域的圣劳伦斯河水量大且稳定。加拿大境内湖泊众多，有世界上最大的湖泊带，主要包括加、美边境的五大湖与大熊湖等。湖泊带周围散布着成千上万个小湖。

社会经济

加拿大经济发展水平很高，是西方七大工业国家之一。制造业占工业主导地位，汽车及其零配件制造部门发展最快、外资比重最大。近年来，高科技产业和服务业发达，资源工业、初级制造业和农业是国民经济的支柱产业。加拿大是世界主要

矿业生产国和矿产品出口国，油砂原油可采储量居世界第三位。加拿大农业实现了机械化、专业化，劳动生产率水平很高，谷物总产量在世界上居前列。加拿大渔业也比较发达，是世界上最大的渔业产品出口国。

文化习俗

◎冰球运动

冰球运动是加拿大著名的冰上运动，加拿大素有“冰球之乡”之称。19 世纪 80 年代，冰球自安大略省的金斯顿兴起。冰球运动是滑冰技艺和曲棍球运动的结合，有较强的集体对抗性。目前，冰球运动在加拿大已十分普及，很多孩子三四岁时

就进行冰球训练，如今参加此项运动的人数已达百万。冰球运动是冬季奥运会的正式比赛项目。

◎雪屋

因纽特人是加拿大的原住民之一，主要生活在北极圈内的寒冷地带。雪屋是因纽特人独有的住宅，是用雪砖垒成的半球形的房屋。外形看起来像蒙古包，有很强的御寒能力，屋内设有储藏室，有用雪筑成的高台卧床，床上铺着兽皮和树枝。雪屋有一个很小的门，通常会在南面开一扇小窗。如今，雪屋已经成为著名的旅游景点，吸引着世界各地的游客。

◎枫糖节

枫糖节是加拿大的传统民间节日。每年的 3 月，生产枫糖的农场便会派工人去采集枫树液熬制枫糖。他们在枫树上打个洞，用一根管子插在洞里吸出糖汁，放入锅中加热，便能熬出香甜可口的枫糖。节日里，当地居民还热情地为游客表演各种民间歌舞。随着枫糖节带来的经济收益越来越好，如今的枫糖节会一直持续到6月底才结束。

著名城市

◎渥太华

渥太华是加拿大的首都，华人简称为“渥京”，是全国政治、经济、文化、交通中心，也是世界上最寒冷的首都之一，位于安大略省东南部与魁北克省交界处，横跨渥太华河。20世纪以来，渥太华工商业飞速发展，现今已成为加拿大知名的大都

市之一。渥太华处于重要的铁路枢纽上，交通便利。它还是全国文化、科学研究的重要城市，有众多高等学府，如渥太华大学、卡尔顿大学等，还有众多科学院和研究中心。渥太华是一座花园城市，春天城内郁郁葱葱，到处开满了色彩鲜艳的郁金香花，生机盎然，所以渥太华又被称为“郁金香城”。渥太华有一条世界上最长的溜冰场，原本是一条运河，夏季人们在这里泛舟观景，冬季运动健儿在这里纵横驰骋。

◎多伦多

多伦多是加拿大安大略省的首府，也是加拿大第一大城市，位于安大略湖的西北岸。“多伦多”的印第安语意思是“汇合之地”。多伦多是世界上最多元化的城市之一，这里汇集了世界各地的移民，将近100多个民族，140多种语言，多种多样

的文化在这里相遇。多伦多也是加拿大重要的经济中心，它背靠集约化农业区，邻近美国纽约等大城市，而且是重要的交通枢纽，北纵贯穿大陆的铁路干线，南连美国的铁路线，金融业和工商业都非常发达。耸立在多伦多的加拿大国家电视塔，造型宏伟，结构新颖，是多伦多市的标志。

加拿大最早的民族

印第安人、因纽特人和梅蒂斯人是加拿大的原住民，早在欧洲殖民者到来之前，他们就已经在这里有了独特且悠久的历史文明。后来，殖民者霸占了这些原住民的土地，还抢夺了他们的资源，这些原住民从此就一直生活在贫困之中。20世纪10年代起，加拿大政府向这些原住民道歉，并尝试让他们融入加拿大的现代社会中，可是相当一部分原住民却坚持保留着他们古朴的生活方式和文化传统。

墨西哥
写给孩子的世界地理

地理环境

国家名片

全　　称：墨西哥合众国
首　　都：墨西哥城
位　　置：北美洲西南部
语　　言：通用语言是西班牙语
民　　族：印欧混血人和印第安人占总人口的绝大多数
行政区划：全国划分为 32 个州（首都墨西哥城已由联邦区改为州），州下设市（镇）和村

墨西哥位于北美洲西南部。北与美国接壤，南邻危地马拉和伯利兹，东临墨西哥湾，东南靠近加勒比海，西南濒太平洋。

墨西哥全境 80% 以上的土地是山地和高原。中间是墨西哥高原，东、西、南部被马德雷山脉所环绕，东南是地势平坦的尤卡坦半岛，是石灰岩低台地，多岩溶地貌。沿海多狭长平原。东南部的特万特佩克地峡，一般被视为中美洲和北美洲的自然分界线。西北部是狭长的加利福尼亚半岛。

气候类型

墨西哥气候复杂多样。沿海和东南部平原属热带气候，年平均气温为 25℃ ~ 27.2℃；高原地区全年气候较为温和，气

温为 10℃ ~ 26℃；西北内陆为大陆性气候。干旱、极干旱地区占国土面积的 48%，西北部年平均降水量不足 250 毫米，内地降水为 750 ~ 1 000 毫米，墨西哥湾沿岸中部与太平洋沿岸南部降水为 1 000 ~ 2 000 毫米。

自然资源

◎矿产资源

墨西哥矿产资源丰富，主要有石油、天然气、铀、煤、铁、金、锰、汞、银、铜、铅、锌、锑、钨、钼、钒等；非金属矿产有硫、硅灰石、天然碱、石墨、萤石等。银储量居世界第一位，石墨和铜储量居世界第三位。

◎森林资源和海产品

墨西哥的森林总面积约 65 万平方千米。墨西哥海产品主要有沙丁鱼、对虾、金枪鱼、鲍鱼等，其中对虾和鲍鱼是传统的出口产品。

水系概况

墨西哥河流大致分为大西洋水系、太平洋水系和内流水系。主要河流有北布拉沃河、乌苏马辛塔河、巴尔萨斯河等。其中北布拉沃河是墨西哥境内最长的河流，也是美国和墨西哥的界河。湖泊多分布在中部高原的山间盆地，查帕拉湖为墨西哥面积最大的湖泊。墨西哥东南部的尤卡坦半岛几乎没有地表河流，西北部的加利福尼亚半岛河流也很少。

社会经济

墨西哥是拉美国家中经济比较发达的国家，也是世界最开放的经济体之一。工业门类较为齐全，石化、矿业、冶金、电力和制造业比较发达。

石油工业是墨西哥主要的经济支柱，石油产量居世界前列。墨西哥不仅注重原油开采，还大力发展石油提炼和石油化学工业；墨西哥的采矿业非常发达，是银、铅、锌、汞、萤石、硫黄的主要生产国，矿产品是墨西哥的传统出口产品。墨西哥的农业也比较发达，全国可耕地面积约27万平方千米，农村人口占全国人口的20%左右。主要农作物有玉米、小麦、高粱、大豆、水稻、棉花等。玉米、甘薯、番茄、烟草的原产地即墨西哥，墨西哥是全球玉米的主要产区，剑麻产量也居世界前列。

文化习俗

◎玉米文化

墨西哥的古印第安人培育出了玉米，因此，墨西哥被称为“玉米的故乡”。墨西哥人种植玉米的历史十分悠久，对玉米有着极为深厚的感情。他们不仅将玉米作为宗教中崇拜的对象，民间还流传着许多和玉米有关的神话和传说，一些墨西哥人甚至会骄傲地称自己为“玉米人”。除了宗教，墨西哥人还创造出许多以玉米为题材的艺术形式，可以说，玉米文化已经深入墨西哥人生活的各个角落。

◎墨西哥亡灵节

亡灵节是墨西哥最重要的传统节日之一，亡灵节分为两天，即每年11月1日和11月2日，1日为“幼灵节”，人们在这

一天祭奠死去的孩子；2 日是“成灵节”，这天用来祭奠死去的成年人。

在亡灵节，墨西哥人会举办大型的嘉年华，人们戴着各式各样的骷髅面具或是化妆成鬼怪，还会吃骸骨形状的糖果。因为在古代墨西哥文化中，死亡不仅是生命的归宿，也是新生命的开始，而且墨西哥人认为鬼魂和人一样需要享受欢乐，所以他们以幽默的态度和狂欢的形式来祭奠死者，这展现了墨西哥人豁达乐观的心态。

◎“皮纳塔”游戏

“皮纳塔”是墨西哥传统节日中最常见的一种游戏，“皮纳塔”其实是一种盛放糖果和小礼物的容器，造型多种多样，最常见的造型是小驴子。玩“皮纳塔”游戏时，人们会将“皮纳塔”挂在树枝上，多名游戏参与者要蒙住眼睛，轮流击打“皮

纳塔”，直到将“皮纳塔”完全打破，然后所有人一起分享撒出的糖果和礼物。

其实，“皮纳塔”起源于中国。13 世纪时，马可波罗在中国旅行时，学习了中国民间制作纸牛的迎春习俗，并带到西方，最终演变成了“皮纳塔”。

著名城市

◎墨西哥城

墨西哥城是墨西哥的首都，位于中央高原的谷地。连同其卫星城，总称墨西哥联邦区，是世界特大城市之一。墨西哥城是全国最大的经济、文化中心。墨西哥城是西半球最古老的城市，由印第安部族的阿兹特克人建立，古称“特诺奇提特兰”，

意为“特诺奇祭司所在地”，后成为阿兹特克帝国的首都。西班牙人入侵后占领该城。墨西哥独立后，这座城市迅速发展。墨西哥城别名“壁画之都”，城市内各种题材、鲜艳夺目的壁画应有尽有，最著名的壁画是墨西哥国立自治大学图书馆主楼周身光彩夺目的壁画。城内的风景名胜不胜枚举，较著名的有宪法广场、国家宫、独立纪念柱等。

特奥蒂瓦坎古城遗址

特奥蒂瓦坎古城遗址，是印第安文明的重要遗址，位于墨西哥波波卡特佩尔火山和伊斯塔西瓦特尔火山山坡谷底之间，距墨西哥城40千米。古城建立的时间大约在公元前150年到公元100年之间，是特奥蒂瓦坎建筑的主要代表，有著名的太阳金字塔、月亮金字塔、羽蛇神庙等。古城中有一条“黄泉大道”纵贯古城南北，两侧建筑错落排布，街道每隔若干米就会有一处平台，给人直通云霄的感觉。1987年，特奥蒂瓦坎古城作为文化遗产，被列入《世界遗产名录》。

古 巴
写 给 孩 子 的 世 界 地 理

地理环境

国家名片

全　　称：古巴共和国
首　　都：哈瓦那
位　　置：加勒比海西北部
语　　言：官方语言是西班牙语
民　　族：白人占多数，其他有黑人、混血种人、华人
行政区划：全国划分为 15 个省和 1 个特区（青年岛特区），省下设 168 个市

古巴位于加勒比海西北部墨西哥湾入口，东与海地隔海相望，南临牙买加，西与墨西哥相对，北与美国佛罗里达半岛、巴哈马隔墨西哥湾相望。古巴由古巴岛、青年岛等 1 600 多个岛组成，是西印度群岛中最大的岛国。

古巴大部分地区地势低平。古巴岛 2/3 的领土都是海拔 300 米以下的平坦地区，而山地约占总面积的 25%。东部、中部是山地，西部多丘陵，主要山脉为马埃斯特腊山脉，为古巴面积最大、地势最高的山，平均海拔为 1 300 ~ 1 500 米。

气候类型

古巴大部分地区属于热带雨林气候，仅部分地区为热带草原气候，全年平均气温为25℃。分旱、雨两季，常遭飓风侵袭。除少数地区，年降水量在1 000毫米以上。

自然资源

◎矿产资源

古巴的矿产资源相当丰富。铁、铜、镍、锰、钴等具有开采价值。铁矿蕴藏量约35亿吨，是世界上铁矿储量居前列的国家之一。几乎所有山脉都蕴藏铜矿。石油主要储藏在墨西哥湾古巴专属经济区，可开采石油量相当丰富。

◎植物资源

古巴有丰富的森林资源，森林覆盖面积约占全国总面积的27.5%，拥有珍贵的木材，如红木、檀香木、古巴松等。古巴气候条件优越，并且有肥沃的土地和平坦的地势，很适合农作物的生长，大部分重要的经济作物和粮食作物在这里都能种植。其中占有重要生产地位的一种就是甘蔗，古巴是所有国家中人均产糖量最多的国家，因而有“世界糖罐”之称。另外，古巴还有一种世界闻名的经济作物——烟草，其生产的雪茄烟品质优良，享誉世界。

◎旅游资源

古巴环境优美，有十分丰富的旅游资源，绵长的海岸线上分布着几百个自然景观。这里海水清澈、阳光明媚，遍布的白色沙滩仿佛能治愈一切。得益于这些自然舒适的风光，古巴现已发展成为世界上顶尖的旅游和疗养胜地，有“加勒比明珠”的美称。近年来，古巴依托这些得天独厚的自然资源，大力进行旅游开发，如今旅游业已经成为古巴国民经济的第一大支柱产业。

水系概况

古巴有200多条河流和数以千计的溪涧，河流多为南北走向，由于古巴岛屿南北较窄，所以这些河流短浅、湍急。考托河是一条东西流向的河，位于马埃斯特腊山脉以北，是古巴的第一大河，但长度仅有370千米，是古巴唯一可以通航的河流。

社会经济

古巴长期实行计划经济体制。目前，主要经济支柱是制糖业、旅游业和镍出口。古巴是世界糖产量最高的国家之一，人均产糖量高居世界首位。工业以制糖业为主，曾经只有以蔗糖生产为主的单一经济发展模式。古巴农业以种植甘蔗为主，全国一半以上的可耕地都种植甘蔗。1993 年起，政府出台了一系列改革措施，大力促进贸易多元化和出口多样化。主要出口农产品为烟草、咖啡、可可、热带水果、水稻、鱼类等，工业制成品主要依赖进口。

文化习俗

◎礼仪

古巴人活泼开朗、待人真诚、看重感情，见到客人时，会

与其一一握手；见到亲友时，一般会拥抱；与女士见面还可亲吻其面颊。问候古巴人时，可用“同志”等称谓称呼对方。古巴人聊天时一般不谈论年龄、收入、宗教信仰等问题。

◎古巴狂欢节

每年七八月是古巴各地人民举行狂欢节的时候，一般约10天。狂欢的场地就是海边绿荫大道，届时，各种摊位会在道路两旁摆满各种食品，其中以啤酒摊为最多，然后就是食品摊。参加狂欢节开始，人们则会举行彩车游行等活动，狂欢节必须要做的事情就是喝啤酒。狂欢节时还有一道独具特色的美食——烤全猪。

在狂欢节的最后几天，还会彻夜狂欢，是狂欢节最热闹的时候。

◎古巴热带舞

古巴热带舞是古巴民族的特色舞蹈，它是由受到非洲文化影响的欧洲歌舞逐渐演变而来的，将欧洲、非洲、拉丁美洲本土的一些文化元素融入其中，其狂放随性的动作和强烈的音乐节奏特别受古巴人民和世界各地游客的喜爱。古巴人民热爱舞蹈，在这里，你经常会看到佩戴着彩带、羽毛、花瓣的人们在街头、酒吧热情歌舞。

著名城市

◎哈瓦那

哈瓦那是古巴的首都，也是古巴最大的城市，位于古巴岛西北部海岸，与美国佛罗里达半岛隔海相望。哈瓦那作为古巴的政治、经济、文化和旅游中心，气候温和，四季宜人，被称为“加勒比海的明珠”。

哈瓦那始建于1519年，分为新城与旧城，新城倚靠加勒比海，城内高楼林立，现代化气息浓厚，豪华宾馆、剧院等应有尽有；旧城位于哈瓦那湾西侧的一个半岛上，至今仍保留着

一些欧式老建筑。

哈瓦那交通便利，铁路和公路四通八达，市郊还有何塞·马蒂国际机场。

◎圣地亚哥

圣地亚哥是古巴的第二大城市、第二大海港，也是最古老的城市之一，位于东部马埃斯特腊山东段南麓。圣地亚哥始建于1514年，1589年以前曾是殖民统治中心。圣地亚哥见证了古巴两次独立战争，经历了数次战役，被称为“英雄城”。圣地亚哥的倾斜街道是其一大特色，城内还保留着许多名胜古迹和文化教育设施，如贝拉斯克斯时期的总督府、市郊的“埃尔科夫雷”圣母教堂、安放民族英雄何塞·马蒂遗骸的圣伊菲赫尼亚公墓、狂欢节博物馆、马塞奥纪念碑、埃雷迪亚剧场和东方大学等。圣地亚哥的这些名胜与其优美的自然景色吸引了各地游客。

最美海滩之一——巴拉德罗

巴拉德罗是古巴最北端一座狭长的半岛，长约22千米，是整个加勒比地区最大的海滨度假区，也是最能体现古巴热带风情的景区。岛上气候宜人、植被茂盛、景色优美，有许多珍稀的动植物，还有许多奇特的海洋生物。许多人都称巴拉德罗是世界上最美丽的海滩之一，还有人说：“不到巴拉德罗就不知道古巴的秀美。”

危地马拉
写给孩子的世界地理
ALMA

地理环境

国家名片

全　　称：危地马拉共和国
首　　都：危地马拉城
位　　置：中美洲西北部
语　　言：官方语言是西班牙语
民　　族：印第安人占2/5，其余为印欧混血种人和欧洲移民后裔
行政区划：全国划分为22个省，下设338个市镇

危地马拉位于中美洲西北部。西部和北部与墨西哥接壤，东北与伯利兹相邻，东南毗邻洪都拉斯和萨尔瓦多，东临加勒比海的洪都拉斯湾，南濒太平洋。

危地马拉山地和高原占全境领土面积的67%左右，太平洋沿岸有狭长的沿海平原，中南部为多山的高地，火山较多，地震频繁。其中海拔4 220米的塔胡穆尔科火山为中美洲最高峰。太平洋沿岸为滨海山麓平原地带。北部地区是佩滕低地。

气候类型

危地马拉位于热带地区，北部及东部沿海平原

地区属热带雨林气候，东南部山地以亚热带气候为主。全境年平均气温16℃～20℃。一年分干、湿两季，5月至10月为湿季，11月至次年4月为干季。东北部年降水量为2 000～3 000毫米，南部为500～1 000毫米。

自然资源

危地马拉矿产主要有金、银、铅、锌、水银、锑、铬、镍等。石油储量约为14.3亿桶。森林面积约占全国总面积的40%，佩滕低地是重要的林区，盛产桃花心木等贵重木材。

水系概况

危地马拉的河流属于三个流域，分别是太平洋流域、加勒比海流域和墨西哥湾流域，其中大部分河流的流域面积所对应的河流属于国际河流。

太平洋流域共有18条河流，总面积占全国总面积的25%。这些河流短且浅，流量不大，但由于流经峡谷，河床陡峭，因此具有较为丰富的水能储量。下游河段河床变得平缓，对太平洋沿岸土地的灌溉十分有利。加勒比海流域所处位置以中部和东部地区为主，共有6条河流，总面积占全国总面积的35%，其中莫塔瓜河是危地马拉境内最长的河流。墨西哥湾流域位于佩滕低地的西北部和国土的西北部，共有10条河流，总面积占全国总面积的40%。

社会经济

危地马拉的农业经济占主导地位，主产咖啡、棉花、甘蔗、蔬菜、水果、玉米等。对外贸易主要出口经济作物，小豆蔻出口量居世界首位，咖啡生产量居中美洲第二位，橡胶产量居世界前列。其他出口的农产品还有蔗糖、香蕉等。危地马拉工业基础薄弱，传统工业有采矿、制造、纺织、造纸、食品加工和制药业等；新近发展起来的主要有建筑、石油开采、化工和电子工业等。

文化习俗

◎民族服饰

危地马拉有100多个部族，其服饰色彩艳丽，风格多样，有不同的穿法，其图案和色调所代表的含义各有不同。从这些民族服饰可以看出衣服主人所属部落或居住的区域，区分人的社会地位、婚姻状况，以及服饰是日常装还是节日装。衣服上的绣花除了可以用来装饰，还有象征意义，如头戴羽毛的蛇和太阳象征玛雅人。

◎风俗礼仪

危地马拉人见面时习惯握手，如果是亲朋好友见面，会互相拥抱并拍对方的肩膀；女性朋友之间见面会轻轻地拥抱，并亲吻对方的面颊。如果被邀请去做客，客人可以带一束花或糖果作为礼物送给主人。

著名城市

◎危地马拉城

危地马拉城是危地马拉的首都，是全国政治、经济、文化和交通中心，坐落在南部火山区高原上。危地马拉城始建于1524年，多次遭地震破坏，1776年迁至现址。城区内集中着全国大部分工业，交通便利，文教设施齐全。

危地马拉城气候温和，季节性变化小，终年绿草如茵，故有“常青之城”的美名。城内街道宽阔整齐，互成直角，纵横交错。危地马拉城内古迹和风景区众多，适合观光旅游。著名的景点有西班牙时代的古老教堂城堡，宫殿般豪华的中央邮局，古代玛雅人建造的卡明纳尔胡尤遗址。阿蒂特兰湖是危地马拉城著名的风景区和疗养区。

蒂卡尔国家公园

蒂卡尔国家公园地处危地马拉北部、佩滕省东北部的丛林中，西南与弗洛雷斯相距大约35千米。位于公园内的蒂卡尔古城是玛雅古国一座非常大的城市，全国一处大型祭祀中心就位于这里。园内还设有博物馆，大量出土文物陈列在馆中。古城外有大面积的林地，其中生活、生长着多种珍贵的动植物。1979年，蒂卡尔国家公园作为自然与文化双重遗产被列入《世界遗产名录》。

巴拿马
写给孩子的世界地理

地理环境

国家名片

全　　称：巴拿马共和国
首　　都：巴拿马城
位　　置：中美地峡
语　　言：官方语言是西班牙语
民　　族：印欧混血种人占多数，其他还有非裔、欧裔、华裔和印第安人
行政区划：全国划分为10个省和5个印第安居民区

巴拿马位于中美洲东南部。东与哥伦比亚接壤，南临太平洋，西邻哥斯达黎加，北濒加勒比海。巴拿马地形主要为山地，全境山峦起伏，沟谷纵横，平原狭窄，且主要在南北沿海地区。巴鲁火山为全国最高峰，海拔为3 475米。山势西高东低，山间有高原、盆地。东西部山脉在中部地峡最窄处相会。

气候类型

巴拿马属热带海洋气候。除高山地区外，年平均气温为23℃ ~ 27℃。海拔1 500米以上的高山地带，年平均气温小于

15℃。巴拿马全年分旱、雨两季，年降水量为1 500 ~ 2 500毫米。山地北坡及加勒比海沿岸地带多雨，降水量多于山地南坡及太平洋沿岸地带。

自然资源

◎矿产资源

巴拿马矿产资源丰富，开采量少，主要矿产资源有金、银、铜、铁、铝土和石油等，其中铜的储量较大，居世界第四位。

◎森林资源

巴拿马的林业资源丰富，全国68%的土地被热带森林所覆盖，主要有红木、雪松、棕榈树、橡胶树等。

水系概况

巴拿马境内有400多条河流，较大的有图伊拉河、切波河等。

著名的巴拿马运河是沟通大西洋和太平洋的国际航运水道，位于巴拿马中部。巴拿马运河长 65 千米，两端海湾中的深水航道总长度为 81.8 千米，宽为 152 ~ 304 米，水深为 14.3 米。1914 年开始通航。

社会经济

巴拿马工业基础薄弱，工业产品不足以满足国内需求。农产品加工业和轻工制造业是国民经济的支柱。服务业在巴拿马经济中也占有非常重要的地位。从事农业的劳动力较少，主要农作物有水稻、玉米、豆类、甘蔗、香蕉、咖啡等。

巴拿马是海运大国，纵贯巴拿马中部的巴拿马运河是连接大西洋与太平洋的重要航道，因此，巴拿马的地理位置十分重要。巴拿马的经济支柱还有运河航运、金融服务、科隆自贸区和旅游业。其中科隆自贸区是世界上最大的贸易中心之一。

文化习俗

◎ 风俗礼仪

巴拿马人热情好客，具有中世纪的骑士风度。每个人都能随意去别人家做客，无论来访者是谁，主人都会热情地招待，并且不收取任何报酬，让客人有宾至如归的感觉。乔科族人是印第安人的一支，尤其好客，他们善良纯朴，无论什么情况下都不会表现得焦躁。

在巴拿马，朋友之间相见会根据具体的时间互相问候，如“早安”“午安”“晚安”和“见到您很高兴”等话语。与此同时，大家会彼此握手，而女性或异性之间除了握手，还会拥抱和亲吻对方的面颊。

◎ 传统舞蹈

受拉美文化的影响，巴拿马的传统舞蹈“坦坡里托”有很多拉美舞蹈的特点，这种舞蹈没有严格的程式，通常由多组男

女对舞组成，女舞者穿着色彩艳丽、宽大飘逸的长裙。这种舞蹈上身动作不多，有大量轻盈、复杂的舞步。舞者脚下变化多端的动作，如脚掌、脚跟、脚尖踢踏出清脆的声响，都体现出“坦坡里托”欢快、热烈的特点。而且这种舞蹈还多以爱情为表现内容，草帽或手帕是常用的传情信物。

◎华人日

2004年起，巴拿马国会将每年的3月30日定为“华人日”，是为了纪念1854年首批华人漂洋过海，来到巴拿马帮助当地人从事铁路建设工作，同时也是颂扬华人对巴拿马做出的巨大贡献，这或许是世界上唯一一个专为华人设立的节日。

◎巴拿马草帽

巴拿马草帽在世界上非常有名，其原材料是一种叫作多基亚的植物，原产于厄瓜多尔。这种草帽最大的特点是十分细腻柔软，质感如同丝绸，摸起来顺滑舒服，把它卷成一个斜三角形状的圆筒，放在柜子里或盒子中，再拿出来戴时，完全不会变形。由于这种草帽多出现在巴拿马运河一带，因此得名“巴拿马草帽”。

著名城市

◎巴拿马城

巴拿马城是巴拿马的首都，是全国政治、经济、文化中心和交通枢纽，地处两大洲和两大洋的交接处，巴拿马运河从巴拿马城的边缘注入太平洋。该城建于16世纪，由古城、老城和新城三部分组成。古城残存着一些教堂的大型砖石建筑，吸引着世界各地的旅游者、考古学者。老城街道狭窄，有许多西班牙风格的建筑。新城位于古城和老城的接合区域，这里高楼林立，城市规划科学，商业发展迅速，金融中心成熟。巴拿马城还是一座工业城，汇集了制革、制鞋、缝纫、水泥、烟草等工业。巴拿马城外的托库门是美洲重要的国际航空港。

◎科隆

科隆是巴拿马第二大城市，地处巴拿马运河北口。始建于1825年，是在曼萨尼约岛的沼泽地上发展起来的城市。1855年铁路修通后，科隆成为巴拿马加勒比海沿岸的一个港口，有着举足轻重的地位。1948年，科隆自由贸易区建成，成为当时世界上第二大自由港和免税区，仅次于香港，同时是西半球最大的自由贸易区。最大港口建在与之相邻的克里斯托瓦尔，港阔水深，能泊巨轮。

巴拿马运河

巴拿马运河全长65千米，是仅次于中国京杭大运河的世界第二长的运河。巴拿马运河位于巴拿马中部，横穿巴拿马地峡，是沟通太平洋和大西洋的重要航道。它使行驶于美国东西海岸、南北海岸或洲际往来的船只的航程大大缩短，给出入于美洲的贸易活动提供了极大的便利，被称为“世界七大工程奇迹之一”，有“世界桥梁”的美誉。

尼加拉瓜
写 给 孩 子 的 世 界 地 理

地理环境

国家名片

全　　称：尼加拉瓜共和国
首　　都：马那瓜
位　　置：中美洲中部
语　　言：官方语言为西班牙语
民　　族：印欧混血种人占 69%，白人 17%，黑人 9%，印第安人 5%。
行政区划：全国划分为 16 个省和 2 个自治区，下设 153 个市镇

尼加拉瓜是中美洲国土面积最大的国家，地处中美洲中部。北面与洪都拉斯相邻，南面与哥斯达黎加接壤，西临太平洋，东濒加勒比海，海岸线长达 800 多千米。中北部是中央高原，面积占全国总面积的 33% 左右，以科隆山脉和伊萨贝利亚山脉为主体，山峰海拔为 900 ~ 1 500 米；北部莫戈通峰是全国最高峰，海拔约 2 107 米。东部为米斯基托斯海岸平原，湖泊沼泽较多，地势平缓；西部有狭长的沿海低地；从丰塞卡湾到哥斯达黎加国境是中美洲火山带中心，因此，尼加拉瓜一直被称为“火山湖泊之国”。

气候类型

尼加拉瓜东部沿海属热带雨林气候，气温变化不大。中部山区属亚热带气候，西部山区为热带草原气候。全国干、湿两季明显，1 ~ 5 月为旱季，6 ~ 12 月为雨季。年平均气温为 25.5℃。

自然资源

◎矿产资源

尼加拉瓜是拉丁美洲主要产金国之一，其境内目前已被发现的金脉矿有上百条，年产量曾达近 2 000 千克，居世界前列。除了金，还有银、锌、铜、锑、铅等其他矿藏。这里还有丰富的地热资源和两处石油矿藏。

◎森林资源

尼加拉瓜森林面积广阔，占全国总面积的 43%，出产桃花心木和松木。

◎旅游资源

尼加拉瓜有独特的自然景观，其中著名的旅游胜地有马萨亚火山和尼加拉瓜湖。马萨亚火山也叫圣地亚哥火山，在马萨亚火山公园内，有美洲大陆唯一能看到沸腾熔岩的活火山，其巨大的火山口不时就会喷出熔岩气浪，温度高达 1 000℃。位于尼

加拉瓜西南部的尼加拉瓜湖，是世界上唯一有海水鱼的淡水湖，湖中有大小岛屿 300 多个，岛上还有许多玛雅文化的历史遗迹。

水系概况

尼加拉瓜的河流属于两个流域，分别是大西洋流域和太平洋流域。大西洋流域总面积占国土面积的 91% 左右，主要分布着圣胡安河、马塔加尔帕大河、科科河等河流；太平洋流域总面积占国土面积的 9% 左右，主要有内格罗河等河流，这些河流短，流量也小。

尼加拉瓜境内的尼加拉瓜湖和马那瓜湖是中美洲面积最大的两个湖泊。

社会经济

尼加拉瓜经济发展比较落后，长期以来，农业是其国民经济的基础，农业产值占国内生产总值的 33% 左右，农产品出口占出口总额的 90% 左右。在尼加拉瓜，经济出口作物实行

规模经营，内需农产品则多采用小农方式耕种。主要生产的农作物包括咖啡、棉花、水稻、高粱、甘蔗、香蕉等。其中，咖啡是尼加拉瓜最重要的出口商品，有着悠久的生产历史。渔业是尼加拉瓜最重要的非传统出口产品。

尼加拉瓜工业基础薄弱，制造业比较落后，近些年“客户”工业得到了一定程度的发展，尼加拉瓜利用本国的廉价劳动力，从外国进口原料或半成品，在国内进行加工或组装，然后再出口到外国。近几年，尼加拉瓜旅游业发展迅速，现已成为增加国家收入的支柱型产业。

文化习俗

◎自然崇拜

尼加拉瓜还有自然崇拜的习俗，当地人习惯赋予大自然中的各种现象以独特的意义，国内的每一座火山、每一处湖泊都有属于自己的传说。

当地人认为，位于马那瓜湖西北岸的莫莫通博火山是他们

的民族英雄尼加拉奥酋长的化身，还称该火山为“诸神居住的灵山”，认为这座火山保佑着世世代代当地人的平安。实际上，莫莫通博火山曾剧烈喷发过很多次。1609年，莫莫通博火山的剧烈喷发毁灭了山麓的莱昂城。这座火山最近一次喷发是在2015年12月，火山口冒出的滚滚浓烟直冲云霄。由于该火山长年冒烟，当地的渔民在遥远的海面上，可以根据其烟柱方向判断其方位，所以人们又称其为“太平洋上的灯塔”。

◎服饰

生活中，尼加拉瓜的城市居民会穿一种白色衬衣，当地人称其为“瓜亚维拉”，裤子和皮鞋一般是黑色的；如果去一些庄重的场合，他们就会换上西装。农民一般穿颜色较为鲜艳的、没领子的衬衣，而且衣服颜色有多种选择。而印第安人大部分则穿的是自己民族的服装。

◎烧人偶辞旧岁

尼加拉瓜的新年有烧人偶的习俗。每当新年来临之际，尼加拉瓜的街边许多店铺都会出售一种“老头人偶”。这些“老头”是用一些易燃物如木屑、稻草等制成的，里面还有火药，并且看起来衣衫褴褛，不修边幅，手里往往还拿着香烟和酒瓶。人偶手中的烟和酒则代表着坏习惯、坏的运气、疾病等所有不好的东西。

在新年到来的前一天，人们就把买来的人偶挂到院子里或门口两边的墙上。等到夜晚 12 点——新年即将到来的时候，家家户户就点燃人偶，把“老头”和“旧岁”一起送走。

著名城市

◎马那瓜

马那瓜是尼加拉瓜的首都，也是全国的经济中心，全国

1/3的工业都分布在这里，包括炼油、皮革、卷烟、水泥、纺织、食品、咖啡加工等行业。马那瓜还是全国的交通枢纽，多条公路通向全国主要城市和地区，并与周边国家相连。马那瓜有国际机场，和墨西哥、美国等国家和地区通航。马那瓜的建筑风格与美国南部地区的城市相似。整个市区是棋盘形的结构，城西有洲际饭店、银行大楼等高大的现代建筑；北侧是中央公园，周边是大教堂、市政厅、革命宫等建筑，还有一些殖民时代的遗物；南端则矗立着具有现代艺术风格的建筑。

神奇的尼加拉瓜湖

尼加拉瓜湖是尼加拉瓜境内最大的湖泊，同时也是中美洲第一大湖泊，湖中的奥梅特佩火山岛上还有2座海拔分别为1 394米和1 610米的火山，让人不禁感叹大自然的神奇。尼加拉瓜湖还是世间罕有的有海水鱼生活的淡水湖，湖上还栖息着数量众多的火烈鸟，也是岛上独特的景观。湖的西北部有一座叫作萨帕特拉岛的小岛，是重要的考古发掘地，岛上有著名的印第安古庙遗迹和多种多样的石雕神像。

哥斯达黎加
写给孩子的世界地理

地理环境

国家名片

全　　称：哥斯达黎加共和国
首　　都：圣何塞
位　　置：中美洲南部
语　　言：官方语言为西班牙语
民　　族：白人和印欧混血种人约占95%，黑人约占3%，印第安土著居民约占0.5%，其他民族约占1.5%
行政区划：全国划分为7个省，下设82个县市、421个乡镇

哥斯达黎加位于中美洲南部，东临加勒比海，东南接巴拿马，西邻太平洋，北邻尼加拉瓜，有着1 200多千米长的海岸线。高原和山地众多。哥斯达黎加沿海地区为平原地形，地势低，中部高山遍布，地势高。全境分为三个地形区，分别是中部高原、太平洋沿岸平原区和加勒比海沿岸平原区。哥斯达黎加境内火山众多，由瓜纳卡斯特山和巴尔瓦、伊拉苏及波阿斯等著名火山组成的中央山脉，从西北向东南纵贯全境。海拔约3 819米的大奇里波山是全国的最高峰，其中波阿斯火山口直径达1 300多米，是世界上最大的间歇性爆发的活火山。

气候类型

哥斯达黎加属于热带国家，终年高温多雨。海岸一带年温在 23℃ ~ 25℃，高原一带年温在 16℃ ~ 19℃。一年有旱、雨两个季节，雨季在 5 月至 11 月，降水丰富，旱季在 12 月至次年 4 月。

自然资源

◎矿产资源

哥斯达黎加的矿产资源有金、银、铁、锰、铝土、水银等，其中铁约有 4 亿吨、铝矾土约有 1.5 亿吨、煤的蕴藏量达 5 000 万吨。碳酸钙矿的主产地在西北部，具有很高的品质，从石灰石提取的碳酸钙拥有 99.5% 的纯度。政府极其重视对环境的保护，这也使得自然资源的开发受限制。

◎生物资源

哥斯达黎加是世界上生物物种最丰富的国家之一，它以占全球陆地面积 0.03% 的领土承载着全球约 5% 的物种。将近 30% 的国土为自然保护区或国家公园，其中包含 11 个森林保护区、15 块湿地保护区、8 个生物保护区、58 个野生动物保护区、32 个自然文化保护区和 27 个国家公园。境内森林覆盖率为 52.38%。

◎渔业资源

渔业资源丰富，有金枪鱼、沙丁鱼、海虾、龙虾、贝类和海龟等。如今，金枪鱼的经济价值占世界海洋业总值的20%，是国民经济的一大支柱。

◎旅游资源

哥斯达黎加有大量罕见的自然景观和丰富的旅游资源。如伊拉苏火山、波阿斯火山、拉阿米斯塔德国际公园等都是世界知名的旅游胜地。

海拔为3 432米的伊拉苏火山是哥斯达黎加境内最高的活火山，许多河流都从此处发源；波阿斯火山颇为神奇，其火山口内有上下两个湖。上面的湖水澄澈透明，湖边树木丛生。下面的湖由于火山活动，经常喷出阵阵白烟，并且还伴随着巨大的沸腾声，湖中偶尔会喷出上百米高的巨大水柱，形成世界上最大的间歇湖。但是湖水中有大量的火成岩物质，湖水颜色有时呈蓝色，有时呈灰色。

拉阿米斯塔德国际公园内的生物种类繁多，有由多种珍稀的植物组成的混合丛林，有263种两栖类和爬行动物及400种鸟类。因此，拉阿米斯塔德国际公园被誉为“南北美洲的动植物桥梁”。

水系概况

哥斯达黎加境内河流密布，且所有河流分属大西洋水系（加勒比海流域）和太平洋水系。全境的主要流域有 34 个，两大水系各占 17 个。哥斯达黎加境内的主要河流有向北流入尼加拉瓜湖的弗里奥河、圣卡洛斯河和萨拉皮基河；向东汇入加勒比海的马蒂约河、雷文塔松河和锡克绍拉河等。源自圣胡安山脉的圣胡安河是哥斯达黎加和尼加拉瓜的界河。

社会经济

哥斯达黎加是美洲生活水平较高的国家之一，其经济发展水平在中美洲遥遥领先。工业约占国内生产总值的 22%，主要

是轻工和制造业，包括食品加工、木材加工、机械、纺织、化工等。农业约占国内生产总值的20%，以香蕉、甘蔗、咖啡为主要农作物，而且哥斯达黎加还是世界主要的香蕉出口国。服务业约占国内生产总值的51%，主要有金融保险、旅游相关行业、不动产等。繁荣的旅游业成为外汇收入的重要来源。

文化习俗

◎乞丐节

哥斯达黎加人认为，富人理应设法帮助穷人。他们把一年当中的所有星期二定为乞丐节，于是每年拥有52个乞丐节的哥斯达黎加成了全球乞丐节最多的国家。星期二这天是乞丐们的幸运日，他们会去银行、商店名正言顺地朝老板们讨钱或讨物。银行、商店的老板们也会在星期二为乞丐们备好许多零钱和蜡烛、火柴、水果、香烟等物品。

◎ 风俗礼仪

哥斯达黎加人性格乐观，诚实守信，待人热情、谦逊。不管身处什么场合，哥斯达黎加人都会主动和外来的游客打招呼并通

过握手来表达友善。

哥斯达黎加人喜欢和友人相聚，闲暇时会约知心朋友到家里一边品咖啡、吃茶点，一边谈天说地。倘若到了休息日是周末，聊到兴起之处，还会载歌载舞，直到翌日天亮方止。他们和外国友人初次相识，倘若对方有礼有节，熟知当地的习俗，可以说几句地方性的语言，他们便视其为好友，亲切地邀对方到家里来玩。若是对方太过于客气地谢绝他们的邀请则会令他们感到不悦。

著名城市

◎圣何塞

圣何塞是哥斯达黎加的首都，地处中部高原的肥沃谷地中，海拔近 1 200 米。受热带气候影响，圣何塞四季如春、宜人居住，

城中花团锦簇、林木葱茏，街道两侧种植着大量的金合欢树，绿树成荫。各家庭院栽满了玫瑰和茶花，花香四溢。全城如同一个大型的花园。因此，圣何塞获得了“花城”的美誉。

圣何塞创建于18世纪30年代末期，如今已发展成了全国最大的城市。受西班牙殖民者的影响，城中保留着大量传统西班牙式建筑，如教堂、钟楼等，穿插耸立在现代建筑中。街道依山而修建，忽上忽下，狭小悠长。街道两旁随处可见古典的教堂和新式的洋房，别有一番风情。街心公园中还矗立着开国元勋、民族英雄、政治家等杰出人物的雕像。

中美洲的花园

哥斯达黎加享有“中美洲的花园”的美誉，其独具一格的火山奇景和自然风光使世界各国的游客络绎不绝。目前仍有9座活火山在喷发沸腾的岩浆和蒸气，还有风光旖旎的加勒比海岸和诸多野生动物保护区、森林、国家公园、花园等自然奇观。海龟国家公园里存在保护得很好的雨林区，是鸟类、猴子、美洲豹、食蚁兽、鳄鱼、海龟等一众野生动物生存的乐园。

牙买加
写给孩子的世界地理

地理环境

国家名片

全　　称：牙买加
首　　都：金斯敦
位　　置：加勒比海西北部
语　　言：官方语言为英语
民　　族：黑人和黑白混血种人占90%以上，其余为印度人、白人和华人
行政区划：全国划分为3个郡，下设14个区

牙买加是北美洲加勒比海西北部的一个岛国，领土由加勒比海第三大岛——牙买加岛构成，北部约140千米处就是加勒比海第一大岛——古巴岛，东隔牙买加海峡，与加勒比海第二大岛——海地岛相距200千米。牙买加拥有约1 220千米的海岸线，是欧美国家前往巴拿马运河的中转站，堪称加勒比地区的“心脏”。

牙买加的地形主要是高原和山地，沿海地区分布着少量冲积平原。西部和中部主要是石灰岩高原和丘陵，海拔300～900米，面积约占全岛的60%。东部主要是山地，其中蓝山山脉的海拔在900米以上，最高峰蓝山峰的海拔约为2 256米，是全岛最高点。

气候类型

牙买加属于热带雨林气候，昼夜和全年的温差都较小，年温差在 5℃以下，年均温约为 27℃。牙买加位于东北信风带，由于信风和地形的影响，不同地区的降水量差异较大。南部平原地区背对信风，年降水量只有 1 000 毫米左右；东部山区面迎信风，年降水量普遍在 2 500 毫米以上，最高降水量高达 5 600 毫米。牙买加全年有两个雨季和两个旱季，1 月至 5 月、8 月至 10 月是雨季，6 月至 7 月、11 月至 12 月是旱季。

自然资源

牙买加拥有丰富的矿产资源，其中铝矾土资源最为丰富，储量高达 25 亿吨左右，位居世界第四，其中可开采量达 15 亿吨，年产量约达 1 500 万吨，是世界上仅次于澳大利亚的第二大产铝

矾土国家。其他矿产资源还有石膏、陶土、大理石、铁、铅、锌和磷等。

水系概况

牙买加境内缺少地表径流，虽然河流较多，但大多湍急而短小，不少都因流入溶蚀陷穴而在地表消失了。牙买加的河流主要有玛萨勃雷河、考勃尔河、格兰德河、黑河等，其中最长的是黑河，约 71 千米长，部分河道能够通航。

牙买加有“泉水之岛”的美誉，这是因为岛上有许多天然泉水和瀑布。

社会经济

牙买加的国民经济支柱是旅游业、工业、农业和信息技术产业。其中，旅游业是国民经济的主要部门和外汇的主要来源，

旅游业收入在牙买加GDP中的占比达60%以上，著名的旅游景点有蒙特哥贝、金斯敦等。矿业在牙买加经济中占有重要地位，其中最重要的工业部门是铝土的开采和冶炼，其他工业部门有食品加工、卷烟、饮料、建筑材料、金属制品、化学制品、电子设备、纺织服装等。牙买加有着悠久的农业传统，全国拥有约2 700平方千米的耕地面积，主要种植香蕉、甘蔗、红胡椒、可可等经济作物，粮食作物则需要大量进口。近年来，牙买加的信息技术产业取得一定的发展，逐渐成为新的经济增长点。

文化习俗

根据牙买加的习俗，男女双方在举行盛大的婚礼前，男方必须购买或者建一栋新房。婚后妻子一般不工作，由丈夫独自承担经济重任。但是，通常只有上层社会才流行这种习俗。大约1/3的牙买加女子都有婚前怀孕的情况，一般来说，出现这种情况后，女子的母亲往往会接受这个既定事实，如果孩子的父亲愿意承担一部分抚养孩子的费用，那么他就能在女方的房屋里居住，等两个人的孩子出生后就能正式开始同居生活，但婚礼是不会举行的。正因如此，牙买加才会出现私生子极多的现象，私生子占比达 70% 以上。

著名城市

◎金斯敦

金斯敦是牙买加首都和重要的港口城市，也是牙买加的经济和文化中心，北部紧靠蓝山，南部濒临加勒比海。金斯敦的意思是“国王之城”，这座城市的历史十分悠久，而且风景优美，四季如春，因此被誉为“加勒比城市皇后”。金斯敦是加勒比海的重要中转港口，在北美洲与南美洲之间发挥着重要的交通枢纽作用。位于金斯敦北部的蓝山，不仅风景如画，还是蓝山咖啡的重要产地，因此金斯敦成为咖啡爱好者的圣地。

一起看世界

飞人之国

体育运动在牙买加十分受欢迎，主要体育项目有短跑、田径、赛马、足球、板球等，其中以短跑最为流行。在金斯敦的体育场里，每到周末都会人山人海，这是因为金斯敦的高中学校每周都会举行短跑比赛。牙买加的大多数学校都专门设置了短跑课程，短跑运动的俱乐部体系也十分健全，短跑运动的普及程度较高，这些有利条件孕育出更多世界短跑名将，牙买加也因此成为“飞人之国”。

巴巴多斯
写 给 孩 子 的 世 界 地 理

地理环境

国家名片

全　　称：巴巴多斯共和国
首　　都：布里奇顿
位　　置：东加勒比海小安的列斯群岛最东端
语　　言：官方语言为英语
民　　族：90% 以上为黑人后裔，2% 为欧洲移民后裔
行政区划：全国共分为 11 个区

巴巴多斯是北美洲东加勒比海的一个岛国，位于西印度群岛中的小安的列斯群岛最东端，领土由巴巴多斯岛构成。巴巴多斯岛是一个石灰岩岛，周围环绕着珊瑚礁，全岛地形起伏不平，整体呈现出中部高、四周低的特点，沿海地区地势平坦低缓，东北部海岸有许多悬崖峭壁，西部则为平缓的台地。

气候类型

巴巴多斯属于热带海洋性气候，全年气温为 23℃ ~ 30℃，变化幅度小。每年 1 月至 6 月是旱季，盛行东北风；7 月至 12

月是雨季，盛行东南风。每年 6 月至 11 月飓风多发。巴巴多斯的年日照量达到 3 000 小时，年平均降水量丰富，但分布不均，中部台地降水集中，沿海地区降水较少。

自然资源

◎矿产资源

巴巴多斯矿产资源丰富，有大量的天然气、石油、浮石、石灰石资源。

◎野生动物资源

巴巴多斯境内生活着多种野生动物，陆地上有黑长尾猴、鹈鹕、青蛙、壁虎等，海洋中有海豚、金枪鱼、飞鱼、剑鱼等，其中不少为巴巴多斯特有物种。

水系概况

巴巴多斯境内无河流，淡水资源主要来自降雨；四周被海洋环抱，海水资源丰富。

社会经济

巴巴多斯属于发展中国家，市场经济蓬勃发展，主要经济部门是工业、农业和旅游业，制糖业是其传统产业，主要出口朗姆酒、原糖、食品、饮料和化学制品等。

工业是巴巴多斯经济的重要部门之一，主要有制糖、酿酒、饮料、食品加工、服装、家具、化学制品、采矿、水泥、电子零部件等。

可耕地约占全国土地的 65%，但是农业在国内生产总值中的占比极少，农产品主要是海岛棉、甘蔗等。巴巴多斯还有少量渔业和畜牧业。近年来，原糖产量呈现下降趋势，政府也支持蔬果种植业的发展，以减小食品进口的压力。

旅游业是巴巴多斯的主要经济支柱之一，近年来，巴巴多斯的旅游基础设施建设得到极大发展，已经成为经济增长的一

个重要动力。此外，巴巴多斯的大型建筑公司还拓展业务到国外，承建了其他一些加勒比国家的机场、道路和工业设施。

文化习俗

◎穿衣习俗

巴巴多斯位于热带地区，居民全年都穿夏装，衣着没有太大变化。男人在正式场合通常穿西装，打领带，要是在特别隆重的交际场所，就要穿黑色礼服并且领带打成蝴蝶结式，有的人还要穿燕尾服。

◎丰收节

丰收节是巴巴多斯的一个传统节日，时间是每年 7 月初至 8 月初，持续约 5 个星期。丰收节大约起源于 18 世纪末，彼时的巴巴多斯还是英国的殖民地，殖民者从非洲贩运来大批黑奴劳作。这些黑奴十分辛苦，每年只有在收获完甘蔗后才能休息一段时间，这时他们往往聚集起来，哼唱非洲小调，载歌载舞，欢度这段难得的休息时光。200 多年来，这种活动慢慢演变成习俗并成为巴巴多斯最盛大的节日。如今，丰收节也得到世界各地游客的青睐，推动了巴巴多斯旅游业的发展。丰收节的高潮是 8 月的第一个星期一，这一天又叫作盛大游行日，人们组成方阵，穿着节日盛装，跟随音乐的节拍，在街道上边走边跳，庆祝一整天。

著名城市

◎布里奇顿

布里奇顿坐落于巴巴多斯岛西南部的卡莱尔湾畔，是巴巴多斯的首都。这里全年都能得到海风的滋润，气候凉爽怡人。布里奇顿始建于1628年，当时英国殖民者在这里发现了印第安人修建的一座木桥，所以将其命名为“布里奇顿（Bridgetown）”，意思是“桥城”。布里奇顿有着美丽的街景，古典和新式风格的建筑错落有致，主要景点有海底公园、王后公园、特拉法尔加广场、乔治·华盛顿纪念馆、巴巴多斯博物馆，以及用于集会和比赛的萨凡纳营地等。

“加勒比海的疗养院”

巴巴多斯有着“加勒比海的疗养院”之称，温暖的阳光、金黄的沙滩、碧蓝的大海构成了一幅热带岛国画卷，吸引了无数人的目光。巴巴多斯有很多绚丽的热带花园和幽静的种植园宅邸，还有巴巴多斯野生动物保护地、白金海岸、哈里森溶洞、动物花卉洞等胜景。此外，岛上的圣尼古拉寺保留了英国詹姆斯一世时期的建筑风格，世所罕见。巴巴多斯虽然资源贫乏，但是国内人民凭借旅游业过上了富裕的生活，旅游业提供了全国近50%的外汇收入，每年接待的游客数量远远超过了国内人口。

洪都拉斯
写给孩子的世界地理

地理环境

国家名片

全　　称：洪都拉斯共和国
首　　都：特古西加尔巴
位　　置：中美洲北部
语　　言：官方语言为西班牙语
民　　族：印欧混血种人占 90%，其他依次为印第安人 7%、非裔 2%、欧裔 1%
行政区划：全国划分为 18 个省

洪都拉斯处在中美洲北部，向北与加勒比海为邻，向南和丰塞卡湾相接，在东南方向和尼加拉瓜接壤，在西南方向与萨尔瓦多和危地马拉交界。洪都拉斯的海岸线约有 1 033 千米。洪都拉斯是个多山之国，地形以山地和高原为主，全国 75% 以上都是山地与高原，平原主要分布在沿海地区，全国最高峰是拉斯米纳斯山，海拔为 2 849 米。中美洲山脉由西往东穿过洪都拉斯中部，诸多支脉形成了许多盆地与河谷。

气候类型

洪都拉斯整体属于热带气候，沿海地区为热带雨林气候，全年炎热多雨，年平均温 25℃ ~ 31℃。内陆气候受山区地形及海拔影响，比沿海地区更加温和，年气温为 17℃ ~ 23℃，且温度随海拔升高而下降。洪都拉斯全年分雨、旱两季，6 月至 10 月为雨季，11 月至次年 5 月为旱季，5 月至 7 月会有龙卷风。

自然资源

洪都拉斯的矿产资源种类和数量都较为丰富，从目前探明的情况来看，洪都拉斯有金、锌、银、铅、铜等资源，而且银的储量在中美洲排名第一。除此之外，由于森林面积广大，洪都拉斯也盛产木材。

水系概况

由于同时受到太平洋与大西洋的影响，洪都拉斯的流域面积可以分成两部分，其中 82% 可划入大西洋流域，18% 可划入太平洋流域。目前洪都拉斯的河流主要有 5 条。其中帕图卡河是洪都拉斯境内最长和流域最广的河流。

社会经济

洪都拉斯为拉丁美洲最不发达和贫困的国家之一。工业发展十分有限，只有小规模的制造业。农业为国民经济支柱，全国 60% 的就业人口从事农业。主要农产品为香蕉、咖啡、甘蔗、玉米、棉花等，香蕉和咖啡在全国农产品出口量中占比最高，香蕉生产和出口量更是高居世界前列，因此，洪都拉斯被称为“香蕉国”。

作为中美洲的贫困国家，洪都拉斯近年来积极发展旅游、餐饮等行业，并不断改善化工技术。目前，除了传统的制糖业

及木材加工业，洪都拉斯的建筑业和采矿业也在不断发展，交通设施也不断得到完善。

文化习俗

◎随意起名

洪都拉斯人的起名习惯十分有趣，他们不是从典籍中寻找优雅的字词，而是用自己喜爱的事物来起名。这种习惯不仅可见于洪都拉斯的普通人，还可见于洪都拉斯历史上的贵族。根据洪都拉斯历史的记载，洪都拉斯古代国王的名字十分古怪，有的叫“吸烟”，有的叫“蛇的嘴巴”，甚至还有用“棍子”命名的。

到了现在依然有不少洪都拉斯人用自己的兴趣爱好来起名字，他们会用一些历史名人甚至国家元首的名字来起名。后来，当地政府对这一情况终于忍无可忍，于是立法禁止人们随意起名。

◎教育

洪都拉斯实行义务教育制度，但城市与农村的教育制度略有不同，城市的孩子普遍需要上 7 年小学，而农村孩子则只需要上 3 年小学。洪都拉斯对 14 岁以下的儿童实行义务教育制度。尽管如此，洪都拉斯儿童的升学率并不高。洪都拉斯有 10 所高等院校，其中洪都拉斯国立自治大学成立于 1846 年。

著名城市

◎特古西加尔巴

洪都拉斯首都——特古西加尔巴。整座城市被乔卢特卡河分为左右两部分，其中左部分分布着众多现代化建筑，并建有众多行政机构及文化机构，总统府、中央银行、国家剧院等；右部分则是老城区，富含历史气息，很多旅游景点位于这里，比如“妇人街”“和睦公园”等。特古西加尔巴在印第安语中是“银山”的意思。16世纪中叶，曾有许多西班牙人来此寻找银矿，并建立了皇家矿山。

普拉塔诺河生物圈保护区

普拉塔诺河生物圈保护区是位于洪都拉斯东北部的自然保护区，是中美洲最后几片原始热带雨林之一，也是联合国教科文组织承认的中美洲第一个生物圈保护区。这个保护区在1980年7月建成，当时的面积达52.5万公顷。这个保护区的建造初衷是维护普拉塔诺河100千米流域内的生态平衡，即保护此区域内的各种动植物。经过1997年的扩建，这个保护区的面积已经达到85万公顷。这里是美洲湾鳄、古比埃姆鳄、美洲豹等濒临灭绝的动物的栖息地，还有很多尚待研究的动植物。

海 地
写 给 孩 子 的 世 界 地 理

地理环境

国家名片

全　　称：海地共和国
首　　都：太子港
位　　置：加勒比海北部
语　　言：官方语言为法语和克里奥尔语，90%的居民使用克里奥尔语
民　　族：95%为黑人
行政区划：全国划分为10省、42个区和144个市镇

海地位于拉丁美洲加勒比海北部伊斯帕尼奥拉岛（海地岛）的西部，是西印度群岛中的岛国。该国南临加勒比海，北濒大西洋，东边与多米尼加共和国接壤，西与古巴和牙买加隔海相望，其海岸线长度为1 080千米。

海地的国土大体由几个小岛组成，这些岛屿包括南部半岛、北部半岛和托尔蒂岛、戈纳夫岛等，这些岛屿环抱着戈纳夫湾。海地在印第安语中的意思是“多山之国”，国土面积的75%左右都是山地，只有沿海和沿河地区有平原，但很狭窄。山脉呈东西走向，塞勒峰为国内第一高峰，海拔为2 674米。

气候类型

海地处于热带地区，受南北部不同地形影响，南北部气候也有所不同。北部的高原山地地区为热带雨林气候，南部的平原地区为热带草原气候。境内温度会因地形的增高而逐渐降低，高原山地地区的年平均气温约为 15℃，平原与沿海地区年平均气温约为 25℃。海地一年分为两季，12 月至次年 2 月较为凉爽，3 月至 11 月较为炎热。

自然资源

◎矿产资源

海地有丰富的矿产资源，主要有金、银、铜、铁、铝矾土

等，其中铝矾土储量最多，达1 200万吨左右。

◎旅游资源

海地旅游资源丰富，有着十分迷人的岛屿和海滩。这里有着干净无污染的原生态环境和浓厚的异国风情，洋溢着加勒比海特有的休闲气息。海地的海岸线很奇妙，西南方向的沙滩非常平坦，没有风波，游客可以在这里尽情地晒太阳、漫步、浮潜或游泳；东北方向则是天然的深水港，风浪很大，不宜游泳。

水系概况

海地河流较少，大部分河流到了旱季就会干涸，阿蒂博尼特河为境内第一大河，流入戈纳夫湾，流域面积为6 700平方千米，长达280千米。其河谷地为海地主要的农业区。

社会经济

海地是拉丁美洲最贫穷的国家，也是世界上最不发达的国家之一。经济以农业为主，但不能自给，依赖外援供给。农业是海地经济的主要部门，全国近 2/3 的人口从事农业生产，由于生产技术落后，粮食作物常与经济作物种在一起。主要农产品有咖啡、棉花、可可、水稻、玉米、高粱、香蕉等。海地工业基础薄弱，主要工业部门有榨油、制糖、纺织、制鞋、水泥和金属加工业等，还有来料加工的出口工业。电力和建筑行业发展较快。最近几年，旅游业发展良好，其旅游业收入在外汇收入中占有重要地位，著名旅游景点有托尔蒂岛、费里埃城堡等。服务行业主要有交通、通信、商业金融、旅店和饮食等。

文化习俗

◎艺术创作

绘画是海地人钟爱的艺术形式，其主要特点是创作观点单纯、色彩明丽，与非洲和加勒比海国家的艺术形态较为类似。海地人往往把对故乡的思念、对土地贫瘠的无奈展现在画作中，因此，即使创作题材简单，也往往能生动地展现出海地人的生活状态。有时海地人还会将原住民的图腾加入画作中。

◎服装

海地居民遇到正式场合都会西装革履，生活中穿着较随意，但贵族与平民的服饰差异很大。在海地，皮鞋是特权阶级的标志，所以，尽管天气炎热，富裕人家也会穿上皮鞋。

著名城市

◎太子港

首都太子港位于加勒比海伊斯帕尼奥拉岛西部、戈纳夫湾东南岸、拉萨尔山麓、库尔德萨克平原与大海的交接处，与戈纳夫岛相对。它是全国经济、文化中心和主要港口，同时也是海地最大的城市。

太子港市中心有个“独立英雄”广场，用于纪念 19 世纪初海地人民在武装起义中为国捐躯的英雄们。广场正中间竖立着一座高大的独立战争英雄纪念碑。该市有很多著名建筑，如政府大厦、最高法院、圣阿莱霍医院、圣何塞教堂、圣安东尼奥教堂、圣弗朗西斯科教堂、圣安娜教堂等。

最早独立的黑人国家

海地是世界上第一个取得独立的黑人国家。1492年12月6日，哥伦布抵达海地岛，将它命名为“伊斯帕尼奥拉岛”，即“小西班牙”的意思。1502年，西班牙入侵，它沦为西班牙殖民地，自1510年起从非洲购入大批黑奴。17世纪中期，法国大肆入侵。1697年，西班牙战败，将海地岛西部，也就是现在的海地割让给法国。1804年，海地独立，成立了海地共和国。

巴哈马
写 给 孩 子 的 世 界 地 理

地理环境

国家名片

全　　称：巴哈马国
首　　都：拿骚
位　　置：西印度群岛最北部
语　　言：官方语言为英语
民　　族：黑人占 90.6%，欧美白人后裔占 4.7%，混血种人占 2.1%。
行政区划：全国共分 31 个区、19 个岛组

巴哈马是西印度群岛中的岛国，位于北部的巴哈马群岛，西濒美国佛罗里达半岛，南邻伊斯帕尼奥拉岛和古巴岛。巴哈马与美国佛罗里达州东南海岸相对，在古巴北侧。群岛呈西北—东南走向，其中有 700 多个岛屿和 2 400 多个珊瑚礁，陆地面积 1.39 万平方千米。多数岛屿地势低而平坦，海拔最高的也只有 63 米，没有河流。主要岛屿有安德罗斯岛、大巴哈马岛、新普罗维登

斯岛和伊柳塞拉岛。虽然巴哈马岛屿众多，但有居民居住的只有 29 个岛屿。

气候类型

巴哈马年平均气温为 23.5℃，属于亚热带气候，年均降水量约 1 000 毫米。气温较高的月是 4 月至 10 月，其中最高气温不超过 35℃，最低气温为 25℃左右，丝毫不令人感到闷热；最热的月是 8 月，平均气温为 30℃；温度稍低的月是 11 月至次年 3 月，其中最高气温 28℃，最低气温 15℃左右，这会令人感到一丝寒冷；最冷的月是 1 月、2 月，平均气温为 20℃。

自然资源

◎矿产资源

巴哈马有石灰石、天然气、盐、石油、磷酸盐等矿产资源，但矿产资源含量少。巴哈马海底蕴藏的文石矿，储量可观，具备开采价值。

◎海产资源

巴哈马有丰富的海产资源，但因政府禁止国外企业进行捕捞活动，而国内捕捞能力有限，所以每年的捕捞量并不大。

◎野生动植物资源

该国自然资源包括安德鲁斯松林，这里的树木种类繁多，很多鸟类都栖息在这里。

水系概况

巴哈马境内无河流，淡水资源少；四周被海洋环抱，海水资源丰富。

社会经济

加勒比地区最富有的国家就是巴哈马，在西半球国家中，其人均国内生产总值名列第三，排在美国和加拿大之后。

巴哈马土壤肥力不足，农业发展缓慢，农渔业产值只占国内生产总值的 5% 左右。主要种植的农作物有甘蔗、番茄、香蕉、玉米、菠萝、豆类等，但只是少量种植。国内食品来源的 80% 依赖进口。巴哈马海域是世界主要渔场之一，主要出产海螺、龙虾、马林鱼、石斑鱼、金枪鱼和旗鱼等，其中龙虾产量最大，约占水产总量的 60%。巴哈马是国际海运中心之一，是世界第三大船舶注册国，主要港口为拿骚和弗里波特。

旅游业是其外汇的主要来源，也为巴哈马创造了约 50% 的就业机会。旅游业产值占国内生产总值的 40%，年均接待游客 500 万人次。其中大部分游客来自欧洲、美国和加拿大。

金融服务业在国民经济中占有重要地位，其产值占国内生产总值的 20% 左右。因为巴哈马有较稳定的政治经济形势，与美国接壤，境内没有直接税，银行保密法严格，没有外汇管制，所以巴哈马已成为全球主要的离岸金融中心。

文化习俗

◎传统音乐

贡贝是巴哈马的传统音乐，它是欧洲殖民地风俗和非洲音乐传统相互融合的产物。“贡贝”是班图语，有节奏韵律之意，也指那种专门用来演奏这种风格旋律的羊皮鼓。在奴隶制时期，一些简约的乐队就已经开始演奏贡贝音乐，主要因为那时黑人奴隶缺少制作乐器的材料。典型的简约乐队的乐器通常由常见的木桶、锯子、水盆等物品经过简单加工后组成。现在的简约乐队除了用传统的锯条和贡贝鼓，也用电吉他、萨克斯或其他乐器来演奏。不过，他们依旧遵循着最初的简约风格。

◎詹卡努狂欢节

詹卡努狂欢节是巴哈马的重要节日，举行时间为每年的元旦（1月1日）和节礼日（12月26日）。游行队伍由1 000多人的各个小组组成，每组游行队伍都有各自的主题，并且会在服装、音乐、舞蹈等方面体现出来。游行时，他们穿着五颜六色的服装，

演奏着各种乐器，表演着热情的舞蹈。观众们则在街上、阳台上甚至是树上观赏这场活力四射的盛大表演。在狂欢节进行到末尾时，裁判员会颁发奖项，有三个奖项，即最佳音乐、最佳集体表演和最佳服装奖。

著名城市

◎拿骚

拿骚位于巴哈马群岛中的新普罗维登斯岛东北海岸，是巴哈马的首都。它有着得天独厚的气候和地理条件，是全国的旅游中心，也是闻名世界的旅游胜地。这里有闪闪发光的粉色沙滩、让人流连忘返的海上公园、充满历史气息的港湾街、古老宁静的威尔堡等知名景点，可以让游客们尽情游览。除此之外，拿骚还是购物者的天堂，这里有许多交易市场和免税商店，收藏爱好者和购物狂们都能在这里找到心仪的商品。

◎大巴哈马岛

大巴哈马岛位于巴哈马群岛西北端，是巴哈马联邦的第四大岛，也是巴哈马的重要城市和旅游胜地。该岛远离城市，气候宜人，风景秀丽。海边有洁白松软的海滩和长年青翠的松林，还有许多茅草凉棚，供游人乘凉、休息，能让人忘记城市的喧嚣，享受恬静惬意的海岛风光。

大巴哈马岛上最吸引人的景致是神奇的“火湖”。湖中含有大量含荧光酵素的甲藻，当它们遇到空气时，荧光酵素的甲藻会被氧化，发出点点亮光。因此，每当夜晚游人们泛舟湖上时，能看到船尾拖着一条“火龙”；有鱼儿跃出水面时，还能看到“火花”迸发的奇观。

国鸟——火烈鸟

火烈鸟又称“红鹳”“火鹳”，它全身呈红色，披着粉红色的羽毛，有着淡红色如同一把弯刀的长喙和呈“乙”字形的脖子。这种鸟有1米多高。巴哈马将它定为国鸟，因为火烈鸟是珍稀鸟类，所以国内还成立了“保护火烈鸟委员会”，禁止猎捕和出口。现在，巴哈马的火烈鸟有8万只左右，多数栖息在伊那瓜国家公园。因其羽毛鲜红似火，吸引了许多来自世界各地的游客前来观看。

萨尔瓦多
写给孩子的世界地理

地理环境

国家名片

全　　称：萨尔瓦多共和国
首　　都：圣萨尔瓦多
位　　置：中美洲中西部
语　　言：官方语言为西班牙语
民　　族：印欧混血人占86%，欧洲人后裔占13%，印第安人占1%
行政区划：全国划分为14个省，省下设262个市

萨尔瓦多属中美洲中西部，东北与洪都拉斯相邻，西北和危地马拉接壤，南临太平洋，但不与加勒比海相交，也因此成为中美洲唯一不与加勒比海相交的国家。同时它也是中美洲面积最小的国家。

气候类型

萨尔瓦多受热带气候的影响，但这种影响随地形的变化而变化。总体而言，萨尔瓦多的低海拔地区温度较高，降水量也比较多，这种湿热的环境很明显是热带雨林气候导致的；在海拔稍高的山地地区气候则稍显凉爽，降水量也较低，并且垂直

方向上有明显的气候差异；在高海拔的高山地区，气温一般在18℃以下，且出现了雨季和旱季的区别。

自然资源

萨尔瓦多的矿产资源丰富，不但有常见的铜、铅等资源，还有珍贵的金、银、石油、煤等。虽然萨尔瓦多各项矿产资源的储量较少，但地热资源等比较丰富，这可能与萨尔瓦多境内分布着大量火山有关。目前，萨尔瓦多已经成为世界主要的树胶生产国之一，并且积极利用地热资源和火山景观发展旅游业。

水系概况

萨尔瓦多有很多河流，这些河流形成了萨尔瓦多境内的伦帕河流域、帕兹河流域、圣米格尔大河流域与戈阿斯科兰河流域。尽管萨尔瓦多河流众多，但可用于航运的资源并不丰富，目前，只有伦帕河有一部分河段可通航。伦帕河是一条国际河流，由危地马拉发源而来，河流长度在中美洲居于首位；这条河也是萨尔瓦多境内最长的河流，流域面积达到了萨尔瓦多国土面积的50%；这条河经过萨尔瓦多后，最终会流入太平洋。

社会经济

萨尔瓦多的经济制度为市场经济，商业较发达。与中美洲的其他国家相比，萨尔瓦多的工业化程度较高，工业总产值可以达到国内生产总值的 26%，主要的工业部门有纺织、食品加工、服装、制糖、医药、汽车装配等，加工类企业发展势头良好。在工业能源方面，萨尔瓦多主要依靠水电技术。

尽管在中美洲属于经济发展较好的国家，但萨尔瓦多的人民主要还是依靠农业活动谋生。目前，萨尔瓦多主要种植的农产品有水稻、棉花、咖啡等，其中棉花、咖啡不仅供本国使用，还会出口到周边国家。萨尔瓦多还积极发展畜牧业和渔业，但渔业产品主要用于出口。

文化习俗

◎印第安文化

萨尔瓦多的风俗习惯仍保留着许多印第安文化的影子，他们崇拜精灵，犹豫不决时往往会算一卦，还喜欢把房子染成鲜艳的颜色。他们的手工艺术十分有趣，很多萨尔瓦多人会用树叶制作帽子，有些萨尔瓦多人还会生产陶器。

◎喜爱音乐

萨尔瓦多人有独特的音乐文化，他们喜欢在娱乐时演奏木琴、吉他、六孔竖笛等乐器。在进行节日庆祝、宗教仪式以及游行、足球赛等大型活动时，他们会演奏慷慨激昂的传统音乐，并跳起热情洋溢的民间土风舞。

◎简单的婚俗

萨尔瓦多的青年男女在谈婚论嫁时并不过分在意阶级的差别，只要双方的父母同意，相爱的萨尔瓦多男女就可以组建新的家庭。在萨尔瓦多的文化氛围中，男方往往负责外出劳作，女方则负责主持家务。萨尔瓦多人认为和谐的婚姻需要上天的保护，所以，祭司在萨尔瓦多人的婚礼上往往是重要的人物。每当参加亲朋好友的婚礼时，萨尔瓦多人就会穿着颜色鲜艳的服装去道喜。

萨尔瓦多人的离婚仪式和结婚仪式一样简单，往往不涉及财产问题。离婚在萨尔瓦多人的思想中并不算严重的事情，只要夫妻生活不和睦便可以提出离婚。

◎圣萨尔瓦多

首都圣萨尔瓦多是萨尔瓦多的政治中心和经济枢纽，同时也是知名的旅游城市。由于气候的影响，这里全年都适合游玩。可能是因为处于河谷地区，这里的草木生长得十分茂盛，人们每天都可以在这里感受到鸟语花香。

圣萨尔瓦多市内分布着许多纪念碑，比如为纪念 1948 年 12 月 14 日，资产阶级革命运动而修建的革命纪念碑，以及为纪念印第安民族英雄库斯卡特兰而修建的阿特拉卡特纪念碑。自由公园内还建有独立先驱纪念碑。对萨尔瓦多的国民而言，这座独立先驱纪念碑是国内最重要的纪念碑。从下往上看，这座纪念碑的底部是一头大象，中部有一些浮雕，顶部雕着头戴桂冠的天使。

火山之国

由于位于火山带，萨尔瓦多境内的地理环境以山地、高原为主，境内的火山超过25座，这样多的火山使这个国家被称为“火山之国”。萨尔瓦多海岸处的山脉由西北向东南绵延，海拔普遍达1 000米以上，且分布着众多活火山，而这些活火山中最宏伟的当属圣安娜火山（2 381米）。这些活火山的高度普遍在2 000米上下，其中伊萨尔科火山（1 965米）被誉为“太平洋上的灯塔”。萨尔瓦多的北部国土上分布着一些休眠火山，这些休眠火山的海拔为1 500～2 000米。

伯利兹
写 给 孩 子 的 世 界 地 理

地理环境

国家名片

全　　称：伯利兹
首　　都：贝尔莫潘
位　　置：中美洲东北部
语　　言：官方语言为英语，但近半数居民通用西班牙语或克里奥尔语
民　　族：混血人种和克里奥尔人分别占总人口的 48.7% 和 24.9%，其次还有印第安人、印度人、华人和白人
行政区划：全国划分为 6 个区

伯利兹北邻墨西哥，西南接危地马拉，东濒加勒比海。海岸线为 386 千米。伯利兹地形可以分成南、北两个部分，南半部主要为高地，北半部主要为低地。南部地形的主体是玛雅山脉，山脉呈西南—东北走向。科克斯科姆山是玛雅山脉的支脉，其顶峰维多利亚峰是全国第一高峰，海拔高达 1121.97 米，北部的低地海拔不足 61 米，其中绝大部分为沼泽，伯利兹河、翁多河和纽河流经于此。

气候类型

伯利兹属热带雨林气候，年降水量为 2 000 毫米左右，年平均气温为 25℃ ~ 27℃。全年主要分为旱、雨两季，3 月至 5 月为旱季，6 月至 11 月为雨季，雨季常常伴随着飓风，南方雨量明显多于北方。

自然资源

◎矿产资源

伯利兹西北地区有丰富的矿藏，其中包括石油、黄金、重晶石、锡石等。据有关数据显示，国内已探明的

石油储量达670万桶。但由于石油开采带来了严重的环境污染问题，伯利兹政府于2017年底颁布了禁止境内石油开采的禁令。

◎森林资源

伯利兹森林覆盖率为70%左右，面积约有1.6万平方千米。森林中木材种类丰富，其中包含红木、染料木、苏木等珍贵木材，红木也是伯利兹的国木。

◎渔业资源

伯利兹盛产龙虾、海牛、旗鱼和珊瑚等，渔业资源丰富。

水系概况

伯利兹主要河流有伯利兹河、翁多河和纽河等。伯利兹河

是伯利兹境内最长的河流，全长290千米。翁多河全长240千米，是伯利兹和墨西哥的界河。

社会经济

农业是伯利兹经济的支柱产业，伯利兹国土面积的33%都是农田，农业产值占国内生产总值的2%左右。主要种植柑橘、甘蔗、香蕉、玉米、可可、水稻等农作物。

伯利兹工业滞后，以柑橘加工、制糖、服装、饮料和啤酒等工业部门为主。工业生产主要目的是满足国内消费，主要出口业有服装加工、农产品加工、制糖等。最近几年，服装业迅猛发展，成为主要就业部门，是排名仅次制糖业的第二大创收行业。

旅游业虽然起步晚，但是发展很快。每年都有很多国外游客慕名前来观赏其国内的堤礁和玛雅遗迹。伯利兹有八大野生动物保护区，其中有世界仅存的美洲虎、红足鲣鸟保护区。最近几年，政府重点投资旅游业，游客人数逐年上升。旅游业犹如雨后春笋，已渐渐成为伯利兹经济的支柱。

文化习俗

◎玛雅文明遗址

据考证，印第安玛雅人曾经居住在伯利兹，当时的玛雅人曾是欧洲文明的引领者，因为玛雅人的文明水平在当时已经很高，而欧洲还处于野蛮时期。伯利兹虽是弹丸之国，但到目前为止，已经发现了 1 000 处玛雅遗迹。其中拉马奈遗迹是至今发现最晚、挖掘面积最大的一处遗迹，据有关专家表示，拉

马奈遗迹是迄今为止伯利兹境内发现的文明程度最高的玛雅遗迹。

他们发展了天文、历法系统、象形文字等，而且建筑水平也相当高，他们的宫殿、天文台等都没有使用铁器工具的痕迹。

著名城市

◎贝尔莫潘

伯利兹的首都是贝尔莫潘，其面积狭小，人口稀少。贝尔莫潘处于伯利兹的中心，周围有山水环绕，风景优美。它不仅是政治中心，也是工业中心和港口城市，城内的建筑多是木构，颇具古玛雅风格。其中比较有名的建筑有总督宫、巴克来因银行。

玛雅山脉则矗立于城的东南边，周围有国内最长的河，即

伯利兹河。全国主要公路交会于此，形成复杂稠密的交通网。

◎伯利兹

伯利兹城是全国最大的城市，它是经济和文化中心，是港口人口聚集地，也是古都。伯利兹位于加勒比海岸，伯利兹河就从此处注入加勒比海。为了抵御超强飓风的袭击，城内建筑多采用木质结构，一般都建在约3米高的木桩上。国内生产的木材、稻米、柑橘、椰子和树胶大部分都在这里进行交易。伯利兹市区设有国家图书馆、大学和古教堂等。此处交通发达，有能够通往全国各地的旅游景点的交通路线，伯利兹城附近有国际机场，有定期飞往美国及拉美国家的航班。

伯利兹大蓝洞

伯利兹大蓝洞是目前已发现的全世界最大的水下洞穴，位于伯利兹境内。洞口呈近乎完美的圆形，在世界十大地质奇迹之列，也是世界闻名的潜水胜地。蓝洞所处地理位置曾经是一个巨大岩洞，其圆形洞口的形成原因是多孔疏松的石灰质穹顶因受重力及地震等因素的影响而坍塌，然后形成一个接近完美的圆形裂口，形成开放的竖井。当气候回暖，冰雪融化导致海平面上升后，海水就倒灌入竖井，这时就形成了海中嵌湖的奇异蓝洞景象，十分震撼。

全彩插图　寓教于乐

跟着课本看世界
——写给孩子的世界地理

大洋洲

邹一杭　主编

北京工艺美术出版社

图书在版编目（CIP）数据

跟着课本看世界 ：写给孩子的世界地理. 大洋洲 / 邹一杭主编. -- 北京 ：北京工艺美术出版社，2023.10
ISBN 978-7-5140-2622-1

Ⅰ. ①跟… Ⅱ. ①邹… Ⅲ. ①世界－概况－少儿读物 ②大洋洲－概况－少儿读物 Ⅳ. ①K91-49②K96-49

中国国家版本馆CIP数据核字(2023)第062945号

出 版 人：陈高潮　　策 划 人：杨玲艳　　责任编辑：周　晖
装帧设计：弘源设计　　责任印制：王　卓

法律顾问：北京恒理律师事务所　丁　玲　张馨瑜

跟着课本看世界——写给孩子的世界地理　大洋洲
GENZHE KEBEN KAN SHIJIE——XIE GEI HAIZI DE SHIJIE DILI DAYANGZHOU
邹一杭　主编

出　　版　北京工艺美术出版社
发　　行　北京美联京工图书有限公司
地　　址　北京市西城区北三环中路6号　京版大厦B座702室
邮　　编　100120
电　　话　(010) 58572763（总编室）
　　　　　(010) 58572878（编辑部）
　　　　　(010) 64280045（发　行）
传　　真　(010) 64280045/58572763
网　　址　www.gmcbs.cn
经　　销　全国新华书店
印　　刷　天津海德伟业印务有限公司
开　　本　700毫米 ×1000毫米　1/16
印　　张　8
字　　数　76千字
版　　次　2023年10月第1版
印　　次　2023年10月第1次印刷
印　　数　1 ~ 20000
定　　价　239.00元（全六册）

前言 PREFACE

我们都是地球的一员，在我们美丽的地球上，分布着陡峭险峻的山峰、连绵不绝的山脉、宽广美丽的平原、波澜壮阔的海洋……你是不是对这些景物充满了好奇?其实，这些景物中都涉及数不清的地理知识。地理这门学科具有很强的实用性，孩子学习地理能增长知识，成为博学多闻的人。地理知识能激发孩子的好奇心，潜移默化地打开孩子的眼界，帮助孩子多角度洞察世界。

为了让孩子足不出户就能了解世界地理，观赏世界各地的地形地貌，领略世界各国的风土人情，我们结合课本精心编写了这套《跟着课本看世界——写给孩子的世界地理》丛书。本套丛书共有 6 个分册，包括亚洲、欧洲、非洲、南美洲、北美洲、大洋洲 6 个大洲，描述

了多个国家的地理环境、自然资源、社会经济、文化习俗等知识，内容丰富，蔚为大观。本书语言精练、知识丰富，并配以精美的插图，尽显世界地理的魅力，让孩子在获得知识的同时，也能享受一场视觉“盛宴”。

接下来，让我们打开这本书，开启精彩纷呈的环球之旅吧！相信你会在“旅行”中更多地认识世界，探索世界。

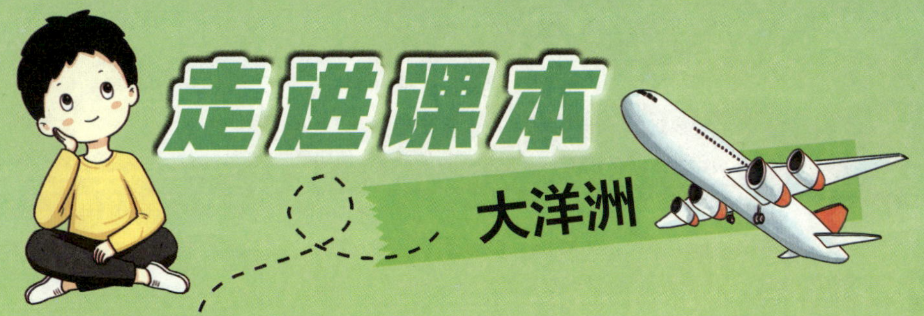

大洋洲有岛屿1万多个，是个“万岛世界”。大洋洲的意思是“大洋中的陆地”。在世界七大洲中，大洋洲面积最小。

澳大利亚

南半球有一个独占整个大陆的国家——澳大利亚。在澳大利亚的国徽上，有两种特有动物，它们是动物界的跳远名将——袋鼠和形体庞大的鸸鹋。澳大利亚还有很多特有生物，如憨态可掬的树袋熊（考拉）、鸣声悦耳的琴鸟、高大的桉树、花似金色绒球的金合欢等。

（人教版——七年级地理下册）

巴布亚新几内亚

大洋洲共有二十多个国家和地区。澳大利亚是大洋洲面积最大、人口最多的国家，巴布亚新几内亚面积和人口居全洲第二，再次为新西兰。其余国家面积都很小，人口也很少。

（沪教版——六年级地理上册）

瑙　鲁

地处太平洋西部的瑙鲁，面积 21.1 平方千米，人口约 1 万。这个小岛是海鸟的天堂，鸟粪长期累积形成磷酸盐矿。瑙鲁磷酸盐资源丰富，80% 的地表都曾覆盖着磷酸盐矿，有的厚达 10 米。出口磷酸盐矿是该国财政收入的主要来源。

（湘教版——高中地理选修 3 ）

图瓦卢

图瓦卢是南太平洋上的一个岛国，陆地最高海拔不超过 5 米。全球变暖导致的海平面上升严重威胁图瓦卢的国家安全。1993—2009 年，因海平面上升，图瓦卢陆地国土面积缩小了 2%。预计到 2050 年左右，图瓦卢 60% 以上的陆地国土将被海水淹没。

（人教版——高中地理选修 3）

课本上关于大洋洲的内容只是冰山一角，为了增长孩子的见识、开阔孩子的视野，我们分别从地理环境、区域划分、经济文化等方面逐一展开介绍，接下来让我们一起走进大洋洲，了解更多的大洋洲知识吧！

目录
CONTENTS

走进大洋洲
写 给 孩 子 的 世 界 地 理

地理环境

大洋洲指赤道南北、太平洋西南部的大陆和岛屿，西北紧邻亚洲，东部和东北隔太平洋与美洲大陆相望，南部与南极洲相对，西临印度洋。大洋洲主要由一个大陆、两个大岛及三大群岛组成，连同大陆面积共 897 万平方千米，占世界陆地面积 6%，是世界上最小的一个大洲。大洋洲的最西端是位于其西海岸外的德克哈托格岛，最南端是位于澳大利亚大陆与南极大陆之间的麦夸里岛。

大洋洲地形分为大陆和岛屿两部分，整体地势低缓，大部分海拔小于 600 米，仅有少数山地海拔超过 2 000 米。大洋洲

的主体部分为岛屿状大陆——澳大利亚大陆，大陆海岸线长约3.7万千米。澳大利亚大陆及其附近岛屿在内，面积约770万平方千米，约占全洲面积的86%。

区域划分

大洋洲在地理上划分为6个区域，分别是澳大利亚、新西兰、新几内亚、美拉尼西亚群岛、密克罗尼西亚群岛和波利尼西亚群岛。其中澳大利亚大陆是大洋洲及太平洋岛屿的主体部分。大洋洲共有27个国家和地区，其中有16个独立国家，包括澳大利亚、巴布亚新几内亚、斐济、基里巴斯、库克群岛、马绍尔群岛、密克罗尼西亚联邦、瑙鲁、纽埃、帕劳、萨摩亚、所罗门群岛、汤加、图瓦卢、瓦努阿图、新西兰。其余11个地区在美、英、法等国的管辖之下。

星罗棋布的岛屿世界

大洋洲是一个十分独特的大洲，它是七大洲中岛屿最多的洲，就像一个星罗棋布的岛屿世界。大洋洲包含1万多个大小不一的岛屿，包括密克罗尼西亚、美拉尼西亚和波利尼西亚3个群岛，形成了一个东西跨度超过120经度，南北跨度超过60纬度的“岛屿群”，其中唯一一块大陆——澳大利亚，也因为面积较小而常被人们误认为是岛屿。

气候类型

大洋洲大陆面积小，岛屿众多，气候类型多样。南、北回归线横穿大洋洲，因此，大洋洲绝大部分地区属热带和亚热带气候，其中，澳大利亚大陆的总体气候特征呈环状分布，内陆大陆性特征显著，外围海洋性特征明显。大洋洲大部分地区虽然都处于太阳垂直照射之下，但因为濒临大海，所以气温不算太高，年平均气温一般为 25℃ ~ 28℃。大洋洲最热的地方是澳大利亚昆士兰州的克朗克里，最高气温达 53℃。

大洋洲地区降水量分布差别较大，东部岛屿远多于西部大陆。澳大利亚中、西部沙漠地区气候干旱，年平均降水量不足 250 毫米，而夏威夷的考爱岛东北部年平均降水量高达 1.2 万毫米以上。大洋洲是台风高发地，台风发源地在波利尼西亚岛群中部和密克罗尼西亚岛群的加罗林群岛附近。

水系概况

大洋洲内外流区域面积相差不大，外流区域约占全洲总面积的 48%，内流区域（包括无流区）约占全洲总面积的 52%，均在澳大利亚中部及西部地区，主要内流河包括库珀河等，均注入北艾尔湖。大洋洲的河流相较于其他洲显得十分稀少，虽然所有河流几乎终年不结冰，但是大部分不利于航行。

澳大利亚大陆的湖泊多为构造湖。在新西兰还有堰塞湖，这些堰塞湖多是由熔岩阻塞河流形成的。夏威夷岛上则有火山湖。此外，许多岛屿上还有由珊瑚礁环绕而形成的礁湖。

自然资源

◎矿产资源

大洋洲矿物资源比较丰富，主要有金、银、铁、锌、铬、镍、铅、铀、钛、磷酸盐、煤、石油、天然气、铝土矿和鸟粪石等。其中镍和铝土矿储量居世界前列。

◎水资源

水资源主要在海域，内陆地区（主要为澳大利亚大陆）较少，但是大洋洲大陆的地下水资源丰富，地下潜水面积约占整个陆地的 33%，主要集中在大自流盆地。

◎动物资源

大洋洲的生物物种十分独特，这是因为大洋洲地理位置孤立，与其他陆地交流甚少，经过漫长的演变形成了现在独特的物种。动物种类贫乏，缺少高等哺乳类动物，鸟类分布甚广，动物特有种类多，古老的动物多。美拉尼西亚附近海域、澳大利亚东南沿海及新西兰附近海域为主要渔场，盛产沙丁鱼、鲭鱼、鳗鱼和鳕鱼等。

◎植物资源

森林面积较小，约占大洋洲总面积的9%。主要树种有棕榈树、桉树、松树、山毛榉、红木、杉树和白檀木等。大洋洲草原面积广阔，占全洲总面积的50%以上。

人口民族

大洋洲共有人口约2 900万，是除南极洲外，世界上人口最少的一个洲。澳大利亚集中了全洲约60%的人口，各岛国人口密度差异显著。大洋洲70%以上人口为欧洲人后裔，澳大利亚人、毛利人、巴布亚人、美拉尼西亚人、塔斯马尼亚人、密克罗尼西亚人和

波利尼西亚人等，当地居民约占总人口的20%，此外还有混血种人、华人、印度人和日本人等。

绝大部分居民说英语，三大群岛上的当地居民分别说美拉尼西亚语、密克罗尼西亚语和波利尼西亚语等。宗教信仰方面，绝大部分居民信奉基督教，少数信奉伊斯兰教、佛教和原始宗教等。

经济文化

大洋洲各国间的经济发展水平有很大差异，其中仅有澳大利亚和新西兰两国属于发达国家，其他岛国由于地理条件落后、自然资源匮乏等原因，大部分都是经济较为落后的农业国家。大洋洲的主要农作物有小麦、椰子、甘蔗、天然橡胶等。大洋洲有得天独厚的畜牧业优势，养羊业十分发达，绵羊数量约占世界绵羊总数的20%，羊毛产量约占世界羊毛总产量的40%。

大洋洲幅员辽阔，人种和民族多样，不同地区的文化及风俗也有很大差异。在西方殖民者到来之前，大洋洲的土著仍然处于原始的生活状态，并未迈进文明社会，一些海岛上至今仍保留着许多原始部落时期的生活方式和习俗。不仅如此，以澳大利亚为首的国家深受欧美殖民者及其文化的影响，其文化发展十分迅速，并且形成了独具特色的新兴文化，因此大洋洲有着很强的文化多样性。

世界上最大、最长的珊瑚群——大堡礁

大堡礁位于澳大利亚东北部，是世界上最大、最长的珊瑚群，也是为数不多的、能从月球上看到的世界奇迹之一。大堡礁从巴布亚新几内亚向南延伸到南回归线，长达 2 000 多千米。这里是无数珊瑚虫的乐园，大堡礁的基石便由这些珊瑚虫的骨骼堆叠而成。船舶经此只能沿着数条弯曲而危险的通道航行。1981 年，大堡礁被列入《世界遗产名录》。

澳大利亚
写给孩子的世界地理

地理环境

国家名片

全　　称：澳大利亚联邦
首　　都：堪培拉
位　　置：南太平洋和印度洋之间
语　　言：官方语言为英语，第二大使用语言为汉语
民　　族：大多数为英国及爱尔兰裔，少数为华裔、意大利裔、德裔、印度裔及土著
行政区划：全国划分为6个州和2个地区

澳大利亚位于南太平洋和印度洋之间，东和北滨太平洋的塔斯曼海、珊瑚海和阿拉弗拉海，西和南临印度洋及其边缘海。澳大利亚的主要组成部分是澳大利亚大陆、塔斯马尼亚岛等岛屿和海外领土，是唯一国土覆盖一整个大陆的国家。

澳大利亚地势起伏缓和，全境可分为东部山地、中部平原、西部高原三个部分。东部山地沿东部边境一路延伸，最北端从约克角开始，穿过南边的维多利亚州，横渡巴斯海峡，到南端塔斯马尼亚岛，占澳大利亚总面积的15%。在此范围内所有的

山地统称为澳大利亚科迪勒拉山系。中部平原北起卡奔塔利亚湾，南至墨累河口，约占大陆面积的25%。西部高原包括西澳大利亚州、北部地区大部、南澳大利亚州西半部，约占大陆总面积的60%。西部高原的北部是海拔较高的高原区；中部是广大的沙漠区，约占西部高原土地面积的35%；南部是纳拉伯平原，表面十分平坦，缺少河流与树木。

气候类型

澳大利亚的气候类型多样。其内陆沙漠区为热带沙漠气候；热带草原气候区呈半环状包围热带沙漠气候区；东部沿海一带，南回归线以北为热带雨林气候，以南为亚热带湿润气候；东南、西南为地中海气候；东南角和塔斯马尼亚岛为温带海洋性气候。澳大利亚降水量极不均衡，35%的地区年降水量在250毫米以下，57%的地区年降水量在375毫米以下，60%以上的地区年降水量在500毫米以下。

自然资源

◎矿产资源

澳大利亚的矿产资源有70余种，原油和天然气储量都很丰富，已探明有经济开采价值的原油储量约2 270亿升，天然气储量约2.2万亿立方米。铅、镍、银、锌、铀、钽的探明经济储量居世界首位。澳大利亚是世界上最大的锂、锆生产国，黄金、银、铁矿石、锌、锂、锰矿石、镍、铀、煤等的产量也居世界前列。同时，澳大利亚还是世界上第一大烟煤、铝矾土、钻石、锌精矿出口国；第二大铁矿石、氧化铝、铀矿出口国；第三大黄金和铝出口国。

◎农牧业资源

澳大利亚农牧业发达，在国民经济中占有重要地位，2020 ~ 2021财年，澳农牧业产值达3 144.6亿澳元。

澳大利亚是世界上最大的羊毛和牛肉出口国。全国羊的总数多达 1.7 亿只，占世界总量的 1/6 左右，人均 10 只，是世界上人均占有羊只最多的国家。澳大利亚的羊毛年产量在 10 亿千克以上，占世界羊毛总产量的 1/4 ~ 1/3。因此，该国有“骑在羊背上的国家”的美誉。

澳大利亚的主要农作物为小麦、大麦、棉花、高粱等，主要畜牧产品为牛肉、牛奶、羊肉、羊毛、家禽等。

◎渔业资源

澳大利亚渔业资源丰富，捕鱼区面积比国土面积还多 16%，是世界上第三大捕鱼区，有 3 000 多种海水和淡水鱼以及 3 000 多种甲壳及软体类水产品，其中已进行商业性捕捞的约 600 种。最主要的水产品有对虾、龙虾、金枪鱼、鲍鱼、蚝、扇贝、牡蛎等。

水系概况

澳大利亚地表径流较少，水量受季节影响较大。主要河流有墨累河、达令河、库珀河、弗林德斯河和菲茨罗伊河等。其中墨累河是澳大利亚唯一水系发达河流，也是流程最长、流域面积最大的河流。其最长支流为达令河，因此墨累河也称墨累－达令河。

澳大利亚的湖泊较少，季节性湖居多。主要湖泊有艾尔湖、麦凯湖、托伦斯湖、盖尔德纳湖等。艾尔湖是澳大利亚最大的湖泊，为盐湖，位于澳大利亚中南部，由北艾尔湖和南艾尔湖两个湖组成，两湖由狭长的戈伊德水道连接。

社会经济

澳大利亚的农牧业发达，是世界上最大的羊毛和牛肉出口国，羊毛和肉类的出口分别居世界第一位和第二位。农牧业在国民经济中占重要地位。主要农牧产品有小麦、大麦、羊毛、羊肉、牛肉和牛奶等。

服务业是澳大利亚国民经济最重要和发展最快的部门，以金融保险业、医疗和社区服务业、专业科技服务业等为主。服务业产值占其国内生产总值的68%，是其国民经济支柱产业。

文化习俗

◎原始风俗

澳大利亚的部落辖区内生活着一些土著，他们仍然保留着传统的生活习惯和习俗。他们主要以狩猎为生，实行原始分配制度，并且盛行图腾崇拜。这些土著十分喜欢文身，对于成年土著，文身不仅是一种装饰，还是吸引异性的方式。

他们还喜欢在身上涂抹各种颜色的泥，而且不同时期或场合会涂抹不同的颜色。另外，男性土著还十分喜欢装饰自己的头发，他们会在头发上涂抹红泥，将头发结成硬块或分成小条束。有的还会用鼠牙、羽毛和贝壳等点缀自己的头发。

◎啤酒文化

澳大利亚人酷爱喝啤酒，他们在空闲时，经常会与朋友一起去酒吧饮酒、听音乐、谈天说地。在澳大利亚西北部的重要港口城市、旅游城市——达尔文市，当地人对啤酒的热爱简直可以与德国的“啤酒之都”——慕尼黑相媲美，据说该市的啤酒销售量仅次于慕尼黑市。不过澳大利亚有法律规定，18 岁以下的人不准饮酒。

◎热爱运动

澳大利亚人十分喜欢体育运动，在澳大利亚，参与各类运动已靡然成风，游泳、橄榄球、冲浪、帆板、赛马、钓鱼等运

动都有大量的爱好者。在悉尼，如果一个人不会游泳，甚至会成为人们的笑柄。不过，由于澳大利亚白天十分炎热，因此人们一般选择在晚间游泳。

著名城市

◎悉尼

悉尼是澳大利亚新南威尔士州的首府，也是澳大利亚最庞大、最古老、最繁忙，同时也最富有生气的城市。悉尼曾是英国在澳大利亚的第一个殖民区——新南威尔士殖民区当局所在地。虽然今天的悉尼也有很多高楼、汽车，但是市区大多数地方都呈现出宁静、幽美和清洁的面貌，因此，悉尼多次被联合国人居署评为全球最宜居的城市之一。悉尼受欢迎的景点有很多，主要有悉尼歌剧院、维多利亚女王大厦、邦迪海滩、海港大桥等。

一起看世界

艾尔斯巨石

艾尔斯巨石位于澳大利亚中部的沙漠地区，长约3千米，宽约2千米，高约340米，是世界上最大的单体岩石。实际上，我们看到的艾尔斯巨石只是它的冰山一角，它更大的剩余部分深埋在地下，约有6千米深，而仅仅是地面上的部分已经足够称为世界上最大的岩石了。当地的土著称艾尔斯巨石为“乌鲁鲁”，意为见面集会的地方。这块巨石因地处整个澳大利亚的中央位置，又被称为“澳大利亚的红色心脏”。

新西兰
写给孩子的世界地理

地理环境

国家名片

全　　称：新西兰
首　　都：惠灵顿
位　　置：太平洋西南部
语　　言：英语、毛利语
民　　族：非欧洲移民后裔占多数，其余为毛利人、亚裔、太平洋岛国裔（部分为多元族裔认同）
行政区划：全国分为 11 个大区，5 个单一辖区，67 个地区行政机构

新西兰位于太平洋西南部，西与澳大利亚隔塔斯曼海相望，相距 1 600 千米。主要组成部分是南岛和北岛，还有一些小岛，南、北两岛之间是库克海峡。海岸线长约 1.5 万千米。除了南极大陆，新西兰便是世界上最南端的陆地，它就像一处远离尘嚣的世外桃源，位于大千世界的尽头，因此被称为“世界边缘的国家”。

新西兰境内多山，山地和丘陵占全国面积的 75% 以上，而平原低地面积狭小。北岛多起伏的丘陵，有一些沿海平原分布在四周，中央的火山高原面积约 2.5 万平方千米，其中鲁阿

佩胡火山海拔 2 797 米，是北岛的最高点。南岛的山地多，面积广。南岛西部，南阿尔卑斯山脉平行于海岸，重峦叠嶂，是南岛的地形骨架。南阿尔卑斯山的雪线很高，山间多冰川。其西南端多峡湾海岸。东坡坡度较缓，山麓丘陵地带很宽阔，还有许多湖泊。

气候类型

新西兰气候属温带海洋性气候。夏季平均气温 20℃左右，冬季 10℃左右。夏无酷暑，冬无严寒。年降水量为 600 ~ 1 500 毫米。山区较为湿润，很多高地降水量在 2 540 毫米以上，南阿尔卑斯山脉上，广大地区降水量超过 5 000 毫米，但是处于山地背风坡的坎特伯雷和奥塔哥等雨影区降水量不足 600 毫米。

自然资源

◎矿产资源

新西兰矿藏不多，主要有煤、天然气、金、铁等。

◎森林资源

森林资源丰富，约有 30% 的土地丛林密布。波胡图卡瓦树、新西兰松、考里树等树种比较有名。

◎野生动物资源

新西兰是稀有鸟类的天堂，这里的鸟类最明显的一个特征就是不能飞的鸟占相当大的比例。恐鸟（已灭绝）、新西兰秧鸡和几维鸟是其中较著名的。此外，还有好奇心非常重的啄羊鹦鹉等。

◎地热资源

由于特殊的地质构造，新西兰地壳活动频繁，因而产生了

许多温度很高的热泉和地热蒸汽。因此，新西兰是全球地热资源最丰富的国家之一。有数不清的沸泉、喷气孔、沸泥塘、间歇泉。位于新西兰北岛的罗托鲁阿－陶波地热区位于火山活跃地带上，是新西兰地热之乡，为世界三大地热区之一。这片地热区有水温高达 120℃的高温热泉，有沸腾的泥浆地，还有诸多间歇泉景观，一些间歇泉的喷发高度能达到 15 ～ 30 米，十分壮观。因此这里有“太平洋温泉奇境”之称。

水系概况

新西兰河网密度较高，河流短而湍急，航运不便，但水利资源丰富。北岛多火山和温泉，南岛多冰河与湖泊。怀卡托河是新西兰境内最长的河流，也是新西兰最重要的河流，怀卡托河源于新西兰北岛中部的陶波湖以南山地，流经怀卡托平原，给当地带来了丰沛的水量和平坦肥沃的土壤。怀卡托平原是新西兰最重要的农牧产地之一，该平原的名字正是取自怀卡托河。

怀卡托河有“新西兰母亲河”的美誉。陶波湖是新西兰最大的湖泊，也是世界上最大的火山湖之一。

社会经济

新西兰是高度发达的资本主义国家。经济以农牧业为主，农业高度机械化，畜牧业发达，全国的出口商品中，农牧产品占 50%。主要农作物有小麦、大麦、燕麦等。水果以奇异果最为著名。新西兰粮食不能自给，靠进口支撑国内需求。羊肉、粗羊毛和奶制品出口量居世界第一位。工业方面，主要加工农林牧初级产品，有食品、烟草、皮革、毛毯、造纸和木材加工等轻工业部门。近年来，逐渐增加了一些重工业，如炼钢、炼油等。

文化习俗

◎迎宾礼仪

毛利人的一大特点是十分好客，并且有着十分特别的迎客方式。每当有客人来到部落时，毛利人会派出部落中跑得最快的人，一边挥舞长矛，一边做出各种鬼脸，这并不是为了吓唬客人，而是毛利人表示欢迎的方式。接着，妇女们会高声呼喊，并跳起“哈卡舞”欢迎客人。最后，部落中最有威望的长者会来到客人面前，向客人行“碰鼻礼”。碰鼻礼是毛利人待客的最高礼仪，碰的时间越长，说明礼遇越高，宾客越受欢迎。

◎能歌善舞

毛利人是新西兰的原住民，他们淳朴善良、能歌善舞。毛利人的歌舞原始、热情、刚劲。跳舞时男人往往赤裸上身，只穿着由亚麻和芦苇织成的草裙，女人则穿绣花背心和裙子。舞蹈的内容主要是表现毛利人祖先出海远航，开辟新家园的故事。男性毛利人的舞蹈充满活力与激情，并且在跳舞时常常张目吐舌，这是远古时代的毛利人威慑野兽和敌人的方式，如今演变成舞蹈的一部分，用来对客人表示欢迎。

◎羊文化

羊在新西兰有着极高的地位，说是新西兰人的“衣食父母”也不为过。别看新西兰的人口还不到500多万，但羊的数量却高达2 600多万只，历史上甚至一度超过了7 000万只。新西兰超过一半的土地都十分肥沃，非常适合放牧，新西兰的羊肉出口量居世界第一，羊毛出口量居世界第三，“羊产品”每年

都能为新西兰带来巨额的外汇收入。

不仅如此，新西兰人的生活也离不开羊，他们用羊毛做衣服、吃羊肉，还用卖羊毛、羊肉挣来的钱来盖房子，还经常举办热闹的剪羊毛比赛。

著名城市

◎惠灵顿

惠灵顿是新西兰的首都，位于北岛南端，与库克海峡相邻，环抱着天然良港——尼科尔森港，港阔水深，可同时容纳多艘万吨巨轮。惠灵顿的位置在全国的中心，与北岛各地有铁路相连，同国外有便利的海、空联系，是新西兰沿海、岛际

和国际航运中心。惠灵顿依山傍水，山脚前大大小小的木结构建筑整齐排列，其中政府办公的国会大厦是世界上最大的木结构建筑物。惠灵顿临海且地势高，因此经常遭遇海风的袭击。惠灵顿一年中多数时间都在刮大风，所以惠灵顿又被称为“风城”。为此，市中心部分设有绳索，以方便人们在大风中能靠它走稳。

毛利人

毛利人是新西兰境内的土著民族，属波利尼西亚人的一部分，18世纪以前，就已居住在新西兰，主要聚居在今天的奥克兰。毛利文化非常独特，突出反映在文身、歌舞与民间艺术上。毛利人盛行文身，将其作为成年的标志。

巴布亚新几内亚
写 给 孩 子 的 世 界 地 理

地理环境

国家名片

全　　称：巴布亚新几内亚独立国
首　　都：莫尔兹比港
位　　置：太平洋西南部
语　　言：官方语言是英语，地方语言较多
民　　族：绝大多数居民属美拉尼西亚人，其余为密克罗尼西亚人、波利尼西亚人、华人和白人
行政区划：全国划分为20个省，另设布干维尔自治区及首都行政区（莫尔兹比港市）

巴布亚新几内亚，大部分国土位于太平洋西南部的新几内亚岛上，属美拉尼西亚群岛。西与印度尼西亚的伊里安查亚省接壤，南隔托雷斯海峡与澳大利亚相望。全境共有600多个岛屿，主要岛屿包括新不列颠、新爱尔兰、马努斯、布干维尔和布卡等。

巴布亚新几内亚地貌较为复杂。南部主要是巴布亚平原和低地。中部是中央山系，山间谷地主要有塞皮克河、拉穆河等。

北部山岭走向大致平行于中央山系，山岭没入海洋的过渡带是北部沿海平原，主要有冲积平原、沼泽、珊瑚阶地等。岛屿主要分布在北部和东部的近海洋面，包括新不列颠岛、新爱尔兰岛和布干维尔岛等，岛屿上山岭重叠，多火山。

气候类型

巴布亚新几内亚气候类型较少，除海拔 1 000 米以上的地区属山地气候外，其他地方属热带雨林气候。每年 5 月至 10 月为旱季，11 月至次年 4 月为雨季。年平均降水量 2 500 毫米。沿海地区平均温度 21.1℃ ~ 32.2℃，山地比沿海低 5℃ ~ 6℃。

自然资源

◎矿产资源

巴布亚新几内亚矿藏丰富。已探明铜矿储量约 2 000 万吨，铜产量世界排名第 10 位；已探明黄金储量 3 110 吨，产量世界排名第 11 位。此外，镍、铬、铝矾土、富金矿、海底天然气和石油等资源也很丰富，其中原油储量 6 亿桶，库土布、戈贝和南高地省等地的油田规模较大。

◎林业资源

林业资源丰富，其中热带原始森林覆盖面积达 36 万平方千米，约占国土面积的 86.4%。

◎旅游资源

巴布亚新几内亚美丽的自然景观和优越的气候条件使其成为许多人眼中的世外桃源，著名的旅游景点有莫尔兹比港的国家植物园、库克早期农业遗址等。得益于国内优异的海水及自然环境，巴布亚新几内亚被称为“地球上最后的原生态天堂”，其独特风景吸引着世界各地的游人。

水系概况

巴布亚新几内亚河流众多，山间河流多短小流急，平原河流多蜿蜒曲折。较大的河流有弗莱河、塞皮克河、拉穆河、普拉里河等，其中弗莱河是全国最大的河流，全长约 1 290 千米。

社会经济

巴布亚新几内亚工业基础薄弱，主要支柱产业为矿产、石油和农业经济作物。其矿产品主要有黄金、铜和石油；主

要农产品为棕榈油、椰干、可可豆、天然橡胶和咖啡。该国经营方式多样，铜矿开采和一些种植园已配备了世界先进技术，但高地峡谷中的农业耕作方式依然非常原始，多由妇女承担。

文化习俗

◎文身习俗

巴布亚新几内亚的土著十分热衷文身。年轻男子通常只在面部文身，老年男则会在脸部、四肢和胸部等多处进行文身，妇女则会在周身文刺花纹。并且不同部族有各自的文身图样，部族之间不能混用，如果一个土著文了他族的文身图样，往往

会被认为是冒犯之举，严重时甚至会导致部族间的战争。

◎装饰习俗

巴布亚新几内亚的土著还保留着原始、独特的装饰方式。他们喜欢用树叶、树皮、鸟羽和布条等材料制作装饰品。巴布亚新几内亚人自古就崇尚猪，并且十分喜爱猪，而且常用猪牙来制作项链或帽子。一些部落的男子在鼻孔间穿孔，挂上野猪的爪尖、牙齿等，将其视作权威的象征。

◎婚礼习俗

巴布亚新几内亚的土著的婚礼十分特别。当同在一族的土著男女结婚时，男女双方要通宵达旦地在一位妇女家中高声歌唱，彼此祝愿和赞美，男人们往往要跳起太阳舞和月亮舞助兴。双方亲属则要故作凶相，情绪激昂地对骂，这场婚礼在歌舞声和咒骂声中进入高潮。

著名城市

◎莫尔兹比港

莫尔兹比港位于新几内亚岛东南岸，濒临巴布亚湾，是巴布亚新几内亚的首都，也是全国政治、经济、文化中心。莫尔兹比港属热带气候，市内高大的热带林木随处可见，各种鲜艳的花朵全年盛开，景色优美。在市商业区的东面有海滨浴场，碧蓝的海水、一望无际的金色沙滩和葱郁的松林吸引了大批游人。除自然景观之外，莫尔兹比港还有一些值得一观的建筑物，其中以巴布亚新几内亚议会大厦为代表。莫尔兹比港的土著文化给人留下深刻印象，热烈的歌舞、原始的面具、古老的仪式，这些都令莫尔兹比港散发着无穷的魅力。

世界鳄鱼之都

巴布亚新几内亚气候湿润，沼泽面积大，很适合鳄鱼生长，该国是全球拥有鳄鱼品种最多的国家，又被称为“鳄鱼之都”。巴布亚新几内亚鳄鱼养殖场达300多个，每年都有3万张鳄鱼皮出口，换汇1 000多万美元。

斐 济
写 给 孩 子 的 世 界 地 理

地理环境

国家名片

全　　称：斐济共和国
首　　都：苏瓦
位　　置：太平洋西南部
语　　言：官方语言为英语、斐济语和印地语，通用英语
民　　族：大多数为斐济族人，少数为印度族人，其余为其他太平洋岛国人、欧洲人、华人
行政区划：全国共有2个直辖市、4大行政区和14个省

斐济是太平洋西南部岛国，位于美拉尼西亚群岛东南部。由于地处波利尼西亚群岛与美拉尼西亚群岛交界处和北美到澳大利亚、新西兰的海、空交通要冲，被称为“南太平洋的十字路口”。

斐济由维提岛、瓦努阿岛等330多个岛礁组成，其中维提岛是斐济最大的岛屿。维提岛的面积达10 429平方千米，是一个火山岛，地形凹凸不平，多山脉，河流众多。斐济最高峰

是北部的托马尼维山，海拔为 1 324 米。东南海岸有首都苏瓦，那里有天然的深水港湾。珊瑚礁海岸和纳塔多拉湾位于西南部，是有名的旅游胜地。

气候类型

斐济属于热带海洋性气候，全年温度适中。5 月至 10 月多东南信风，温度偏低，平均气温为 22℃，是一年中比较干燥的季节；11 月到次年 4 月是雨季，其间降水较多，风向多变，平均气温为 32℃，最高温度可达 35℃左右。11 月到次年 4 月间，斐济容易受到风暴袭击。

自然资源

◎森林资源

斐济的森林面积约占全国土地面积的一半，森林资源丰富，其中有开采价值的大概有 25 万公顷，主要出产高质量的松木和硬木。

◎旅游资源

斐济的旅游业比较发达，旅游收入是斐济最大的外汇收入来源，占斐济国内生产总值约 20%。斐济全国 300 多个岛屿分布在广阔的海面上，星罗棋布，美轮美奂。近海广泛分布着珊瑚，鱼的种类繁多，陆地上有岩洞、热带雨林、瀑布等自然景观，有着非常丰富的旅游资源，有“南太平洋上的一颗明珠”的美誉。知名的自然景观有科罗森林公园、瓦努阿岛、塔韦乌

尼岛和姆本加岛等。

水系概况

斐济河流大部分都较短，主要有维提岛上的勒瓦河、西加托卡河、纳瓦河，瓦努阿岛上的德雷克提河，最大河流为雷瓦河。斐济大部分肥沃的耕地分布在维提岛和瓦努阿岛上河流形成的海岸三角洲上。湖泊主要是礁环湖。

社会经济

长久以来，斐济居民以农业为主要经济来源，生产单位以族群或部落为主，他们从事原始的农耕活动，主要种植一些热带农作物。但是，西方殖民者的入侵彻底改变了斐济的经济运作模式，殖民时期的主要经济形式变成了种植园经济。

斐济独立后，其政府大力促进农业发展，重视加工业和制造业，发展林业，开发海洋资源。近几年，斐济开始重视建立宽松的政策环境，强调发展私营企业，经济实力稳步增强，目前已成为南太平洋岛国中，发展程度较高的国家，主要产业为农业、服务业、渔业、加工业、林业等，其中旅游业、制糖业和服装加工工业已发展为国民经济的三大支柱，其他产业也均有增长。

文化习俗

◎穿裙戴花

斐济的人爱佩戴鲜花。在斐济，随处都能见到佩戴着鲜花的人们，无论男女都是如此。据说，把花戴在耳鬓两边表示已经结婚，把花戴在左边表示未婚。男人除了戴花，还穿裙子等，这些让外人看来有点儿奇怪的行为，充分体现了这个南太平洋岛国的风土人情。

◎特殊禁忌

在斐济的土著居民中有个十分独特的规矩——不能戴帽子，只有土著酋长才有戴帽子的特权。酋长经常戴着一种叫作“萨拉”的饰物，这种饰物就像一块头巾，象征着至高无上的权力。在斐济还要注意，绝对不能摸别人的头，在他们看来，被别人摸头是一种奇耻大辱，即便是小孩子的头也不能摸。这些是斐济土著从原始社会时期就有的风俗，即使斐济人已完全进入了现代文明，但这些风俗还是保留了下来。

◎卡瓦酒

卡瓦酒是斐济的国酒，每当有客人来到斐济，斐济人都会用卡瓦酒招待客人以表示欢迎。外来客人被邀请饮用卡瓦酒时，通常要举行盛大的仪式。举行仪式时，首先由主人亲手调制卡瓦酒，然后致欢迎辞，最后根据宾客的地位高低，依次献饮。这种酒香味浓郁，口感细腻，是用一种叫作“卡瓦”的胡椒树的根酿制而成，里面不含酒精。

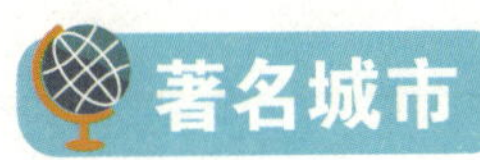

◎苏瓦

苏瓦是斐济的首都，面积约20平方千米，位于维提岛东南部的苏瓦半岛。是全国的政治、文化、商业和交通运输的中心，是南太平洋除澳大利亚、新西兰之外岛国中最大的城市，被誉为“南太平洋的纽约”。苏瓦一面靠山，三面环水，市中心临海，市里的高楼与摩天大厦数量很少，却巧妙地点缀在其他不怎么高的热带建筑群中，使苏瓦像一座优美、洁净、充满热带特色的天然大公园。

既是最东，也是最西的国家

斐济包括332个大小不一的岛屿，180°经线正好从群岛中部穿过，使斐济跨越东西两半球，成为地球上既是最东，也是最西的国家。在第三大岛塔韦乌尼岛上180°经线穿过的地方，专门修建了划分东、西半球的界碑，地球新的一天是从界碑西侧开始，东侧则是前一天。为了防止一个国家因分属两半球而导致时间错乱，国际日期变更线将斐济全境划入东半球时区。

基里巴斯
写给孩子的世界地理

地理环境

国家名片

全　　称：基里巴斯共和国
首　　都：塔拉瓦
位　　置：太平洋中西部
语　　言：官方语言为英语，通用基里巴斯语和英语
民　　族：绝大多数为密克罗尼西亚人，少数为波利尼西亚人和欧洲人
行政区划：共有23个行政区

基里巴斯是太平洋中西部岛国。它是世界上国土分布最分散的国家，由33个岛屿组成，分属菲尼克斯群岛、莱恩群岛、吉尔伯特群岛，这些群岛广布在约500万平方千米的海面上。基里巴斯是世界上唯一的横越国际日期变更线、跨赤道的国家。

基里巴斯各岛的土壤均是由珊瑚礁所形成的石灰岩土壤，贫瘠多沙。滨海低地大多为白色的粗沙粒构成的土壤，酸度高，不易保存水分。面积较大的岛屿四周有环礁，礁内为潟湖。其中有世界上最大的环礁湖岛——圣诞岛。在基里巴斯的33个岛屿中，只有巴纳巴岛为升起的高岛，其余的岛屿都是典型的低平珊瑚礁岛，海拔极低。并且岛上没有任何河流甚至小溪，因此在基里巴斯没有“山”，也没有“河流湖泊”。

气候类型

基里巴斯靠近赤道，属于热带海洋性气候。日照充足，特别是正午，阳光耀眼夺目，但长年有信风，可以带走当地的热湿之气。每年 12 月到次年 5 月，基里巴斯降水较多，6 月至 11 月降水较少，气候干燥。20 世纪以来，全球气候发生显著变化，降水减少，风浪增加，温度上升，整个基里巴斯也在经历着前所未有的巨大气候变化。

自然资源

◎矿产资源

1979 年之前，巴纳巴岛盛产磷酸盐，主要由澳大利亚、新西兰、英国合作进行开采，现在已经枯竭。近海海底富含镍、锰等矿产资源。

◎农业资源

珊瑚沙层覆盖了大部分陆地，只能生长香蕉、面包果、椰子等少数水果作物。椰干年产量约 1.1 万吨，其中用于出口的约 1 万吨，总产值约 700 万澳元。近几年，由于天气干旱和国际市场萎靡等，椰干生产和出口量都有所减少。

◎渔业资源

基里巴斯渔业资源丰富，主要盛产鲷鱼、鲣鱼、金枪鱼、海虾等。政府对本国捕鱼业也十分重视，同时也积极争取同外国政府搞捕鱼联合企业。2010年，基里巴斯与我国合资成立了基里巴斯渔业有限公司，在基里巴斯开展金枪鱼捕捞和海产品出口加工业务。到目前为止，已经有多个国家的几十艘渔船在基里巴斯海域进行金枪鱼捕捞工作。

社会经济

基里巴斯的经济十分落后，很大程度依靠外援，是世界上最不发达的国家之一。

自殖民地时代起，基里巴斯由原来自给自足的内向型经济转变为外向型经济，出口是其重要经济活动之一，同时基里巴斯众多领域依靠产品进口，主要进口商品为食品。目前，基里巴斯大部分地区仍为自给自足的原始经济，渔业和农业是其两大经济支柱，基里巴斯政府重要的渔业收入来自与世界其他国家签署的捕鱼协定所得以及外国渔船捕捞前缴付的捕鱼执照费。并且该国政府还致力于发展露兜树、面包果树、椰子等传统作物生产，椰产品是其最重要的出口商品。

文化习俗

◎传统生活方式

基里巴斯人过着原生态的自然生活，由于天气炎热，他们平时都穿着草裙、凉鞋或拖鞋。当地居民的居所也比较简陋，通常是棕榈叶搭建的茅草房，顶部高高隆起，用来遮挡强烈的阳光。基里巴斯妇女擅长编织，芭蕉树和麻的纤维编织成的围裙、席垫和笼子是基里巴斯人生活中必不可少的。

◎直呼姓名

基里巴斯无论男女老少从不冠称谓，在家里也一样，一律称呼姓名。在人际交往中，在任何时间、对任何人、在任何场合均直呼其名。但在外交场合，他们按照国际上通用的称谓称呼。基里巴斯的官员与当地百姓也没有等级差别，彼此相处没有过多的礼节，他们会和平民一样来往、购物、捕鱼。

著名城市

◎塔拉瓦

塔拉瓦是基里巴斯共和国首都，位于塔拉瓦岛。塔拉瓦岛在澳大利亚东北 3 600 多千米处，是吉尔伯特群岛中的一个三角形珊瑚环礁。塔拉瓦环礁由 24 个岛屿组成，分为南塔

拉瓦和北塔拉瓦。塔拉瓦是全国政治、交通、文化中心，也是全国货物的集散地和主要港口。基里巴斯唯一的一个国际机场位于环礁东南角的邦里基岛。虽然人们都认为塔拉瓦是基里巴斯的首都，但实际上，该国的政府行政区主要集中在南塔拉瓦。

圣诞岛

圣诞岛位于基里巴斯东部的莱恩群岛，占基里巴斯全国土地的近50%，是世界上最大的珊瑚环礁岛，它由一个个珊瑚岛相互连接构成，陆地面积约388平方千米。之所以叫作“圣诞岛”，是因为1777年，英国航海家库克船长发现此岛时正值圣诞节。历史上，基里巴斯曾是英国殖民地，英国还曾在此建立核试验基地，基里巴斯独立后，这些设施已成为该国的旅游景点。

库克群岛
写 给 孩 子 的 世 界 地 理

地理环境

国家名片

全　　称：库克群岛
首　　都：阿瓦鲁阿
位　　置：太平洋中南部
语　　言：通用库克群岛毛利语和英语
民　　族：绝大多数为毛利人，少数为欧洲后裔
行政区划：全国由15个小岛组成

库克群岛是太平洋中南部国家。位于波利尼西亚群岛南部，南纬8°～23°、西经156°～167°。共由15个岛屿构成。这些岛屿大部分由火山活动造成，地势陡峭，多山，土壤肥沃，有丰富的热带植被。南部（南库克群岛）8个岛主要为火山岛，土质肥沃。北部（北库克群岛）7个珊瑚岛礁土质贫瘠，地势低平。

拉罗汤加岛是库克群岛的主岛，是一个火山岛，呈椭圆形，地形凹凸不平，四周环绕着珊瑚礁，面积达67平方千米，首都阿瓦鲁阿位于拉罗汤加岛北部。

气候类型

库克群岛是热带雨林气候，气候潮湿，光照充沛，雨量分布不均，年均降水量 2 000 毫米，但各岛雨量分布不相同。每年 12 月至次年 3 月为雨季，多台风。4 月至 11 月，北库克群岛气候凉爽，年平均气温为 24℃左右，多强风。

自然资源

◎海洋资源

库克群岛有着丰富的海洋资源，库克群岛的黑珍珠养殖业比较发达，出产的黑珍珠十分有名，也是该国出口最多的海产品，出口额占出口总额的 90% 以上。

◎旅游资源

库克群岛是著名的旅游胜地，因其典型的南太平洋热带风光而闻名。岛上树木四季常青，是潜水和海底探险者的天堂。主要景区有拉罗汤加岛和艾图塔基岛。拉罗汤加岛土壤肥沃，主要出产柑橘等热带及亚热带水果，有“花果之乡”的美誉。岛上有全国最大的两座死火山阿图库和曼加，岛上密布溪涧、瀑布、岩洞、峡谷。艾图塔基岛有太平洋上最壮丽的潟湖和被评为大洋洲最出色的岛——泰普阿太岛。

社会经济

由于国土面积小、劳动力不足、交通不便，库克群岛仍基本属于自然经济，以旅游业、轻工业、农业和离岸金融业为主，其中旅游业是国家经济支柱产业。农业主要农作物有芋头、山药、香蕉、椰子、柑橘、菠萝、咖啡、木瓜等，粮食不能自给，饲养业以猪、鸡和山羊为主。渔业主要为捕捞金枪鱼等。黑珍珠养殖业发展迅猛。工业有水果加工及生产香皂、香水、旅游纪念品的小工厂，有制造和加工邮票、旅游纪念币、贝壳及手工艺品的作坊。尽管如此，库克群岛仍严重依赖外部援助。近几年来，随着黑珍珠养殖业及旅游业的大力发展，库克群岛经济有所改观，但依旧是世界上人均受援最多的国家之一。

文化习俗

在文化上，库克群岛人既传承着波利尼西亚文化的传统特色，同时又受到西方文化的冲击。在库克群岛人口中，绝大部分都是库克群岛毛利人，与新西兰毛利人在体质上、文化上类似，但是库克群岛人没有其他地区的毛利人特有的卡瓦酒文化

和使用树皮布的习惯。因长期遭受殖民的经历，使库克群岛深受西方文化的影响很大。

◎阿瓦鲁阿

阿瓦鲁阿是库克群岛的首都，也是库克群岛中人口最多、面积最大的岛，坐落于拉罗汤加岛南部。阿瓦鲁阿市长年百花盛开，香气浓郁，到处是椰子树、香蕉树和柑橘树，有“南太平洋果园”的美誉。海边有白色的沙滩，珊瑚礁内的海水澄澈平静。市里还有织布、服装和果品加工等工业，附近地区盛产并出口椰干、番茄、柑橘及珍珠贝。交通设施有阿瓦鲁阿国际机场。

奇怪的规定

岛上明文规定，所有建筑物的高度都不得高于椰子树。所以，在库克群岛中没有任何人工设施能遮挡人们的视线。抬眼望去，碧空如洗，绿树摇曳，鲜花簇拥，而简易的茅屋，在绿树荫里、百花丛中若隐若现。优美的环境让其旅游业蓬勃发展，百姓安居乐业、幸福指数非常高。

马绍尔群岛
写给孩子的世界地理

地理环境

国家名片

全　　称：马绍尔群岛共和国
首　　都：马朱罗
位　　置：太平洋中西部
语　　言：马绍尔语为官方语言，通用英语
民　　族：主要为密克罗尼西亚人种
行政区划：全国分为 24 个市政区域

马绍尔群岛位于太平洋中西部，属密克罗尼西亚岛群，南面是基里巴斯，西面为密克罗尼西亚联邦。马绍尔群岛分布在200多万平方千米的海域上，形成西北—东南走向的两列链状岛群。由5个独立的小岛和马朱罗等29个环礁组成。除外围的3个环礁，剩余的岛礁可以分成两组，西部为拉利克群岛（日落群岛），东部为拉塔克群岛（日出群岛）。人口聚集在夸贾林环礁和马朱罗环礁。夸贾林环礁是马绍尔群岛最大的环礁，由90多个礁屿构成。

气候类型

马绍尔群岛属于温热潮湿的热带气候，季节性变化不明显，全年分为干、湿两季，5月至11月为雨季，12月至次年的4月为旱季，年降水量为2 000 ~ 4 000毫米。受信风干扰，年平均温度27℃，几乎没有波动，这是当地气候最显著的特征。马绍尔群岛夜晚虽然较冷，但夜晚的实际温度却比白天最低平均气温略高，这是由于白天阵雨过后气温降低导致的。

自然资源

◎矿产资源

海域面积广阔，海底有丰富的锰结核和钴壳等矿产资源，一些岛屿还蕴藏着磷酸盐。

◎渔业资源

马绍尔群岛有着极其丰富的渔业资源，有超过800种鱼类，160多种珊瑚，捕鱼业及海产养殖业前景可观。

◎旅游资源

马绍尔群岛共和国的地理环境十分特殊，是世界上仅有的4个珊瑚环礁国家之一，也是世界闻名的旅游胜地。群岛坐落于北太平洋的密克罗尼西亚地区，位于亚洲和北美两个最丰富的旅游客源市场之间。马绍尔群岛有着得天独厚的环境和景观，包括四周环绕着白色的沙滩，草木茂盛的小岛和数不胜数的珊瑚礁，每年都有无数游人前来观光。

社会经济

马绍尔群岛目前经济主要依赖美国、日本等国和国际组织的援助或贷款。国内以农业为主。其生产的主要农产品有芋头、可可、甘蔗、面包果、木薯、椰子、棉花、香蕉等。最大的收入来源是椰干。渔业以海洋捕鱼和海产养殖为主。畜牧业以猪和家禽为主，手工艺品的生产也初具规模。最近几年，政府开始开发渔业和旅游资源，吸引外资等措施以促进本国经济发展。

文化习俗

◎重视文身

马绍尔人沿袭了不少太平洋居民独有的风俗习惯。例如，

该国的土著居民喜欢文身。在文身时，还要举行盛大的祭神仪式。在马绍尔人的传统中，文身是十分神圣的行为，因为它是当地神话中的两位文身之神传下来的。在举行文身仪式时，马绍尔人会手捧祭祀品，边唱祈祷歌，边跳敬神舞，其场面热闹非凡。

◎部落制度

马绍尔群岛共和国有特有的文化、风俗和价值观。这个岛屿国家内社会组织的聚焦点是土地。每一个部落中的成员都享有土地权，服从于酋长，酋长被氏族首领领导，依靠劳动者进行供养。酋长拥有绝对管理权，对纠纷解决、土地占有、资源利用及分配等事务有决定权。

◎母系社会

马绍尔群岛的所有权和其他权力都按母系分配，是一个真真正正的母系社会，它由土地维系的家族集聚在一处，形成部落，因此家族聚会是部落最大的活动。在孩子的第一个生日，亲戚朋友会聚在一起举行宴会，用歌舞来欢庆，这同样是最重要的家庭活动之一。

著名城市

◎马朱罗

马朱罗位于拉塔克群岛南部，坐落在拉塔克群岛中的马朱罗环礁上。由 60 多个珊瑚礁屿组成，陆地面积为 10 平方千米。马朱罗不仅是马绍尔群岛的主要环礁，也是首都、经济中心、国内主要商品的集散地，还是马绍尔群岛对外的重要门户。马朱罗市风景优美，是海滨旅游胜地，此处还设有港口、国际机

场与现代旅游设施。部分礁岛到现在依旧保留着浓浓的密克罗尼西亚传统风情，驾驶独木舟可以在环礁内面积近 300 平方千米的潟湖自由航行。

多灾多难的海上明珠

第二次世界大战后，马绍尔群岛被美国当作海外核试验场。1946—1958年，美国在该群岛上一共进行了67次核试验，这无疑给民众的身体健康与当地的生态环境带来了严重影响。不仅如此，马绍尔群岛还面临着气候恶变的威胁，马绍尔群岛气候问题特使曾在联合国气候变化大会上提出警告，假如21世纪全球气温升幅无法保持在1.5℃以内，那么马绍尔群岛极有可能在50年内被海水吞没。

密克罗尼西亚联邦
写 给 孩 子 的 世 界 地 理

地理环境

国家名片

全　　称：密克罗尼西亚联邦
首　　都：帕利基尔
位　　置：中太平洋西部
语　　言：官方语言为英语，各州有各自的主要地方语言
民　　族：绝大多数为密克罗尼西亚人种，少数为亚洲人、波利尼西亚人
行政区划：全国划分为雅浦、丘克、波纳佩和科斯雷 4 个州

地处中太平洋西部的密克罗尼西亚联邦属加罗林群岛，东西延伸 2 500 千米，海岸线长达 6 112 千米，拥有众多山地。全国共有 607 个大小不一的岛屿，岛屿为珊瑚礁型和火山型。全国由 4 个主要大岛组成，分别是波纳佩岛、科斯雷岛、雅浦岛和丘克岛，它们同时也是 4 个州。全国最大的岛屿是波纳佩岛，岛上坐落着一国之都。

丘克岛、波纳佩岛和科斯雷岛都是由火山冠上的珊瑚礁组成的；雅浦岛属于大陆性岛屿，由高出洋面的地壳褶皱组成。波纳佩岛上有海拔高于 600 米的山峰，其余的部分大都是在珊瑚礁上形成沙岛的低洼环礁，环礁中央有潟湖。

气候类型

密克罗尼西亚联邦是热带海洋性气候的代表，全年日照充足，湿润多雨，年均温为 27℃，一年四季气温变化不明显。旱季为 12 月到次年 3 月，雨季为 4 月到 11 月。年降水量为 2 000 毫米左右。波纳佩岛年降水量高于 7 000 毫米，属于地球上降水量最多的地方之一。密克罗尼西亚联邦大概每隔 6 年到 8 年就会发生一次厄尔尼诺现象。这里虽然是台风的发源地，有时候风力很强，但是很少出现台风。

自然资源

◎旅游资源

密克罗尼西亚联邦有着绮丽的热带风光，旅游资源十分丰富。著名的景观有红树林、瀑布、山洞等，受到了旅游爱好者、潜水爱好者、摄影爱好者、历史和自然学者的青睐。

◎渔业资源

作为中西太平洋主要渔场之一，密克罗尼西亚联邦有着丰富的渔业资源，是举世闻名的金枪鱼产地。蟹、龙虾、贝类以及淡水鳗、虾等资源还需要进一步开发。最近几年，该国捕捞业发展很快。

社会经济

密克罗尼西亚联邦是目前世界上最小的经济体之一，经济发展迟缓，长年依靠外援。尽管如此，该国辽阔的海域蕴藏着丰富的资源，自然和人文环境颇具特色，使其有着广阔的发展和合作空间。

农业是密克罗尼西亚联邦经济的重要组成部分，可是生产方式落后，不种植粮食，依托自然生长。以香蕉、椰子、菠萝、木瓜、面包果、芋头、红薯、胡椒、槟榔等作为主要的种植作物。生产优质胡椒，并向国外出口。大约 7% 的出口收入和 10% 的劳动力都源自农业。

密克罗尼西亚联邦的工业部很少，有制皂、成衣加工、椰油加工和鱼产品加工业等。机械修理和建筑行业部分由外国人经营。生活日用品及粮食都依靠进口。

在国家经济发展规划中，密克罗尼西亚联邦把渔业、农业、旅游业当作经济的“三大支柱”，目的在于推动经济全面发展。现在该国正大力鼓励发展私有经济。但该国的旅游设施并不先进，现在只有小宾馆可以接待少量游客，导游、旅游指南以及消费、购物等配套行业有待进一步开发。

文化习俗

◎传统服饰

密克罗尼西亚气候炎热，人们主要穿短袖、短裤和拖鞋。当参加节庆活动或出入正式场所时，男人通常穿花衬衫和西装裤，不打领带。女人通常穿连衣裙。每年的3月1日是当地的雅浦节，在这天，男子往往身着腰布（指用一条白布裹住下身，样子很像相扑运动员），女子则将花冠戴在头上，花环挂在颈上，身着五彩缤纷的过膝草裙，一边唱歌一边跳舞。

◎传统风俗

密克罗尼西亚的雅浦州和波纳佩州承袭着地方族群领袖封衔的传统。当选或受封的本区域领袖会受到宪法规定的特殊待遇，接受族人特定的膜拜仪式。晚辈族人从树上摘下鲜花，编织成花环和花边帽，单膝跪地，恭敬地为领袖戴上，还要低头向其敬献酒食。在领袖面前，晚辈族人不可以抽烟、饮酒。

◎石币

密克罗尼西亚使用的货币为美元，但是雅浦州的人以石头为货币并称其为“费”。费为圆形，中央有孔，很像古代中国的铜钱，可是其体积更大，大的直径达数米，小的为几十厘米。比如，用于房屋、土地交易买卖的石币，直径为4米，可达5吨重。

由于石币不便于携带和搬运，大都放在室外，交易仅需更换主人姓名，并在石币上留下记号，证明货币易主，但不搬移石币。在密克罗尼西亚，比起货币，石币更像是一种全民公认的信用记账系统。

◎帕利基尔

帕利基尔是密克罗尼西亚的首都，是全国最大的城市，地处波纳佩岛。帕利基尔降水量丰富，热带植物生长茂盛，景色绮丽，素有“热带天堂”的美称。市内的水利系统有50多条，将该岛分成许多人工岛。市内的名胜古迹众多，还有古代君主的陵墓以及由圆柱形玄武岩堆砌成的大围场。

男人屋

“男人屋”是密克罗尼西亚独具特色的建筑，是用草搭建的矩形高脚屋，男人屋是当地酋长讲话和商议本族政事的屋子，不允许女性进入。男人们在屋内四周围坐成一圈，酋长坐一端，中间安置着用来烤肉的大火盆，每个村子都有自己的男人屋，这是当地传统文化的一部分。

瑙鲁

写 给 孩 子 的 世 界 地 理

地理环境

国家名片

全　　称：瑙鲁共和国
首　　都：不设首都，行政管理中心在亚伦
位　　置：太平洋中，北部在赤道附近
语　　言：英语为官方语言，通用瑙鲁语
民　　族：大多数为瑙鲁人，余为其他南太平洋岛国人、华人、菲律宾人和欧洲人后裔
行政区划：全国划分 14 个区

瑙鲁地处中太平洋，是密克罗尼西亚群岛中一个形状似椭圆、孤立的珊瑚礁岛，全岛长 6 千米，宽 4 千米，海岸线长约 30 千米，最高海拔 61 米。珊瑚礁围绕其四周，沿海地区是沙滩。地面由沿海向内陆逐渐升高。主要的居住区和耕作区在沙滩与内陆的珊瑚崖之间的高 30 米、宽 150 ~ 300 米的沃土带。再向内是 12 ~ 60 米高的珊瑚峭壁。全岛超过 85% 的面积是峭壁上的台地，上面覆盖着由鸟粪淤积而成的磷酸盐岩。

千万年间，有不计其数的海鸟飞到此岛，并将其作为栖息地，此岛也因此留存了许多鸟粪。长年累月，鸟粪发生了化学

反应，变成了一层 10 米厚的优质丰富矿盐，被人们称为“磷酸盐矿”。鸟粪堆积而成的磷酸盐层覆盖了 3/5 的土地。瑙鲁在 1968 年独立后，就以富饶的磷酸盐产业作为最重要的经济命脉。

气候类型

瑙鲁属于热带雨林气候，全年高温多雨，气温在 24℃ ~ 38℃，年均降水量为 1 500 毫米，有时会出现干旱现象。

自然资源

◎矿产资源

以前瑙鲁拥有非常丰富的磷酸盐矿资源，开采起来也很方

便。全岛几乎到处都是厚厚的磷酸盐，只有西南部的布阿达湖周围除外，矿层厚 6 ~ 10 米，有的地方甚至达到了 15 米的厚度，并且矿石的品质很高，磷酸盐纯度占比 84%，总储量大概有 1 亿吨，瑙鲁凭借这项优势成为世界重要的磷矿产地。可是经年累月的大力开采导致资源即将枯竭，产量迅速下降，现在不仅年产量仅有大约 4 万吨，品质也有所下降。

◎旅游资源

瑙鲁是一个风光旖旎的岛国，向来被称为“天堂岛”。其主要的旅游城市为亚伦，有湛蓝的大海、碧绿的椰林和洁白的沙滩，亚伦主要的旅游项目有深海垂钓、沙滩旅游和潜水。

瑙鲁最美丽的湖泊是布瓦达拉宫湖，这也是瑙鲁最知名的旅游景点。瑙鲁最美丽的沙滩是该岛东部的阿尼巴雷湾，这里天空蔚蓝、海水清澈、沙滩柔软，为潜泳、冲浪等各种各样的水上活动提供了条件。

社会经济

尽管瑙鲁是世界上领土面积最小的岛国，但是其国民人均收入不低，其经济水平在世界名列前茅，国民的福利待遇一点也不落后于西方国家。国民经济增长很大程度上和瑙鲁开采并出口磷酸盐有着密切的联系。

然而瑙鲁的经济形式非常单一，主要经济来源是向新西兰和澳大利亚出口磷酸盐。几乎全部的食品和饮用水都依靠进口。磷酸盐矿即将枯竭。现在财政吃紧，外交的主要目的是寻求经济外援。尽管瑙鲁盛产金枪鱼，可是捕捞能力有限，于是，瑙鲁政府通过发放捕鱼证，每年可以获得600万到800万澳元的收入。

文化习俗

瑙鲁被称为“天堂岛”。透过飞机上的窗户俯瞰瑙鲁，仅仅能够看到一个状似椭圆的小圆点，所以它获得了“南太平洋上的一个大头钉”的称呼。由于面积太小，瑙鲁还被称为“无

土之邦”。至于广播、电视、报刊等媒体，瑙鲁都没有，口头相传是消息的传播方式。所以，瑙鲁也有“没有新闻的国家”之称。

受到殖民地和当代西方文化的影响，瑙鲁的土著文化中大多数旧习已被取而代之，仅有少量传统艺术、音乐、工艺和捕鱼等技艺流传了下来。

著名城市

◎亚伦

瑙鲁没有首都，仅仅将国土西南沿海的亚伦设置为行政管理中心。虽然亚伦土地面积极小，基础设施也相当落后，仅有1家床位不多的旅馆、1家商店和1个邮局，但瑙鲁人在政府丰厚工资和低生活消费环境的呵护下，生活十分悠闲，令其他太平洋岛国人十分羡慕。

一起看世界

布阿达湖

瑙鲁岛的中央坐落着一个直径约50米的火山湖，名为“布阿达湖”。整个湖的周围环绕着椰林，湖中映着白墙红瓦的民宿倒影，时而可以看到一些白色的鸟儿在湖面上嬉戏。美丽的布阿达湖就如同大自然的能工巧匠在白色的岛屿上雕琢出的一块镶有绿边的水晶明镜，也成了瑙鲁这个国家一道亮丽的风景线。

萨摩亚
写 给 孩 子 的 世 界 地 理

地理环境

国家名片

全　　称：萨摩亚独立国
首　　都：阿皮亚
位　　置：太平洋南部、萨摩亚群岛西部
语　　言：官方语言为萨摩亚语，通用英语
民　　族：绝大多数为萨摩亚人，少数为其他太平洋岛国人、欧洲人、华裔以及混血人种
行政区划：全国划分为 11 个行政区

萨摩亚独立国地处太平洋南部、萨摩亚群岛西部，包括萨瓦伊和乌波卢 2 个主岛，和马诺诺岛和阿波利马岛等 8 个小岛。萨摩亚具有非常重要的地理位置及战略地位，因其位于大洋洲通向美洲的海、空航线上，所以有着“太平洋的中途客栈”之名。由于地理位置紧挨着国际日期变更线东侧，时间相较于变更线以西的国家要晚一天。正因如此，萨摩亚是最后一个进入 21 世纪的国家。

萨瓦伊岛是个火山灾害频发的地区，岛屿中部的西利西利山海拔约 1 858 米，是萨摩亚的最高峰。全岛地势由中间向四周逐渐降低，延伸至沿海平原和丘陵地区。境内大部分地域覆盖着丛林，主岛海岸分布着小片山谷地和平原，拥有肥沃的火山土壤，渗透性佳，但容易流失水分。两岛有诸多水势湍急的河川，河流全年有水，有深峡谷和浅沟谷。

气候类型

位于南半球热带地区的萨摩亚，距赤道很近，因为四周沿海，属热带海洋性气候。终年温度舒适，旱季为 5 月至 10 月，雨季为 11 月至次年 4 月。年均温为 28℃，年降水量为 2 000 ~ 3 500 毫米。

自然资源

◎森林资源

森林资源逐年减少，现在森林面积占国土面积的46.3%，其中非生产性森林约为11万公顷，占国土面积的39.4%，可采林为1.36万公顷，只占比4.8%。剩下的是国家级保护林和部落传统所有林地约为0.6万公顷，占比2.1%。

◎旅游资源

萨摩亚群岛环境优良，是少有的、远离喧嚣繁杂的尘世净土，凭借“天堂”之称成为备受欢迎的旅游胜地。人们在此地可以忘却世间的烦忧，痛快淋漓地体会大自然的美丽与神奇。萨摩亚最为著名的景点有返璞归真的萨瓦伊岛、富饶美丽的乌波卢岛以及拥有迷人港湾的图图伊拉岛。

社会经济

萨摩亚工业基础非常薄弱。独立后，萨摩亚初步创建了一批农产品加工业和消费工业，主要制造食品、啤酒、软饮料、椰油、烟草、木材家具。还有日用化学业及印刷业。

捕鱼业在萨摩亚经济中占有重要地位，全国有 2 000 多艘渔船。和其他岛国相比，萨摩亚的专属经济区较小，所以政府只允许外国渔船公司与其合作且外资不得超过 40%，并且为了保护本国渔业，萨摩亚禁止外国渔船未经授权独立作业。

萨摩亚主要经济支柱之一和第二大外汇来源为旅游业。政府专注于发展旅游硬件设施及其他和旅游相关行业。游客大多来自美属萨摩亚、澳大利亚、新西兰、美国和欧洲国家。

文化习俗

◎喜爱裙装

不管男女老少，萨摩亚人都喜欢穿一种名为“拉瓦拉瓦”的传统装束的裙装。女子偏爱颜色艳丽、长至脚面的连衣裙，耳边戴朵淡黄色的鸡蛋花或火红的木槿花。男子也穿长过膝盖的彩色花短裙，腰间围着一块矩形花裙，上面两角前面系一个

结。大多有工作的男子会穿白色的西服裙，警察的制服是西服裙和天蓝色短袖衫。

◎卡瓦仪式

卡瓦仪式是萨摩亚地区封赠大小酋长或接待贵宾时举行的一种仪式。主人坐在正座，客人坐在对面。5 位身体健壮且具有文化修养的男子席地而坐，由他们代表主客使用萨摩亚语互相致辞。在仪式上，在客人面前，酋长的未婚女儿在大水盆中搓擦卡瓦植物的根，制成卡瓦酒，之后拿木碗盛酒待客。她还要把卡瓦植物的根作为礼物献上。

著名城市

◎阿皮亚

萨摩亚首都和主要港口为阿皮亚，阿皮亚地处乌波卢岛北部海岸。阿皮亚于1850年开始创建，是由诸多相邻的村落发展而来的。市内的主要道路是海滨大道，东西向延伸3 000米，和海滨大道连接的法莱阿街是华人集聚的唐人街。由于地震灾害多发，全市没有建造高楼大厦，多为木质结构的低矮建筑，在当地独特的热带风光的衬托下，显得别具一格。

萨摩亚政府大楼

在萨摩亚众多景点中，萨摩亚政府大楼最具特色，它是在中国帮助下建造的，有6层高，大楼后面距离大海不远，中间连接着漂亮的草坪。大楼前边有个3平方千米左右的广场，既宽阔又庄严。在大楼楼顶朝南远眺，可将首都阿皮亚城全貌一览无余；朝北观望，可以看到水天一线的辽阔大海。

所罗门群岛

写 给 孩 子 的 世 界 地 理

地理环境

所罗门群岛位于美拉尼西亚群岛中部，是美拉尼西亚群岛的一部分，包括6个主岛和900多个小岛屿。所罗门群岛中最大的岛是瓜达尔卡纳尔岛，面积为5 302平方千米。

国家名片

全　　称：所罗门群岛
首　　都：霍尼亚拉
位　　置：太平洋西南部
语　　言：官方语言是英语，通用当地语言与英语混合形成的皮金语
民　　族：绝大多数为美拉尼西亚人
行政区划：全国划分为9个省

所罗门群岛上的几个大岛多为火山岛，由它们及周围的小火山岛形成了2串平行的岛群链，汇集于东南方的圣克里斯托瓦尔岛。所罗门群岛整体呈现从西北向东南绵延的特点，以火山岛为主要岛屿类型。大部分岛屿有丰富的林木资源，虽然没

有大江大河，但也并不缺乏水资源。所罗门群岛的地势崎岖不平，不过一些近海地区有适合发展农业的平原。由于气候因素，所罗门群岛的植物以热带雨林为主。

气候类型

所罗门群岛属热带雨林气候，全年炎热但不干旱。以首都霍尼亚拉为例，年均气温达到28℃，年降水量则达到3 000 ~ 3 500毫米。各地区的降水量有较大差异。

自然资源

◎矿产资源

所罗门群岛富含铝土、镍、铜、金、磷酸盐等矿产资源。

从目前的数据来看，铝土矿储量达到 5 800 万吨，磷酸盐也有 1 000 万吨之多。

◎森林资源

森林覆盖面积达到陆地面积的 90%，合计约 263 万公顷。林木总蓄积量达到 1.27 亿立方米，商品材蓄积量达到 4 810 万立方米。近年来，由于林业的快速发展，林业已成为重要的经济支柱与出口产业。

◎农业资源

农业支柱性作物有可可、薯类、椰子、香蕉、香料等，椰子尤其具有代表性，这些作物很大一部分用来出口。油果、油棕、棕仁的产量也较为可观。金枪鱼资源也很丰富。以整体渔业资源而言，在世界范围内堪称一流。如今，海产品已成为第三大类出口产品。

◎旅游资源

由于地理位置的影响，所罗门群岛有着独特的自然风景，旅游资源也十分丰富。所罗门群岛沿海区域的风光绮丽，海水清澈透明，受到世界各国游客的追捧，有“上帝恩赐之水”的美誉。为了能够欣赏这里的美景，以及享受一下洗海水浴的快乐，很多游客不远千里来此旅游，这也使所罗门群岛成为世界级的旅游胜地。

社会经济

尽管旅游业发达，但所罗门群岛整体的经济结构并不算先进，国民收入也较低，大多数人依然依靠自给型农业生活。

总的来说，所罗门群岛的农业、渔业和木材业的资源较为丰富，这些资源每年被大量出口到其他国家，成为所罗门群岛经济发展的重要支柱。以农产品为例，所罗门群岛盛产椰子、香蕉、油棕、可可、香料等。同时，所罗门群岛的金枪鱼资源也较为丰富。由于森林覆盖率较高，因此，林业也逐渐成为所罗门群岛的支柱性产业。

所罗门群岛也在努力发展工业，除采矿业外，所罗门群岛还先后建设了水产品、家具、塑料、服装、木船、食品和饮料等方面的小型加工厂。

由于自身经济较为落后，所罗门群岛的财政很大程度上依赖其他国家的援助，其中英国是其主要的援助国。21 世纪初，所罗门群岛的旅游业有所发展。

文化习俗

◎传统婚俗

所罗门群岛的婚俗较为原始，一般来说，当一个男人到了该娶妻的年纪，其父亲就会替他挑选妻子，并与对方父亲进行商议，确定给对方多少贝币或红羽毛币等作为聘金。等到商议完成，新郎的母亲会按约定把聘金交给新娘的母亲。有时聘

金还包括布匹。这些布匹往往被放到独木舟里，然后按照当地风俗送给女方。

◎猪文化

养猪是所罗门群岛的主要生计之一，当地人将猪视为财富，以养猪为荣。谁家养的猪多，就说明谁家有钱，而这家人在当地的地位也就越高。因此，养猪在当地成了提高财富与地位的手段之一。由于喂猪一般由当地的妇女来完成，因此当地的妇女成为家庭重要的劳动力。有些当地男人为了能多养猪，便娶多个妻妾，从而增加家庭劳动力，同时也能增加这个小家庭在大家族中的地位。

著名城市

◎霍尼亚拉

霍尼亚拉位于瓜达尔卡纳尔岛北部，是所罗门群岛的首都，也是该国政治、经济、文化、交通中心。这座城市在第二次世界大战期间曾是美军部队的驻扎地。由于有美军基地作为建造基础，因此这座城市交通较为便捷，不但建有深水码头，还建有国际机场。不仅如此，还有植物园、植物标本馆和博物馆等。由于这里过去曾受到“二战”的极大影响，所以当地的博物馆中有众多关于战争的纪念品。值得注意的是，由于很多华人在此生活，因此市中心旁边建有唐人街，还有很多华人开的商店和一些中国传统样式的亭台楼阁。

西南风劲吹的森林之国

在所罗门群岛的语言中，霍尼亚拉是指“西南风劲吹的地方”，之所以会取这样一个名字，是由于这里全年都刮西南风。不同于那些大国的首都，霍尼亚拉的城市内部没有太多的高楼大厦，更见不到挥汗如雨的人群，相反，这里鸟语花香，到处都能见到青翠的树木，令人感到心旷神怡。事实上，正是因为林木资源丰富，所罗门群岛才有“森林之国”的美誉。所罗门群岛的一些地区由于风景优美而被世界各国的游客追捧。1998年，所罗门群岛南端的伦内尔岛上的东伦内尔被列入世界遗产名录。

汤加
写给孩子的世界地理

地理环境

国家名片

全　　称：汤加王国
首　　都：努库阿洛法
位　　置：南太平洋西部
语　　言：通用汤加语和英语
民　　族：大多数为汤加人，其余为其他太平洋岛国人、欧洲人、亚洲人
行政区划：全国划分为 5 个区，区以下设 23 个县

汤加处在南太平洋西部，是由汤加塔布群岛、哈派群岛与瓦瓦乌群岛组成的国家。汤加和斐济群岛相距 650 千米，与新西兰相距 1 770 千米。由于处在国际日期变更线西侧，因此汤加有“世界上日出最早的国家”之称。

汤加国内面积最辽阔的岛就是汤加塔布岛。这座岛屿远远看去像是个三角形，根据测量数据，这座岛东西长 34 千米，面积达 257 平方千米，主要由依附火山基座生长的珊瑚环礁抬

升形成，地势较为平坦，不过东部沿岸与南部沿岸的地面起伏程度较高，再加上海浪的影响，使得这座岛屿上有很高的悬崖。这座岛屿上盛产椰子，人们的住房稀疏地分布在岛屿上。

气候类型

由于热带海洋性气候的影响，汤加有区别明显的干、湿季节和丰富的降水资源。一般而言，每年的12月至次年的4月是汤加的雨季，每年的5月到11月是汤加的旱季。总体而言，汤加的气候较为温和，年平均气温在20℃，北部气温稍高，年平均气温可达到27℃；南部气温稍低，但年平均气温仍然可达到23℃。汤加的降水量较高，而且下雨时往往伴随着大风，这种气候条件对当地农业有重要影响。

对汤加的百姓而言，农业生产的主要困难来自飓风和干旱。飓风一般 4 年出现一次，受到飓风破坏的地区，往往需要半年左右才能将农业生产恢复过来。干旱看上去并没有飓风那样有破坏力，但实际上，干旱的危害比飓风还要大，一场旱灾过后，当地的农业可能需要一年多才能恢复过来。

自然资源

◎ 渔业资源

由于国土近海，所以渔业资源对汤加的经济起到支柱性作用，其中金枪鱼资源尤为重要。不过，由于获取渔业资源时毫无节制，近些年来，汤加能够用于出口的渔业资源越来越少，

使得汤加的经济发展受到负面影响。

◎旅游资源

汤加有170多个岛屿，但其中有人居住的岛屿只有36个，因此汤加的旅游资源十分丰富。对游客而言，汤加的天然美景堪称世外桃源，那些没有受到工业污染的海域以及没有遭到人类砍伐的森林，天然美景都足以让人沉醉。至于汤加南部的悬崖与北部的蓝色水道更是受到世界各国旅游爱好者的追捧。每年都有成千上万的游客来到汤加，他们要么去欣赏依附于火山的珊瑚环礁，要么去寻觅雨林中的新奇动植物。除此之外，热爱户外运动的游客还可以到汤加进行野外露营、攀岩、骑马、潜水、划船、海钓、冲浪、观鲸等活动。

社会经济

由于工业不发达，汤加的经济以农业、旅游业等为主，每年的国家开支在很大程度上依赖其他国家的援助。不过近些年来，汤加政府正在有意识地培养信息产业，并大力扶持私企。

尽管汤加盛产薯类、南瓜等农产品，以及香蕉、西瓜等水果，但总体而言，汤加的农业并不发达，难以在粮食和肉类方面自给自足，蔬菜和水果也在很大程度上依赖进口。

为了获得更多的肉类资源，汤加人努力发展养猪业。同时，汤加的渔业也受到全国的重视，金枪鱼、石斑鱼等渔业资源对汤加的国民经济有重要影响。

文化习俗

◎传统舞蹈

尽管地处偏僻，但汤加依然在艺术上有所发展，其中最知名的当属汤加的传统舞蹈。汤加人善于跳舞，对音律较为敏感。汤加人跳舞时，伴奏者处于中间的位置，歌手环绕在伴奏者周围，舞者则环绕在歌手周围。就这样，伴奏者奏出动人的旋律，歌手则根据旋律展示美妙的歌喉，舞者则用舞姿来配合歌手与伴奏者。在2000年到来时，为了表示庆祝之意，汤加举国欢庆，举行了万人舞蹈仪式，受到全球关注。

◎穿树皮裙

尽管汤加没有发展出丝绸生产技术，但他们在服饰方面依然有为人称道之处。每当汤加人出席重要场合时，他们就会穿上一种树皮裙。这种裙子由无花果树的树皮等制成，是经过捶打、染色等工序制成的服饰。这种技术既可以用来制作衣服，也可以用来制作床单等。除了树皮裙，汤加的妇女在进行社交活动时也会在头上插花，尤以插红花与黄花者居多。

◎卡瓦酒文化

汤加人在出席庆典等活动时喜欢饮用卡瓦酒，但卡瓦酒其实并不是酒，而是一种用卡瓦树根制作的饮料。有趣的是，汤加人在喝这种酒时还会进行一些仪式。一般来说，当主人将卡瓦酒递给客人时，客人要以拍手的方式来表达感谢，然后才能饮用。而当客人饮用完，将容器还给主人前，依旧要以拍手的方式来表达感谢。

著名城市

◎努库阿洛法

努库阿洛法是汤加的首都，也是汤加的工业、商业中心，还是汤加进出口商品的集散地。这座城市内部建有皇宫，皇宫高3层，颜色以白色为主，但屋顶呈红色，皇宫的建筑风格类似维多利亚式，远远看去如同一幢富有历史气息的贵族别墅。这座城市的郊外建有石塔，由巨石建造。这些巨石是汤加人民依靠独木舟从各个岛屿上搜寻来的。据说，石塔和皇宫早在七八百年前就屹立在汤加的国土上。除了石塔和皇宫，这座城市里还有一个奇特的日历。之所以说这个日历奇特，是因为它不是用纸制作的，而是用石头制作的，在石头顶端还标注着一年中白昼最长的日期和白昼最短的日期，并标记着太阳升起的时间。

以胖为美的国度

在汤加人的文化中，胖是美的象征，肥胖、短脖、水桶腰的身材是汤加人眼中的“标致身材”。在汤加，腰围越大的人越受欢迎，假如一个汤加人天生苗条，那么他往往会故意在腰上缠一些东西，以使自己看上去肥胖。汤加人普遍肥胖，这与他们的习惯有关。不过近年来，汤加人的饮食习惯逐渐发生变化，肥胖的体型对汤加人的健康造成负面影响，因此汤加政府开始鼓励百姓减肥，甚至把减肥作为国策，还会定期举办减肥比赛。

图瓦卢
写给孩子的世界地理

地理环境

图瓦卢是位于中太平洋南部的一个岛国，向南与斐济相邻，向北与基里巴斯相接，向西与所罗门群岛相望，处于国际日期变更线西侧。图瓦卢的国土主要是9个环形小珊瑚岛群，其中以富纳富提为主岛。图瓦卢境内没有河流。

国家名片

全　　称：图瓦卢
首　　都：富纳富提
位　　置：中太平洋南部
语　　言：通用图瓦卢语，官方语言为英语
民　　族：绝大多数为图瓦卢人，其余为基里巴斯人、欧洲裔等
行政区划：全国由9个环形小珊瑚岛群组成

图瓦卢在过去被叫作埃利斯群岛，远远看去，呈现由南向北延伸的趋势，在南北方向上长600多千米。整体来看，图瓦卢与瑙鲁一样属于国土面积狭小的国家。

气候类型

图瓦卢属于热带海洋性气候，终年温暖，年平均气温可以达到29℃，年均降水量3 000毫米。每年的3月到10月，图瓦卢受东南信风的影响，气温较低；每年的11月到次年的2月，图瓦卢的天气变化较为剧烈，常有狂风暴雨，有时会发生飓风。

自然资源

◎渔业资源

图瓦卢是一个资源匮乏的国家，森林、矿产都极为稀少。但图瓦卢有丰富的鱼翅资源，不过图瓦卢的技术落后，难以将鱼翅资源进行合理利用。

◎旅游资源

图瓦卢是世界闻名的旅游胜地，这里神秘的洞穴和美丽的热带景色吸引着一批又一批游客前来参观。为了发展经济，图瓦卢政府大力扶持旅游业，利用当地优美的自然风光吸引游客。可惜，由于工业不发达，图瓦卢没能发展出便捷的交通设施，因此游客难以畅快地在此游览。不过有趣的是，尽管图瓦卢的旅游资源没能得到有效利用，但图瓦卢的邮票却风靡全球。

社会经济

由于工业不发达且农业资源短缺，图瓦卢的经济难以发展，是联合国认定的最不发达国家之一，经济状况很不乐观。图瓦卢在农业、旅游业上的收入难以支撑国家的发展，国家经济在很大程度上依赖其他国家的援助。

由于缺乏淡水资源，图瓦卢的土地不适合种植农作物，这就导致图瓦卢人民难以获得足够的农产品。再加上图瓦卢经常遭受狂风暴雨，从而使图瓦卢的农业更加难以发展。该国的农产品主要有椰子、香蕉、面包果等，其中椰子主要用来出口。图瓦卢有较为丰富的渔业资源，但开发程度很差，主要出口金枪鱼、海参、章鱼和蟹等。图瓦卢还和美国、日本、韩国等签有捕鱼协定。由于缺乏工业技术，图瓦卢所需的工业器材均需进口。图瓦卢人民采用集体劳动制，以家族为生产和生活的基本单位，物资也在家族内平分。目前，图瓦卢政府正大力扶持渔业与旅游业。

文化习俗

◎善于航海

据专家推测，图瓦卢人应属波利尼西亚人。根据图瓦卢人的传说，图瓦卢人在千余年前由萨摩亚等地迁来，所以图瓦卢

人的文化习俗与萨摩亚人相似。对图瓦卢人来说，海洋是衣食所出之地，因此图瓦卢人对航海十分重视，他们不仅善于造船，还可以依靠肉眼观测星象、风云、潮汐等，所以不会在海上迷失方向。图瓦卢人在进行生产活动时一般以家庭为单位，不管耕种还是航海都是整个家庭一起进行。在漫长的历史中，图瓦卢人发展出了独具特色的民族文化。

◎传统裙装

在日常生活中，图瓦卢人喜欢穿沙龙裙。这种裙子有多种款式，女款沙龙裙往往有鲜艳的色彩，衣结位于侧面；男款沙

龙裙则颜色单一，有些像今天的西装，衣结位于中部。一般情况下，图瓦卢的人民不穿鞋，当遇到重要场合时，男性会额外穿一件色彩艳丽的服装，女性往往会穿连身服饰。

著名城市

◎富纳富提

图瓦卢的首都是富纳富提，这座城市不但是首都，也是图瓦卢唯一的城市。这座城市不像大国的都市，它只有 2 平方千米左右，是由小珊瑚岛组成的。它曾是殖民中心，后来逐渐成为图瓦卢的政治、交通中心。图瓦卢人口的 1/3 都生活在这里。这座城市紧挨着国际日期变更线，算是世界上最早接受太阳照射的首都。这里鸟语花香，有众多椰子树、香蕉树等，看上去生机盎然。

独特的脱贫方式

20世纪90年代，互联网兴起后，每个国家都被分配了一个互联网域名，而“.tv”便是图瓦卢的域名后缀。1998年，美国的国际通信联盟看准了这个域名与“电视”的英文缩写相同，且容易记住的特点，买断了该域名的所有权。之后，这个网站的访问量逐渐增多，到今天已经成为电视（TV）的象征。为了继续使用这个域名，该公司需要每年向图瓦卢支付400万美元的版税。这项收入使图瓦卢一举脱贫。

瓦努阿图
写给孩子的世界地理

地理环境

处在太平洋西南部的瓦努阿图由13个大岛和80多个小岛组成，从地理位置而言，属于美拉尼西亚群岛。瓦努阿图整体呈现南北延伸的趋势，向东与斐济为邻，西南与新喀里多尼亚相望，向北则与所罗门群岛的圣克鲁斯群岛相邻。

国家名片

全　　称： 瓦努阿图共和国
首　　都： 维拉港
位　　置： 太平洋西南部
语　　言： 官方语言为英语、法语和比斯拉马语，通用比斯拉马语
民　　族： 绝大多数为瓦努阿图人，其余为法、英、华裔和越南、波利尼西亚移民以及其他太平洋岛国人
行政区划： 全国划分为6个省和2个市

瓦努阿图地形复杂，不仅岛屿众多，而且有崎岖的山脉与

高原，临海地区还有很多珊瑚礁。从面积而言，瓦努阿图最大的岛屿为桑托岛（又称圣埃斯皮里图岛），面积约 4 000 平方千米。瓦努阿图的地层不稳定，国内多个岛屿上有活火山。

气候类型

瓦努阿图属于热带海洋性气候，年平均温度达到 25℃，5 月到 10 月尤为温暖，但这段时期往往有飓风。瓦努阿图各地的年平均降水量分布不均，南部雨量较少，约为 2 300 毫米；北部雨量较多，约为 4 000 毫米。

自然资源

◎矿产资源

矿产资源种类较多，不仅有白硫火山灰，还有少量的锰、镍、铁、铜与铝矾土等。不过目前锰矿已所剩无几，而白硫火山灰资源则暂未得到有效开采。

◎森林资源

森林覆盖率为 36%，其中 20% 的森林适合商业开采。森林资源丰富，尤以出产白檀、乌木等珍贵木材闻名。

◎渔业资源

渔业资源丰富，盛产金枪鱼、石斑鱼、鲷鱼、梭鱼、龙虾等多种经济价值较高的海鲜，金枪鱼及濒临灭绝的椰子蟹是瓦

努阿图最有名的特产。为了获得更多收入，瓦努阿图与多国签订了渔业捕鱼协定，允许外国渔船在专属经济区捕鱼。

社会经济

由于工业落后以及农业资源匮乏，瓦努阿图被联合国认定为世界上最不发达的国家之一。瓦努阿图政府开支一方面依靠本国的自然经济，另一方面依赖其他国家的援助。

瓦努阿图的主要产业有农业、旅游业、渔业、外贸和离岸金融服务业等。以农业为例，瓦努阿图主要的农业产品有椰子、咖啡等，瓦努阿图 80% 的人口依靠农业劳动为生。在肉类的获取上，瓦努阿图的人民以养牛为主，此外还会捕捞金枪鱼等海洋生物。在进出口方面，瓦努阿图主要出口农产品，如椰干、咖啡等，至于机器、设备、燃料等则依赖进口。目前，旅游业

是瓦努阿图的支柱性产业，也是瓦努阿图主要的外汇收入来源，旅游业的产值占到了瓦努阿图国民生产总值的1/3。除此之外，瓦努阿图政府在近些年正大力发展服务业，目前瓦努阿图从事服务业的人口比例仍在增加。

文化习俗

作为太平洋土著民族之一，瓦努阿图人不仅生活在本国，还有一些人会到大洋洲其他地区生活。由于受西方人的影响，即使是留在国内的瓦努阿图人，也逐渐抛弃了原有的生活习俗，传统的部落化生活模式正在悄然解体，不过在农村依然可以见到传统习俗的痕迹。

瓦努阿图的农民到今天依然在茅屋中生活，不过近些年来新式建筑也日趋增多。此外，大多数的瓦努阿图人在生活中依

然使用树皮制成的衣物，穿欧式服装的瓦努阿图人并不多。以地域而言，瓦努阿图北部残留着母系社会的习俗，南部则偏向父系社会。

著名城市

◎维拉港

维拉港是瓦努阿图的首都，也是瓦努阿图最大的城市。由于优良的海运条件，维拉港的港口可供万吨级货船停靠，因此维拉港不仅是瓦努阿图的政治中心，也是瓦努阿图的经济中心。瓦努阿图的政府大厦位于维拉港内，大厦高 4 层，内设政府总理办公室、议长办公室及其他政府部门。维拉港内还设有文化中心，这一部门的职责是搜集和研究本国人民历史、文化和风俗习惯。维拉港的金融业、服务业均为全国之冠。

火山岛国

由于国内有众多活火山，所以瓦努阿图有“火山岛国”的美誉。这些火山主要位于塔纳、奥巴等岛屿。除了岛屿上的火山，瓦努阿图境内还有两座位于海底的火山。塔纳岛上的亚苏尔火山还是世界上唯一拥有“火山邮政”服务的火山，它就建立在海拔360米的亚苏尔火山口旁，游客往邮箱内投入的信件和明信片，还会被加盖带有“火山邮政”标志的特殊邮戳，是十分难得的集邮纪念品。